新编大学语文（第2版）

主　编　郭秀兰　史立群
副主编　徐丽梅　张立华
参　编　董晓平　孙淑鸿

北京理工大学出版社
BEIJING INSTITUTE OF TECHNOLOGY PRESS

内 容 简 介

本书根据高职高专人才培养目标的要求，结合国家示范性高职院校建设、"双高"建设及课程改革的实践，以适度够用为原则，将内容整合为两个部分：文学作品选讲、应用文写作。每一部分又分为不同的板块，本书的选篇既突出课程建设的整体思路，又充分体现了学科课程思政的理念，有利于培养学生的人文精神和综合文化素质，具有长远的使用价值。

本书适合作为高职高专院校文化基础课教材。

图书在版编目（CIP）数据

新编大学语文／郭秀兰，史立群主编. — 2 版. —
北京：北京理工大学出版社，2022. 6
ISBN 978 – 7 – 5763 – 1357 – 4

Ⅰ. ①新… Ⅱ. ①郭… ②史… Ⅲ. ①大学语文课 –
高等职业教育 – 教材 Ⅳ. ①H19

中国版本图书馆 CIP 数据核字（2022）第 094425 号

出版发行／北京理工大学出版社有限责任公司
社　　　址／北京市海淀区中关村南大街 5 号
邮　　　编／100081
电　　　话／（010）68914775（总编室）
　　　　　　（010）82562903（教材售后服务热线）
　　　　　　（010）68944723（其他图书服务热线）
网　　　址／http：//www. bitpress. com. cn
经　　　销／全国各地新华书店
印　　　刷／唐山富达印务有限公司
开　　　本／787 毫米×1092 毫米　1/16
印　　　张／16　　　　　　　　　　　　　　　　　责任编辑／江　立
字　　　数／466 千字　　　　　　　　　　　　　　文案编辑／江　立
版　　　次／2022 年 6 月第 2 版　2022 年 6 月第 1 次印刷　责任校对／周瑞红
定　　　价／39.80 元　　　　　　　　　　　　　　责任印制／施胜娟

图书出现印装质量问题，请拨打售后服务热线，本社负责调换

前　言

　　大学语文是长春职业技术学院的一门重要的文化基础必修课程，随着"双高"计划的推进，随着高职教学改革的深入，课程建设取得了丰硕的成果。自 2011 年以来，大学语文课程先后被列入学院"百门精品课程建设工程"，被评选为长春市职业教育精品课程，大学语文在线课程入选学院"双高"建设项目，大学语文教材被列入学院"百部名优教材建设工程"，并获得过院市级教学成果奖。

　　课程建设、教材建设的成功立项，为我们编写大学语文教材提供了一个良好的契机。项目组以 2013 版新编大学语文为基础，结合学院 2019 版人才培养方案对语文课程的要求，多次深入企业、专业、兄弟院校，通过调查问卷、座谈的形式，进行专业需求调研，为教材改版做好了充分的准备。

　　本书在编写的过程中，继续保持"文学作品选讲""应用文写作"模块分类的框架体系，在此基础上，"文学作品选讲"部分进行了较大的调整，选篇按主题进行分类，下设亲情、爱情、友情、家国情怀、志存高远、人生智慧、自然之美七个模块，既体现了中华传统文化的博大精深，又发挥了语文教学课程思政的优势作用。"应用文写作"部分增添了大量的与学生专业学习、求职就业、岗位需求相关的案例及自主学习内容，与专业的融合更为密切。

1. 模块式编排体例，体现课程建设思路

　　本教材的编写，采用模块式编排体例，文学作品选讲部分包括作品导读——阅读提示——感悟思索——比较阅读四个模块，应用文写作部分，包括知识导航——技能要求——案例简析——自主学习四个模块。每个模块，既有知识与技能的基本要求，又有学生自主学习拓展延伸，充分体现服务专业的课程建设和教学改革思路。

2. 突出高职教育特色，发挥课程思政的学科优势

　　本教材的编写，以学院 2021 版人才培养方案为指南，结合大学语文的教学实践，遵循语文教育规律，内容的设计依据学生职业能力的需求，范文的选取兼顾到专业的特征，既突出高职教育的职业特色，又重视课程思政要素的挖掘与解读，充分发挥了人文教育的学科优势。

3. 多元呈现教学内容，实现纸质教材与数字技术的融合

　　学生可以通过二维码链接、登录在线课程网站，在纸质教材的基础上，扩展自主学习范围，领略古今文学经典的魅力，提升应用文实用写作的能力。教学内容多元呈现，实现纸质教材与数字技术的融合、线下教学与线上互动的结合，在有限的学时里，拓宽了大学语文的教学空间，有助于教学质量的提高和教学效果的提升。

　　参与本教材编写的共有 6 位老师，其中郭秀兰负责下篇"应用文写作"部分的编写，史立群负责上篇"文学作品选讲"部分的编写，徐丽梅负责下篇应用文写作部分篇章的编写，张立华负责"附录"及应用文写作部分篇章的编写。本书篇章例文的选取、教学内容的设计及教材体例的确定，以郭秀兰、史立群老师为主，其他参编人员为辅，全书由郭秀兰负责统稿。

本书在编写过程中参阅了多种著作，从中选取了一些例文，得到了长春职业技术学院王军校长、教务处李明革处长、基础部成玉莲部长、梁英武部长、齐艳春部长的精心指导和大力支持，在此一并致以衷心的感谢！

由于编者水平有限，不足之处，恳请使用者赐教指正。

编 者

2022 年 1 月

目 录

下篇 应用文写作

上篇　文学作品选讲

大学语文是一门综合性的素质教育课程，其目的之一是在一个更高的层次上，帮助学生改善其语言文字的表达、交流与沟通能力，另一个重要目标，就是通过文章及文学作品的鉴赏，使学生的内心世界更为充实、丰富、健康。

本书"文学作品选讲"部分即秉持这一目标，将对学生的综合素质教育分解到亲情、爱情、友情、家国情怀、志存高远、人生智慧、自然之美七章内容中，分别从修身、齐家、报国、立志、成才、审美等方面选篇布局，构成了一个循序渐进地提升学生人文修养及语文能力的课文内容体系。

"文学作品选讲"的选文遵循经典性、人文性、思想性、审美性，兼顾工具性、趣味性的原则，注重思想纯正、旨趣明确、理论精辟、文字雅洁、意蕴深厚、审美健康，尤其重视对中华优秀传统文化的理解和传承，体现出"文道结合"的特色。

选文包括先秦文学，两汉、魏晋、南北朝文学，唐诗、宋词、明清小说的优秀经典篇章，现、当代作品则注重选择各时期有代表性的作家作品。

学习和领悟这些古今优秀的文学名篇及篇章前后的"作品导读""阅读提示""感悟思索""比较阅读"，其一能够提高语言文字的欣赏、领悟及表达、创作的水平；其二能够开阔观察世界的视野、挖掘认识世界的深度；其三能够培养高尚的道德情操，提升思想境界，获得激浊扬清、从善如流的自我意识。实践证明，大学语文课程的学习，能够帮助学生获得积极健康的人格力量，促进学生的职业能力及社会竞争力的提升。

第一章 亲 情

亲情，是血缘最近的人之间存在的特殊感情，或是关系亲密、感情深厚的人之间超越友情、别于爱情的情义。

亲情是慈爱，是孝悌，是相守；是倾己所有的奉献，是不计得失的包容，是跨越万里的惦念，是望眼欲穿的期待……亲情是孟郊心中的"谁言寸草心，报得三春晖"，是王维感念的"独在异乡为异客，每逢佳节倍思亲"，是杜甫笔下的"何时倚虚幌，双照泪痕干"，是韩愈的泣血悼念，是韦应物的万千叮咛，是席方平的赴汤蹈火，是朱自清的殷殷爱语……

亲情是世间最纯粹的一种感情，是无关美丑、贫富、穷达，甚至善恶的一种骨肉般的深情；亲情也是世间最珍贵的情感，要善待亲情，懂得感恩，懂得回馈。

在这世间，只要有亲情在，就有爱在。

月 夜

杜 甫

❀ 作品导读 ❀

杜甫（712—770 年），唐代伟大的现实主义诗人。字子美，自称少陵野老，世称杜工部。宋以后被尊为"诗圣"，与李白合称"李杜"。杜诗内容深刻，大胆揭露当时社会矛盾，对穷苦人民寄予深切同情。杜甫的许多优秀作品，展现了唐代由盛转衰的历史过程，因此他又被称为"诗史"。杜甫在艺术上，善于运用各种诗歌形式，尤长于律诗；风格多样，而以沉郁为主；语言精练，具有高度的表达能力。存诗 1400 多首，有《杜工部集》。

今夜鄜州月①，闺中只独看②。
遥怜小儿女③，未解忆长安④。
香雾云鬟湿⑤，清辉玉臂寒⑥。
何时倚虚幌⑦，双照泪痕干⑧。

【注释】

①鄜（fū）州：今陕西富县。当时杜甫的家属在鄜州的羌村，杜甫在长安。

②闺中：内室。看，读平声 kān。

③怜：想。

④未解：尚不懂得。

⑤"香雾"两句：写想象中妻独自久立，望月怀人的形象。香雾，雾本来没有香气，

因为香气从涂有膏沐的云鬟中散发出来，所以说"香雾"。望月已久，雾深露重，故云鬟沾湿，玉臂生寒。云鬟，古代妇女的环形发饰。

⑥清辉：阮籍诗《咏怀》其十四："明月耀清晖"。

⑦虚幌（huǎng）：透明的窗帷。幌，帷幔。

⑧双照：与上面的"独看"对应，表示对未来团聚的期望。泪痕：眼泪留下的痕迹。隋宫诗《叹疆场》"泪痕犹尚在"。

 阅读提示

　　《月夜》是唐代大诗人杜甫创作的一首五言律诗。天宝十五载（756年）春，安禄山由洛阳攻潼关，六月，长安陷落，玄宗逃往蜀地，杜甫携家逃往鄜州羌村。七月，肃宗在灵武（今宁夏灵武县）即位，杜甫获悉即从鄜州只身奔向灵武，不料途中被安史叛军所俘押回长安，被禁长达8个多月。

　　此诗是作者被禁于长安时望月思家之作。全诗借助想象，抒写了夫妻间的离情别思，表达了夫妻之间不离不弃、相濡以沫的深厚感情。首联想象妻子在鄜州的家里，独自仰望天空中那轮皎洁的圆月思念丈夫的情景，颔联写出儿女尚小，尚不能够理解母亲思念父亲的万般惆怅，颈联刻画了想象中妻子美丽、忧伤又痴情的形象，尾联寄托希望，想象将来夫妻儿女相聚一堂共同望月的情景，反衬今日的相思之苦。全诗构思新奇，章法紧密，明白如话，情真意切，深婉动人。

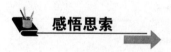 感悟思索

1. 这首诗借月抒发了什么样的思想感情？

2. 从这首诗中可以看出杜甫当时的处境如何？

3. 有人评价此诗"题为《月夜》，字字都从月色中照出"，请结合诗句赏析此诗如何写"月"。

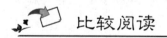 比较阅读

江村

送杨氏女

韦应物

作品导读

　　韦应物（生卒年不详），唐代诗人。京兆长安（今陕西西安）人。少年时以三卫郎为玄宗近侍，出入宫闱，扈从游幸。唐代宗、德宗时期，先后为洛阳丞、京兆府功曹参军、鄂县令、比部员外郎、滁州和江州刺史、左司郎中、苏州刺史，故世称韦江州、韦左司或韦苏州。其诗以写田园风物著名，景致优美，感受深细，语言简淡，清新自然而饶有生意。与王维、孟浩然、柳宗元并称"王孟韦柳"。传世作品有《韦苏州集》等。

送杨氏女①
永日方戚戚②，出行复悠悠③。
女子今有行，大江溯轻舟④。
尔辈苦无恃⑤，抚念益慈柔。
幼为长所育⑥，两别泣不休。
对此结中肠⑦，义往难复留⑧。
自小阙内训⑨，事姑贻我忧⑩。
赖兹托令门⑪，任恤庶无尤⑫。
贫俭诚所尚⑬，资从岂待周⑭。
孝恭遵妇道⑮，容止顺其猷⑯。
别离在今晨，见尔当何秋⑰。
居闲始自遣⑱，临感忽难收⑲。
归来视幼女，零泪缘缨流⑳。

【注释】

①杨氏女：指女儿嫁给杨姓的人家。

②永日：整天。戚戚：悲伤忧愁。

③行：出嫁。悠悠：遥远。

④溯（sù）：逆流而上。

⑤尔辈：你们，指两个女儿。无恃：指幼时无母。恃，是依靠的意思，以小孩对母亲有依赖感，所以又以代指母亲。

⑥幼为长所育：此句下有注："幼女为杨氏所抚育"，指小女是姐姐抚育大的。

⑦结中肠：心中哀伤之情郁结。

⑧义往：指女大出嫁，理应前往夫家。

⑨自小阙内训：此句下有注："言早无恃。"阙：通"缺"。内训：母亲的训导。

⑩事姑：侍奉婆婆。贻：带来。

⑪令门：好的人家，或是对其夫家的尊称。这里指女儿的夫家。

⑫任恤：信任体恤。任，任从，引申为宽容。庶：希望。尤：过失。

⑬尚：崇尚。

⑭资从：指嫁妆。待：一作"在"。周：周全，完备。

⑮妇道：指妇女应遵守的道德规范。

⑯容止：这里是一举一动的意思。猷：规矩礼节。

⑰尔：你，指大女儿。当何秋：当在何年。

⑱居闲：闲暇时日。自遣：自我排遣。

⑲临感：临别感伤。

⑳零泪：落泪。缘：通"沿"。缨：帽的带子，系在下巴下。

🌴 阅读提示

这首诗写于唐德宗建中三年（782）或四年（783），是一首送女出嫁，表达作者伤别之情的诗作。韦应物早年丧妻，留下两小女与之相依为命，父女之间、姐妹之间的感情非常深厚。然而女儿终归要长大成人，终归要嫁为人妇，而夫家路途又十分遥远，当此骨肉分离之际，诗人心中充满了难抑的感伤、不舍和无尽的挂念。

首10句开门点题写出女儿即将远嫁他乡，诗人强忍内心悲伤送其出行，字里行间流露出复杂又无奈的依依别情；中8句为父亲对女儿的千叮万嘱，诗人谆谆告诫女儿要勤俭持家、遵从妇道、孝顺公婆，万般牵挂溢于言表。尾6句描写送别女儿归家之后，看到形单影只的幼女，诗人内心的失落与伤感之情再难自抑，不觉泪如泉涌。

全诗朴实无华，情真语挚，泪满诗行，慈父形象，骨肉深情，跃然纸上。

感悟思索

1. 韦应物是如何叮咛远嫁的女儿的？你从中能看出中华文化的哪些优秀传统？请试做分析。
2. 体会本诗的语言风格。

祭十二郎文

韩　愈

作品导读

韩愈（768—824 年），唐代文学家、思想家、哲学家。字退之，河南河阳（今河南孟州）人。自谓郡望昌黎，世称韩昌黎。贞元八年（792 年）进士。曾任国子博士、刑部侍郎等职，后官至吏部侍郎。卒谥"文"。韩愈倡导古文运动，其散文被列为"唐宋八大家"之首，与柳宗元并称"韩柳"。有《昌黎先生集》。

年月日①，季父愈闻汝丧之七日②，乃能衔哀致诚③，使建中远具时羞之奠④，告汝十二郎之灵：

呜呼！吾少孤⑤，及长，不省所怙⑥，惟兄嫂是依。中年，兄殁南方⑦，吾与汝俱幼，从嫂归葬河阳⑧；既又与汝就食江南⑨，零丁孤苦，未尝一日相离也。吾上有三兄⑩，皆不幸早世。承先人后者⑪，在孙惟汝，在子惟吾，两世一身⑫，形单影只。嫂尝抚汝指吾而言曰："韩氏两世，惟此而已！"汝时尤小，当不复记忆；吾时虽能记忆，亦未知其言之悲也。

吾年十九，始来京城。其后四年，而归视汝⑬。又四年，吾往河阳省坟墓⑭，遇汝从嫂丧来葬⑮。又二年，吾佐董丞相于汴州⑯，汝来省吾，止一岁⑰，请归取其孥⑱。明年，丞相薨⑲，吾去汴州，汝不果来⑳。是年，吾佐戎徐州㉑，使取汝者始行㉒，吾又罢去㉓，汝又不果来。吾念汝从于东㉔，东亦客也，不可以久；图久远者，莫如西归，将成家而致汝。呜呼！孰谓汝遽去吾而殁乎㉕！吾与汝俱少年，以为虽暂相别，终当久相与处，故舍汝而旅食京师，以求斗斛之禄；诚知其如此，虽万乘之公相㉖，吾不以一日辍汝而就也㉗！

去年，孟东野往㉘，吾书与汝曰："吾年未四十，而视茫茫，而发苍苍，而齿牙动摇。念诸父与诸兄，皆康强而早世，如吾之衰者，其能久存乎？吾不可去，汝不肯来；恐旦暮死，而汝抱无涯之戚也㉙。"孰谓少者殁而长者存，强者夭而病者全乎？

呜呼！其信然邪？其梦邪？其传之非其真邪？信也，吾兄之盛德而夭其嗣乎？汝之纯明而不克蒙其泽乎㉚？少者强者而夭殁，长者衰者而存全乎？未可以为信也。梦也，传之非其真也？东野之书，耿兰之报㉛，何为而在吾侧也？呜呼！其信然矣！吾兄之盛德而夭其嗣矣！汝之纯明宜业其家者㉜，不克蒙其泽矣！所谓天者诚难测，而神者诚难明矣！所谓理者不可推，而寿者不可知矣！虽然，吾自今年来，苍苍者或化而为白矣，动摇者或脱而落矣㉝，毛血日益衰㉞，志气日益微㉟，几何不从汝而死也！死而有知，其几何离㊱？其无知，悲不几时，而不悲者无穷期矣！

汝之子始十岁㊲，吾之子始五岁㊳，少而强者不可保，如此孩提者㊴，又可冀其成立邪？呜呼哀哉！呜呼哀哉！

汝去年书云："比得软脚病㊵，往往而剧。"吾曰："是疾也，江南之人，常常有之。"未始以为忧也。呜呼！其竟以此而殒其生乎？抑别有疾而至斯极乎？汝之书，六月十七日也。东野云：汝殁以六月二日；耿兰之报无月日。盖东野之使者，不知问家人以月日；如耿兰之报，不知当言月日；东野与吾书，乃问使者，使者妄称以应之乎。其然乎？其不然乎？

今吾使建中祭汝，吊汝之孤与汝之乳母㊶。彼有食，可守以待终丧㊷，则待终丧而取以来㊸；如不能守以终丧，则遂取以来；其余奴婢，并令守汝丧。吾力能改葬㊹，终葬汝于先人之兆㊺，然后惟其所愿㊻。

呜呼！汝病吾不知时，汝殁吾不知日，生不能相养以（与）共居，殁不得抚汝以尽哀㊼，敛不凭其棺㊽，窆不临其穴㊾。吾行负神明而使汝夭，不孝不慈，而不能与汝相养以生，相守以死；一在天之涯，一在地之角，生而影不与吾形相依，死而魂不与吾梦相接，吾实为之，其又何尤㊿！彼苍者天(51)，曷其有极！自今已往，吾其无意于人世矣！当求数顷之田于伊颍之上(52)，以待余年，教吾子与汝子幸其成(53)，长(54)吾女与汝女，待其嫁，如此而已！

呜呼，言有穷而情不可终，汝其知也邪？其不知也邪？呜呼哀哉！尚飨(55)！

【注释】

①年月日：此为拟稿时原样。《文苑英华》作"贞元十九年五月廿六日"；但祭文中说十二郎在"六月十七日"曾写信给韩愈，"五"字当误。

②季父：父辈中排行最小的叔父。

③衔哀：心中含着悲哀。致诚：表达赤诚的心意。

④建中：人名，当为韩愈家中仆人。时羞：应时的鲜美佳肴。羞，同"馐"。

⑤孤：幼年丧父称"孤"。《新唐书·韩愈传》："愈生三死而孤，随伯兄会贬官岭表。"

⑥怙（hù）：《诗经·小雅·蓼莪》："无父何怙，无母何恃。"后世因用"怙"代父，"恃"代母。失父曰失怙，失母曰失恃。

⑦中年，兄殁南方：代宗大历十二年（777年），韩会由起居舍人贬为韶州（今广东韶关）刺史，次年死于任所，年四十三。时韩愈十一岁，随兄在韶州。

⑧河阳：今河南孟县西，是韩氏祖宗坟墓所在地。

⑨就食江南：唐德宗建中二年（781年），北方藩镇李希烈反叛，中原局势动荡。韩愈随嫂迁家避居宣州（今安徽宣城）。因韩氏在宣州置有田宅别业。韩愈《复志赋》："值中原之有事兮，将就食于江之南。"《祭郑夫人文》："既克返葬，遭时艰难。百口偕行，避地江濆。"均指此。

⑩吾上有三兄：三兄指韩会、韩介，还有一位死时尚幼，未及命名，一说：吾，我们，即韩愈和十二郎。三兄指自己的两个哥哥和十二郎的哥哥韩百川（韩介的长子）。

⑪先人：指已去世的父亲韩仲卿。

⑫两世一身：子辈和孙辈均只剩一个男丁。

⑬视：古时探亲，上对下曰视，下对上曰省。贞元二年（786年），韩愈十九岁，由宣州至长安应进士举，至贞元八年（792年）春始及第，其间曾回宣州一次。但据韩愈《答崔立之书》与《欧阳生哀辞》均称二十岁至京都举进士，与本篇所记相差一年。

⑭省（xǐng）：探望，此引申为凭吊。

⑮遇汝从嫂丧来葬：韩愈嫂子郑氏卒于贞元九年（793年），韩愈有《祭郑夫人文》。贞元十一年（795年），韩愈往河阳祖坟扫墓，与奉其母郑氏灵柩来河阳安葬的十二郎相遇。

⑯董丞相：指董晋。贞元十二年（796年），董晋以检校尚书左仆射，同中书门下平章事任宣武军节度使，汴、宋、亳、颍等州观察使。时韩愈在董晋幕中任节度推官。汴州：治所在今河南开封市。

⑰止：住。

⑱取其孥（nú）：把家眷接来。孥，妻和子的统称。

⑲薨（hōng）：古时诸侯或二品以上大官死曰薨。贞元十五年（799年）二月，董晋死于汴州任所，韩愈随葬西行。去后第四天，汴州即发生兵变。

⑳不果：没能够。指因兵变事。

㉑佐戎徐州：当年秋，韩愈入徐、泗、濠节度使张建封幕任节度推官。节度使府在徐州。佐戎，辅助军务。

㉒取：迎接。

㉓罢去：贞元十六年（800年）五月，张建封卒，韩愈离开徐州赴洛阳。

㉔东：指故乡河阳之东的汴州和徐州。

㉕孰谓：谁料到。遽（jù）：骤然。

㉖斗斛（hú）：唐时十斗为一斛。斗斛之禄，指微薄的俸禄。韩愈离开徐州后，于贞元十七年（801年）来长安选官，调四门博士，贞元十九年（803年），迁监察御史。

㉗万乘（shèng）：指高官厚禄。古代兵车一乘，有马四匹。封国大小以兵赋计算，凡地方千里的大国，称为万乘之国。

㉘辍（chuò），停止。辍汝，和上句"舍汝"义同。就：就职。

㉙去年：指贞元十八年（802年）。孟东野：即韩愈的诗友孟郊。是年出任溧阳（今属江苏）尉，溧阳去宣州不远，故韩愈托他捎信给宣州的十二郎。

㉚无涯之戚：无穷的悲伤。涯，边。戚，忧伤。

㉛纯明：纯正贤明。不克：不能。蒙：承受。

㉜耿兰：生平不详，当时宣州韩氏别业的管家人。十二郎死后，孟郊在溧阳写信告诉韩愈，时耿兰也有丧报。

㉝业：用如动词，继承之意。

㉞动摇者或脱而落矣：时年韩愈有《落齿》诗云："去年落一牙，今年落一齿。俄然落六七，落势殊未已。"

㉟毛血：指体质。

㊱志气：指精神。

㊲其几何离：分离会有多久呢？意谓死后仍可相会。

㊳汝之子：十二郎有二子，长韩湘，次韩滂。韩滂出嗣十二郎的哥哥韩百川为子，见韩愈《韩滂墓志铭》。始十岁：当指长子韩湘。十岁，一本作"一岁"，则当指韩滂，滂生于贞元十八年（802年）。

㊴吾之子始五岁：指韩愈长子韩昶，贞元十五年（799年）韩愈居符离集时所生，小名曰符。

㊵孩提：本指二三岁的幼儿。此为年纪尚小之意。

㊶比（bì）：近来。软脚病：即脚气病。

㊷吊：此指慰问。孤：指十二郎的儿子。

㊸终丧：守满三年丧期。《孟子·滕文公上》："三年之丧，……自天子达于庶人，三代共之。"

㊹取以来：指把十二郎的儿子和乳母接来。

㊺力能改葬：假设之意。即先暂时就地埋葬。合下句连续可知。

㊻兆：葬域，墓地。

㊼惟其所愿：才算了却心事。

㊽抚汝以尽哀：指抚尸恸哭。

㊾敛：同"殓"。为死者更衣称小殓，尸体入棺材称大殓。

㊿窆（biǎn）：下棺入土。

(51)何尤：怨恨谁？

(52)彼苍者天，曷其有极：意谓你青苍的上天啊，我的痛苦哪有尽头啊。语本《诗经·唐风·鸨羽》："悠悠苍天，曷其有极。"

(53)伊、颍（yǐng）：伊水和颍水，均在今河南省。此指故乡。

(54)幸其成：韩昶后中穆宗长庆四年（824年）进士。韩湘后中长庆三年（823年）进士。

(55)长（zhǎng）：用如动词，养育之意。

(56)尚飨：古代祭文结语用辞，意为希望死者享用祭品。尚，庶几，表示希望。

阅读提示

祭文，祭祀或祭奠时表示哀悼或祷祝的文章。内容主要为哀悼、祷祝、追念死者生前的主要经历，颂扬死者的品德业绩，寄托哀思，激励生者。同时，祭文也是为祭奠死者而写的哀悼文章，是供祭祀时诵读的。它是由古时祝文演变而来，其辞有散文，有韵语，有俪语。

《祭十二郎文》是韩愈写给侄子韩老成的一篇祭文。文中的十二郎即指韩愈的侄子韩老成。韩愈幼年丧父，靠兄嫂抚养成人，与其侄十二郎自幼相守，历经患难，虽为叔侄，情同兄弟。但成年以后，韩愈因求仕南迁北徙，奔波甫定，与十二郎见面甚少，其常常引以为憾。正当韩愈官运好转，有可能与十二郎长相聚的时候，突然传来十二郎去世的噩耗，韩愈非常悲痛，写下了这篇祭文。

韩愈写此文的目的不在于称颂死者，而在于倾诉自己的痛悼之情，寄托自己的哀思。作者从三个方面表达自己的锥心之痛：一是骨肉至亲的壮年早逝，阴阳两别。作者与老成，从小一起长大，感情特别深厚，“两世一身，形单影只”。韩愈家族本就人丁凋敝，况韩老成壮年早逝，子女幼小，在崇尚多子多福的古代社会，韩愈的痛心是可以想见的。二是韩老成之死太过突然，猝不及防，以致打击尤大。老成比作者年少而体强，却“强者夭而病者全”；老成得的不过是一种常见的软脚病，本来不足以致人性命，因而韩愈并未特别重视，所以此时既深感意外又追悔莫及，更加重了他的悲痛之情。三是自身宦海沉浮及老成之死，感受到人生无常之痛。

韩愈的散文，历来被认为结构严谨而富于变化，亦具有不凡的气度与力度，这两个特点，在本文中都有鲜明的体现。全文把抒情与叙事结合在一起，联系家庭、身世和生活琐事，以向死者诉说的口吻，极写内心的深悲剧痛，也饱含着宦海沉浮的人生感慨，具有浓厚的抒情色彩。

感悟思索

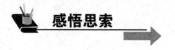

1. 作者何以对侄儿的死悲恸欲绝？结尾的“言有穷而情不可终”抒发了怎样的感情？
2. 文章以情感人，举例说说文中集中表现了哪些情感，请以四字句概括。
3. “生”与“死”是无法抗拒的自然规律，谈谈你对死亡的看法。

比较阅读

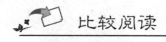

祭妹文

席 方 平

蒲松龄

作品导读

　　《席方平》是《聊斋志异》中描写官府黑暗的众多篇章中的一篇具有典型意义的代表作品，是蒲松龄刺贪刺虐的名篇。

　　蒲松龄（1640—1715 年），字留仙，一字剑臣，号柳泉，世称聊斋先生，自称异史氏。山东省淄川县（今山东淄博）人，清代文学家，中国短篇小说之王。毕一生精力创作出著名的文言短篇小说集《聊斋志异》。

　　《聊斋志异》共收录文言短篇小说491 篇。作品继承和发展了我国志怪传奇文学的优秀传统和表现手法，情节幻异曲折，跌宕多变，文笔简练，描写细腻，层次清晰，内容丰富多彩，充满浪漫主义精神，表达了作者的爱憎感情和美好理想。作品成功地塑造了众多的艺术典型，堪称中国古典文言短篇小说的巅峰。

　　席方平，东安人。其父名廉，性戆拙①。因与里中富室羊姓有隙，羊先死；数年，廉病垂危，谓人曰："羊某今贿嘱冥使搒②我矣。"俄而身赤肿，号呼遂死，席惨怛③不食，曰："我父朴讷，今见凌于强鬼；我将赴冥，代伸冤气耳。"自此不复言，时坐时立，状类痴，盖魂已离舍。

　　席觉初出门，莫知所往，但见路有行人，便问城邑。少选④，入城。其父已收狱中。至狱门，遥见父卧檐下，似甚狼狈，举目见子，潸然流涕，便谓："狱吏悉受赇⑤嘱，日夜搒掠，胫股摧残甚矣！"席怒，大骂狱吏："父如有罪，自有王章⑥，岂汝等死魅所能操⑦耶！"遂出，抽笔为词。值城隍早衙⑧，喊冤以投。羊惧，内外贿通，始出质理⑨。城隍以所告无据，颇不直⑩席。席忿气无所复伸，冥行⑪百余里至郡，以官役私状⑫，告诸郡司⑬。迟⑭之半月，始得质理。郡司扑⑮席，仍批城隍覆案⑯。席至邑，备受械梏，惨冤不能自舒。城隍恐其再讼，遣役押送归家。役至门辞去。席不肯入，遁赴冥府，诉郡邑之酷贪。冥王立拘质对。二官密遣腹心，与席关说⑰，许以千金。席不听。过数日，逆旅⑱主人告曰："君负气已甚，官府求和而执不从，今闻于王前各有函进，恐事殆⑲矣。"席以道路之口，犹未深信。俄有皂衣人唤入。升堂，见冥王有怒色，不容置词，命笞二十。席厉声问："小人何罪？"冥王漠若不闻。席受笞，喊曰："受笞允当⑳，谁教我无钱耶！"冥王益怒，命置火床。两鬼捽㉑席下，见东墀㉒有铁床，炽火其下，床面通赤。鬼脱席衣，掬置其上，反复揉捺之。痛极，骨肉焦黑，苦不得死。约一时许，鬼曰："可矣。"遂扶起，促使下床着衣，犹幸跛而能行。复至堂上，冥王问："敢再讼乎？"席曰："大冤未伸，寸心不死，若言不讼，是欺王也。必讼！"又问："讼何词？"席曰："身所受者，皆言之耳。"冥王又怒，命以锯解其体。二鬼拉去，见立木，高八九尺许，有木板二，仰置其下，上下凝血模糊。方将就缚，忽堂上大呼"席某"，二鬼即复押回。冥王又问："尚敢讼否？"答曰："必讼！"冥王命捉去速解。

既下，鬼乃以二板夹席，缚木上。锯方下，觉顶脑渐辟㉒，痛不可禁，顾亦忍而不号。闻鬼曰："壮哉此汉！"锯隆隆然寻㉓至胸下。又闻一鬼云："此人大孝无辜，锯令稍偏，勿损其心。"遂觉锯锋曲折而下，其痛倍苦。俄顷，半身辟矣；板解，两身俱仆。鬼上堂大声以报，堂上传呼，令合身来见。二鬼即推令复合，曳使行。席觉锯缝一道，痛欲复裂，半步而踣。一鬼于腰间出丝带一条授之，曰："赠此以报汝孝。"受而束之，一身顿健，殊无少苦。遂升堂而伏。冥王复问如前；席恐再罹酷毒，便答："不讼矣。"冥王立命送还阳界。隶率出北门，指示归途，反身遂去。

席念阴曹之暗昧尤甚于阳间，奈无路可达帝听㉕。世传灌口二郎㉖为帝勋戚，其神聪明正直，诉之当有灵异。窃喜二隶已去，遂转身南向。奔驰间，有二人追至，曰："王疑汝不归，今果然矣。"捽回复见冥王。窃疑冥王益怒，祸必更惨；而王殊无厉容，谓席曰："汝志诚孝。但汝父冤，我已为若雪之矣。今已往生富贵家，何用汝鸣呼㉗为？今送汝归，予以千金之产、期颐㉘之寿，于愿足乎？"乃注籍中，嵌以巨印，使亲视之。席谢而下。鬼与俱出，至途，驱而骂曰："奸猾贼！频频反复，使人奔波欲死！再犯，当捉入大磨中，细细研之！"席张目叱曰："鬼子胡为者！我性耐刀锯，不耐挞楚㉙！请返见王，王如令我自归，亦复何劳相送！"乃返奔。二鬼惧，温语劝回。席故蹇㉚缓，行数步，辄憩路侧。鬼含怒不敢复言。

约半日，至一村，一门半开，鬼引与共坐；席便据门阈。二鬼乘其不备，推入门中。惊定自视，身已生为婴儿。愤啼不乳，三日遂殇。魂摇摇不忘灌口，约奔数十里，忽见羽葆来，幡戟横路，越道避之。因犯卤簿㉛，为前马㉜所执，絷㉝送车前。仰见车中一少年，丰仪瑰玮。问席："何人？"席冤愤正无所出，且意是必巨官，或当能作威福，因缅诉㉞毒痛。车中人命释其缚，使随车行。俄至一处，官府十余员，迎谒道左，车中人各有问讯。已而指席谓一官曰："此下方㉟人，正欲往诉，宜即为之剖决。"席询之从者，始知车中即上帝殿下九王，所嘱即二郎也。席视二郎，修躯多髯，不类世间所传。九王既去，席从二郎至一官廨㊱，则其父与羊姓并衙隶俱在。少顷，槛车㊲中有囚人出，则冥王及郡司、城隍也。当堂对勘，席所言皆不妄。三官战栗，状若伏鼠。

二郎援笔立判。顷刻，传下判语，令案中人共视之。判云："勘得冥王者：职膺㊳王爵，身受帝恩。自应贞洁以率臣僚，不当贪墨以速官谤。而乃繁缨荣戟㊴，徒夸品秩之尊；羊狼狼贪，竟玷人臣之节。斧敲斨，斨入木，妇子之皮骨皆空；鲸吞鱼，鱼食虾，蝼蚁之微生可悯。当掬江西之水，为尔涤㊵肠；即烧东壁之床，请君入瓮。城隍、郡司：为小民父母之官，司上帝牛羊之牧㊶。虽则职居下列，而尽瘁者不辞折腰；即或势逼大僚，而有志者亦应强项。乃上下其鹰鸷之手，既罔念夫民贫；且飞扬其狙狯㊷之奸，更不嫌乎鬼瘦。惟受赃而枉法，真人面而兽心！是宜剔髓伐毛，暂罚冥死；所当脱皮换革，仍令胎生。隶役者：既在鬼曹，便非人类。只宜公门修行，庶还落蓐之身㊸；何得苦海生波，益造弥天之孽？飞扬跋扈，狗脸生六月之霜；嚬突㊹叫号，虎威断九衢之路。肆淫威于冥界，咸知狱吏为尊；助酷虐于昏官，共以屠伯㊺是惧。当以法场之内，剁其四肢；更向汤镬之中，捞其筋骨。羊某：富而不仁，狡而多诈。金光盖地，因使阎罗殿上，尽是阴霾；铜臭熏天，遂教枉死城㊻中，全无日月。余腥犹能役鬼，大力直可通神。宜籍㊼羊氏之家，以赏席生之孝。即押赴东岳施行。"又谓席廉："念汝子孝义，汝性良懦，可再赐阳寿三纪㊽。"因使两人送之归里。席乃抄其判词，途中父子共读之。既至家，席先苏，令家人启棺视父，僵尸犹冰，俟之终日，渐温而活。又索抄词，则已无矣。

自此，家道益丰，三年间，良沃遍野；而羊氏子孙微矣。楼阁田产，尽为席有。里人或有买其田者，夜梦神人叱之曰："此席家物，汝乌得有之！"初未深信，既而种作，则终岁升斗无所获，于是复鬻于席。席父九十余岁而卒。

异史氏曰："人人言净土，而不知生死隔世，意念都迷，且不知其所以来，又乌知其所以去；而况死而又死，生而复生者乎？忠孝志定，万劫⁴⁹不移，异哉席生，何其伟也！"

【注释】

①戆（zhuàng）拙：憨直朴实。

②冥使搒（péng）：冥使，阴间的公差。搒，鞭打。

③惨怛（dá）：忧伤，悲痛。

④少选：一会儿，不多久。

⑤赇（qiú）：贿赂。

⑥王章：王法。

⑦操：把持，掌握。

⑧城隍早衙：城隍，旧指守护城邑的神。早衙，旧时官府早晚两次坐堂治事，受吏参谒，固有早、晚衙之称。

⑨质理：对质受审。

⑩不直：不以为然。

⑪冥行：摸黑走路。

⑫官役私状：城隍及差役营私舞弊的情况。

⑬郡司：州府的长官，这里指阴间一郡的长官。

⑭迟：等待。

⑮扑：打板子。

⑯覆案：重审。

⑰关说：通关节，说人情。

⑱逆旅：客舍，旅馆。

⑲殆：危险。

⑳允当：平允适当，这里相当于"合该"，为愤激之词。

㉑捽（zuó）：揪住头发。

㉒东墀（chí）：东边台阶上。

㉓辟：开。

㉔寻：不久。

㉕达帝听：上达给玉皇大帝知道。

㉖灌口二郎：古代神话传说中的二郎神杨戬，相传他是玉皇大帝的外甥。灌口，今四川灌县。

㉗鸣呼：喊冤。

㉘期（jī）颐：一百岁。

㉙挞楚：棒打。楚，一种刑具。

㉚蹇（jiǎn）：跛足。

㉛卤簿：古代帝王或王公大臣外出时的仪仗队。

㉜前马：开路的马队。

㉝絷（zhí）：囚拘。

㉞缅诉：从头诉说。

㉟下方：下界，即人世。

㊱官廨（xiè）：官署，衙门。

㊲槛车：囚车。

㊳膺：承受，承担。

㊴繁（pán）缨啓（qǐ）载：旧时官僚所用的仪仗。

㊵湔（jiān）：洗涤。

㊶司上帝牛羊之牧：奉上帝的命令统治人民。

㊷狙（jū）狯（kuài）：狙，猕猴。狯，狡猾。

㊸落蓐（rù）之身：人身。落蓐，出生。

㊹蹍突：破坏奔突，极言骚扰。

㊺屠伯：刽子手。

㊻枉死城：传说中屈死鬼住的地方。

㊼籍：抄没。

㊽纪：古时12年为一纪。

㊾万劫：万世，佛教认为宇宙有成有毁，循环不止。每一次由成到毁，叫作一"劫"。万劫极言其历时之久。

 阅读提示

小说通过叙述席方平阴魂入冥府告状，虽受尽酷刑仍旧不得伸张的悲惨境况，发出了"阴曹之暗昧尤甚于阳间"的感慨，揭露封建官吏与豪绅地主狼狈为奸、贪赃枉法，百姓有冤难伸的社会现实。作品中阴森可怕、贿赂公行的冥府，正是作者所熟悉的人间公堂的写照。

席方平的父亲被奸人所陷害，他欲替父伸冤。然而从阳间到冥府，各级官吏相互勾结，对席方平威逼利诱。席方平面对淫威，毫不屈服，在严刑拷打下也没有退缩，就连对他用刑的鬼吏也肃然起敬。席方平正直不阿，反抗强烈，发出了"大冤不伸，寸心不死"的呐喊，充满智慧。他的伸冤并不单纯是一般意义上的报复报仇，而是正义与邪恶的斗争，是穷与富的较量，是被侮辱与被损害者的一种反抗。席方平这一光辉的复仇者形象，正是封建社会中长期被压迫的人民的反抗斗争精神的艺术概括。

小说思想内容深刻，作者驰骋想象之笔，把人、鬼、神三者结合在一起，借写幽冥以影射阳世，全面剖析了封建社会整个官僚机构的丑恶本质。故事情节离奇曲折，浪漫主义和现实主义相结合，以幻写实，虚实结合，既有现实生活的基础，又充满理想的光辉。人物形象鲜明生动，语言风格简洁易懂。但因篇中记录鬼神、宣扬迷信，在一定程度上削弱了作品的思想性。

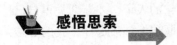

感悟思索

1. 本篇小说揭示了怎样的社会矛盾？小说中哪些地方反映了作者的思想局限？
2. 简析《聊斋志异》的艺术特色。
3. 蒲松龄以《聊斋志异》创造了古代文言短篇小说的艺术高峰，搜集后世文人对作者与该作品的评价之词。

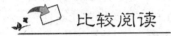

比较阅读

寄东鲁二稚子

儿 女

朱自清

作品导读

朱自清（1898—1948年），原名自华，号实秋，后改名自清，字佩弦。原籍浙江绍兴，出生于江苏省东海县（今连云港市东海县平明镇），后随父定居扬州。中国现代散文家、诗人、学者、民主战士。所作《背影》《荷塘月色》等篇，为中国现代散文早期代表作，有《朱自清全集》出版。

我现在已是五个儿女的父亲了。想起圣陶喜欢用的"蜗牛背了壳"的比喻，便觉得不自在。新近一位亲戚嘲笑我说，"要剥层皮呢！"更有些悚然了。十年前刚结婚的时候，在胡适之先生的《藏晖室札记》里，见过一条，说世界上有许多伟大的人物是不结婚的；文中并引培根的话，"有妻子者，其命定矣。"当时确吃了一惊，仿佛梦醒一般；但是家里已是不由分说给娶了媳妇，又有甚么可说？现在是一个媳妇，跟着来了五个孩子；两个肩头上，加了这么重一副担子，真不知怎样走才好。"命定"是不用说了；从孩子们那一面说，他们该怎样长大，也正是可以忧虑的事。我是个彻头彻尾自私的人，做丈夫已是勉强，做父亲更是不成。自然，"子孙崇拜"，"儿童本位"的哲理或伦理，我也有些知道；既做着父亲，闭了眼抹杀孩子们的权利，知道是不行的。可惜这只是理论，实际上我是仍旧按照古老的传统，在野蛮地对付着，和普通的父亲一样。近来差不多是中年的人了，才渐渐觉得自己的残酷；想着孩子们受过的体罚和叱责，始终不能辩解——像抚摩着旧创痕那样，我的心酸溜溜的。有一回，读了有岛武郎《与幼小者》的译文，对了那种伟大的，沉挚的态度，我竟流下泪来了。去年父亲来信，问起阿九，那时阿九还在白马湖呢；信上说，"我没有耽误你，你也不耽误他才好。"我为这句话哭了一场；我为什么不像父亲的仁慈？我不该忘记，父亲怎样待我们来着！人性许真是二元的，我是这样地矛盾；我的心像钟摆似的来去。

你读过鲁迅先生的《幸福的家庭》么？我的便是那一类的"幸福的家庭"！每天午饭和晚饭，就如两次潮水一般。先是孩子们你来他去地在厨房与饭间里查看，一面催我或妻发"开饭"的命令。急促繁碎的脚步，夹着笑和嚷，一阵阵袭来，直到命令发出为止。他们一递一个地跑着喊着，将命令传给厨房里佣人；便立刻抢着回来搬凳子。于是这个说，"我坐这儿！"那个说，"大哥不让我！"大哥却说，"小妹打我！"我给他们调解，说好话。但是他们有时候很固执，我有时候也不耐烦，这便用着叱责了；叱责还不行，不由自主地，我的沉重的手掌便到他们身上了。于是哭的哭，坐的坐，局面才算定了。接着可又你要大碗，他要小碗，你说红筷子好，他说黑筷子好；这个要干饭，那个要稀饭，要茶要汤，要鱼要肉，要豆腐，要萝卜；你说他菜多，他说你菜好。妻是照例安慰着他们，但这显然是太迂缓了。我是个暴躁的人，怎么等得及？不用说，用老法子将他们立刻征服了；虽然有哭的，不久也就抹着泪捧起碗了。吃完了，纷纷爬下凳子，桌上是饭粒呀，汤汁呀，骨头呀，渣滓呀，加上纵横的筷子，欹斜的匙子，就如一块花花绿绿的地图模型。吃饭而外，他们的大事便是游戏。游戏时，大的有大主意，小的有小主意，各自坚持不下，于是争执起来；或者大的欺负了小的，或者小的竟欺负了大的，被欺负的哭着嚷着，到我或妻的面前诉苦；我大抵仍旧要用老法子来判断的，但不理的时候也有。最为难的，是争夺玩具的时候：这一个的与那一个的是同样的东西，却偏要那一个的；而那一个便偏不答应。在这种情形之下，不论如何，终于是非哭不可的。这些事件自然不至于天天全有，但大致总有好些起。我若坐在家里看书或写什么东西，管保一点钟里要分几回心，或站起来一两次。若是雨天或礼拜日，孩子们在家的多，那么，摊开书竟看不下一行，提起笔也写不出一个字的事，也有过的。我常和妻说，"我们家真是成日的千军万马呀！"有时是不但"成日"，连夜里也有兵马在进行着，在有吃乳或生病的孩子的时候！

我结婚那一年，才十九岁。二十一岁，有了阿九；二十三岁，又有了阿菜。那时我正像一匹野马，哪能容忍这些累赘的鞍鞯，辔头，和缰绳？摆脱也知是不行的，但不自觉地时时在摆脱着。现在回想起来，那些日子，真苦了这两个孩子；真是难以宽宥的种种暴行呢！阿九才两岁半的样子，我们住在杭州的学校里。不知怎地，这孩子特别爱哭，又特别怕生人。一不见了母亲，或来了客，就哇哇地哭起来了。学校里住着许多人，我不能让他扰着他们，而客人也总是常有的；我懊恼极了，有一回，特地骗出了妻，关了门，将他按在地下打了一顿。这件事，妻到现在说起来，还觉得有些不忍；她说我的手太辣了，到底还是两岁半的孩子！我近年常想着那时的光景，也觉黯然。阿菜在台州，那是更小了；才过了周岁，还不大会走路。也是为了缠着母亲的缘故吧，我将她紧紧地按在墙角里，直哭喊了三四分钟；因此生了好几天病。妻说，那时真寒心呢！但我的苦痛也是真的。我曾给圣陶写信，说孩子们的折磨，实在无可奈何；有时竟觉得还是自杀的好。这虽是气愤的话，但这样的心情，确也有过的。后来孩子是多起来了，磨折也磨折得久了，少年的锋棱渐渐地钝起来了；加以增长的年岁增长了理性的裁制力，我能够忍耐了——觉得从前真是一个"不成材的父亲"，如我给另一个朋友信里所说。但我的孩子们在幼小时，确比别人的特别不安静，我至今还觉如此。我想这大约还是由于我们抚育不得法；从前只一味地责备孩子，让他们代我们负起责任，却未免是可耻的残酷了！

正面意义的"幸福"，其实也未尝没有。正如谁所说，小的总是可爱，孩子们的小模样，小心眼儿，确有些教人舍不得的。阿毛现在五个月了，你用手指去拨弄她的下巴，或向她做趣脸，她便会张开没牙的嘴格格地笑，笑得像一朵正开的花。她不愿在屋里待着；待久了，便大声儿嚷。妻常说："姑娘又要出去溜达了。"她说她像鸟儿般，每天总得到外面溜一些时候。闰儿上个月刚过了三岁，笨得很，话还没有学好呢。他只能说三四个字的短语或句子，文法错误，发音模糊，又得费气力说出；我们老是要笑他的。他说"好"字，总变成"小"字；问他"好不好？"他便说"小"，或"不小"。我们常常逗着他说这个字玩儿；他似乎有些觉得，近来偶然也能说出正确的"好"字了——特别在我们故意说成"小"字的时候。他有一只搪瓷碗，是一毛来钱买的；买来时，老妈子教给他，"这是一毛钱。"他便记住"一毛"两个字，管那只碗叫"一毛"，有时竟省称为"毛"。这在新来的老妈子，是必需翻译了才懂的。他不好意思，或见着生客时，便咧着嘴痴笑；我们常用了土话，叫他做"呆瓜"。他是个小胖子，短短的腿，走起路来，蹒跚可笑；若快走或跑，便更"好看"了。他有时学我，将两手叠在背后，一摇一摆的；那是他自己和我们都要乐的。他的大姊便是阿菜，已是七岁多了，在小学校里念着书。在饭桌上，一定得唠唠地报告些同学或他们父母的事情；气喘喘地说着，不管你爱听不爱听。说完了总问我："爸爸认识么？""爸爸知道么？"妻常禁止她吃饭时说话，所以她总是问我。她的问题真多：看电影便问电影里的是不是人？是不是真人？怎么不说话？看照相也是一样。不知谁告诉她，兵是要打人的。她回来便问，兵是人么？为什么打人？近来大约听了先生的话，回来又问张作霖的兵是帮谁的？蒋介石的兵是不是帮我们的？诸如此类的问题，每天短不了，常常闹得我不知怎样答才行。她和闰儿在一处玩儿，一大一小，不很合式，老是吵着哭着。但合式的时候也有：譬如这个往床底下躲，那个便钻进去追着；这个钻出来，那个也跟着——从这个床到那个床，只听见笑着，嚷着，喘着，真如妻所说，像小狗似的。现在在京的，便只有这三个孩子；阿九和转儿是去年北来时，让母亲暂时带回扬州去了。

阿九是欢喜书的孩子。他爱看《水浒》《西游记》《三侠五义》《小朋友》等；没有事便捧着书坐着或躺着看。只不欢喜《红楼梦》，说是没有味儿。是的，《红楼梦》的味儿，一个十岁的孩子，哪里能领略呢？去年我们事实上只能带两个孩子来；因为他大些，而转儿是一直跟着祖母的，便在上海将他俩丢下。我清清楚楚记得那分别的一个早上。我领着阿九从二洋泾桥的旅馆出来，送他到母亲和转儿住着的亲戚家去。妻嘱咐说："买点吃的给他们吧。"我们走过四马路，到一家茶食铺里。阿九说要熏鱼，我给买了；又买了饼干，是给转儿的。便乘电车到海宁路。下车时，看着他的害怕与累赘，很觉恻然。到亲戚家，因为就要回旅馆收拾上船，只说了一两句话便出来；转儿望望我，没说什么，阿九是和祖母说什么去了。我回头看了他们一眼，硬着头皮走了。后来妻告诉我，阿九背地里向她说："我知道爸爸欢喜小妹，不带我上北京去。"其实这是冤枉的。他又曾和我们说："暑假时一定来接我啊！"我们当时答应着；但现在已是第二个暑假了，他们还在迢迢的扬州待着。他们是恨着我们呢？还是惦着我们呢？妻是一年来老放不下这两个，常常独自暗中流泪；但我有什么法子呢！想到"只为家贫成聚散"一句无名的诗，不禁有些凄然。转儿与我较生疏些。但去年离开白马湖时，她也曾用了生硬的扬州话（那时她还没有到过扬州呢），和那特别尖的小嗓子向着我："我要到北京去。"她晓得什么北京？只跟着大孩子们说罢了；但当时听着，现在想着的我，却真是抱歉呢。这兄妹俩离开我，原是常事，离开母亲，虽也有过一回，这回可是太长了；小小的心儿，知道是怎样忍耐那寂寞来着！

我的朋友大概都是爱孩子的。少谷有一回写信责备我，说儿女的吵闹，也是很有趣的，何至可厌到如我所说；他说他真不解。子恺为他家华瞻写的文章，真是"蔼然仁者之言"。圣陶也常常为孩子操心：小学毕业了，到什么中学好呢？——这样的话，他和我说过两三回了。我对他们只有惭愧！可是近来我也渐渐觉着自己的责任。我想，这一该将孩子们团聚起来，其次便该给他们些力量。我亲眼见过一个爱女儿的人，因为不曾好好地教育他们，便将他们荒废了。他并不是溺爱，只是没有耐心去料理他们，他们便不能成材了。我想我若照现在这样下去，孩子们也便危险了。我得计划着，让他们渐渐知道怎样去做人才行。但是要不要他们像我自己呢？这一层，我在白马湖教初中学生时，也曾从师生的立场上问过丏尊，他毫不踌躇地说："自然。"近来与平伯谈起教子，他却答得妙："总不希望比自己坏。"是的，只要不"比自己坏"就行，"像"不"像"倒是不在乎的。职业，人生观等，还是由他们自己去定的好；自己顶可贵，只要指导，帮助他们去发展自己，便是极贤明的办法。

予同说："我们得让子女在大学毕了业，才算尽了责任。"说："不然，要看我们的经济，他们的材质与志愿；若是中学毕了业，不能或不愿升学，便去做别的事，譬如做工人吧，那也并非不行的。"自然，人的好坏与成败，也不尽靠学校教育；说是非大学毕业不可，也许只是我们的偏见。在这件事上，我现在毫不能有一定的主意；特别是这个变动不居的时代，知道将来怎样？好在孩子们还小，将来的事且等将来吧。目前所能做的，只是培养他们基本的力量——胸襟与眼光；孩子们还是孩子们，自然说不上高的远的，慢慢从近处小处下手便了。这自然也只能先按照我自己的样子："神而明之，存乎其人。"光辉也罢，倒楣也罢，平凡也罢，让他们各尽各的力去。我只希望如我所想的，从此好好地做一回父亲，便自称心满意。——想到那"狂人""救救孩子"的呼声，我怎敢不悚然自勉呢？

1928 年 6 月 24 日晚写毕，北京清华园。

阅读提示

朱自清十九岁时，家里便给娶了亲，两年之后就有了第一个孩子阿九，二十三岁有了阿菜，而立之年时，便成了五个孩子的父亲。写这篇文章时作者恰逢而立之年。通读这篇散文，我们可以感受到作者年轻时教育孩子的方式是简单粗暴的：将一两岁的阿九按在地上一顿打，将一周岁的阿菜"紧紧地按在墙角里，直哭喊了三四分钟"，孩子也曾因此而生病……。所幸作者身边的朋友都是"慈父"，作者也因此受到影响有所悔悟；特别是随着年龄的增长，作者也不断增长着理智与忍耐力，开始逐渐意识到自己年轻时教育方式的错误，并下决心痛改前非。于是在文章结尾处，作者发出感慨："只是培养他们基本的力量——胸襟与眼光，""我只希望如我所想的，从此好好地做一回父亲，便自称心满意。"

通读全文，我们仿佛看见了一位懂得自我反思的年轻父亲成长的过程，也深为其中蕴含的深沉父爱所感动。虽"只是谈一点家常琐事，像淡香疏影似的不过几笔，却常能把那真诚的灵魂捧出来给读者看"（赵景深语）。也正是因此，朱自清的散文才取得了感人至深的力量。

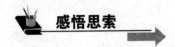

感悟思索

1. 本文和《背影》一样，都体现了朱自清散文构思精巧、严谨和谐的结构美。请尝试分析本文的结构。

2. 本文的语言清新自然，充满情趣，请从文中选择一段作简要的赏析。

第二章　爱　情

爱情，是人类传唱不衰、古老而又新鲜的话题。由爱情而演绎的故事，总是那样惊心动魄，荡气回肠。

爱情是如李商隐般的朦胧与沉醉，是如曹植般的热烈与迷茫，是《长恨歌》的"在天愿作比翼鸟，在地愿为连理枝"的铮铮誓言，是采莲少女的苦苦思恋，是宝黛之间的相知与默契……爱情是忠诚与坚贞，是珍惜与呵护，是理解和包容，是责任与担当，是给予和奉献，爱情是人类永恒的美和力量。

无题二首（其一）

李商隐

❀ **作品导读** ❀

李商隐（约813—约858年），唐代诗人。字义山，号玉溪生。怀州河内（今河南沁阳）人。唐文宗进士。与温庭筠合称"温李"，与杜牧并称"小李杜"。曾任县尉、秘书郎和东川节度使判官等职。因受牛李党争影响，被人排挤，潦倒终身。所作咏史诗多托古以讽时政。李商隐是晚唐乃至整个唐代，为数不多的刻意追求诗美的诗人。其诗构思新奇，风格秾丽，情致婉曲，富于文采，尤其是一些爱情诗和无题诗写得缠绵悱恻，优美动人，广为传诵。有《李义山诗集》。

> 昨夜星辰昨夜风[①]，画楼西畔桂堂东[②]。
> 身无彩凤双飞翼，心有灵犀一点通[③]。
> 隔座送钩春酒暖，分曹射覆蜡灯红[④]。
> 嗟余听鼓应官去[⑤]，走马兰台类转蓬[⑥]。

【注释】

①"昨夜"句：《尚书·洪范》："星有好风。"此含有好会的意思。星辰，众星，星之通称。

②画楼：彩绘华丽的高楼。一作"画堂"。桂堂：形容厅堂的华美。

③灵犀：犀角中心的髓质像一条白线贯通上下，借喻相爱双方心灵的感应和暗通。

④"隔座"二句：邯郸淳《艺经》："义阳腊日饮祭之后，叟妪儿童为藏钩之戏，分为二曹，以校胜负。"隔座送钩，一队用一钩藏在手内，隔座传送，使另一队猜钩所在，以猜中为胜。分曹，分组。射覆，把东西放在覆盖物下使人猜。《汉书·东方朔传》："上尝使诸数家射覆，置守宫盂下射之，皆不能中。"

⑤嗟（jiē）：叹词。听鼓应官：到官府上班，古代官府卯刻击鼓，召集僚属，午刻击鼓下班。

⑥走马：跑马。兰台：秘书省的别称。《旧唐书·职官志》："秘书省，龙朔（唐高宗年号）初改为兰台。"当时李商隐在做秘书省校书郎。类：类似。转蓬：指身如蓬草飞转。《坤雅》："蓬，末大于本，遇风辄拔而旋。"转，一作"断"。

阅读提示

这组诗的创作契机历来众说纷纭，有人说是君臣遇合之作，还有人说是追想京华游宴之作。主流意见认为李商隐的"无题"诗，都是属于写恋情、怀人的，应实有所指，只是不想说出而已。这首"无题"应是有作者自己直接出场的恋情诗，诗人追忆昨夜参与的一次富贵人家的后堂之宴，表达了与意中人相爱而受到重重阻隔不能如愿的怅惘之情，历来脍炙人口。

首联交代时间和地点，以曲折的笔墨写昨夜的欢聚；颔联抒写今夕对意中人的相思之情，今晨一别，纵心有灵犀，然身无双翼，只能承受这相思之苦；颈联写宴会上的热闹，回顾送钩射覆酒暖灯红之乐，更衬托出今夕诗人的寂寥与萧索；尾联回忆今晨离席应差时的情景，自叹事业无成而身不由己的无奈，同时流露出对所任差事的厌倦，暗含身世飘零的感慨。前面极言欢情，结尾时欢情化为乌有，才愈婉转动人，回肠荡气。

这首诗在艺术上有极高的价值，意境柔细婉曲，词采典丽精工，炼句设色，流丽圆美。李商隐善于把心灵中的朦胧图像，化为恍惚迷离的诗的意象，表现复杂矛盾甚至怅惘莫名的情绪，辞意缥缈难寻，形成如雾里看花的朦胧诗境，对心灵世界的开掘具有极大的深度和广度。李商隐诗歌的这种独特的艺术风格，对中国古典诗歌的发展具有重要的影响。

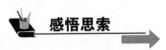

1. 把握全诗的内容和情感特征，理解"身无彩凤双飞翼，心有灵犀一点通"的诗意。
2. 请你以此诗内容为题材，创作一篇爱情故事。

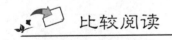

飒飒东风细雨来

西 洲 曲^①

《东府诗集》

作品导读

　　《西洲曲》收于宋代郭茂倩《乐府诗集》。题为"古辞"，作者不详。它的写作年代一般认为是南朝。南朝乐府民歌是继《诗经·国风》和汉乐府民歌之后，民间文学的又一高峰。这些诗歌绝大部分是五言四句体，其内容大多歌唱男女情爱，表现热烈大胆，有冲破封建礼教的气概。其语言天真活泼，风格婉转缠绵，多以女子口吻叙写，充分展现了南方女子的似水柔情。

忆梅下西洲，折梅寄江北。

单衫杏子红，双鬓鸦雏色。

西洲在何处？两桨桥头渡。

日暮伯劳飞^②，风吹乌臼树。

树下即门前，门中露翠钿^③。

开门郎不至，出门采红莲。

采莲南塘秋，莲花过人头。

低头弄莲子，莲子清如水。

置莲怀袖中，莲心彻底红。

忆郎郎不至，仰首望飞鸿。

鸿飞满西洲，望郎上青楼。

楼高望不见，尽日栏杆头。

栏杆十二曲，垂手明如玉。

卷帘天自高，海水摇空绿^④。

海水梦悠悠，君愁我亦愁。

南风知我意，吹梦到西洲。

【注释】

　　①选自《乐府诗集》，西洲曲：乐府曲调名。

　　②伯劳：鸟名。古乐府《东飞伯劳歌》："东飞伯劳西飞燕，黄姑织女时相见"。

　　③翠钿：镶嵌翡翠的首饰。

　　④海水：此指宽阔如海的江水。

阅读提示

　　《西洲曲》是一首闺情长诗，以一位江南少女的口吻，抒发其从初春到深秋对所爱之人的苦苦思念之情。

　　此诗开头即写初春时分，由"梅"而唤起少女对昔日与情人相会的美好时光的回忆。展现在我们面前的，是一位青春美丽的少女，在江南水乡旖旎的春光中，痴痴地思念着远方的爱人的画面。时光流转到初夏，少女在家翘首盼郎、开门迎郎，满怀希望继而失望，心情跌宕，思念、怅惘之情跃然纸上。秋天来了，少女要通过出门采莲来排解心中无尽的思念，"莲子"为谐音双关语，喻"怜子"，象征了痴情的少女对情人的爱慕与思念。接着少女寄希望于鸿雁传书，又登楼望郎，望眼欲穿，寄情南风与幽梦，盼望与情人相聚。这其中时空变化，少女的心情也时而焦虑，时而温情，时而甜蜜，时而惆怅，全篇无论是文字还是情感都流动缠绵。

　　《西洲曲》的构思造境婉转曲折，清丽如画。诗中以物象的变化暗喻季节更替，以幽美的景色作心理烘托，含无限怜惜同情之意。在妩媚秀丽的江南水乡背景上尽情演绎了一个怀春少女终年相思的痴情。全诗又多用顶真、双关等手法，微妙含蓄，饱蕴少女的纯真和深情。此诗集六朝乐府民歌之大成，代表南朝乐府民歌的最高成就，对唐代诗歌有直接的影响。

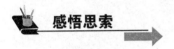

　　1. 这首诗中哪些句子体现出江南水乡的特色？哪些句子体现出相思少女的深情？
　　2. 阅读北朝乐府《木兰诗》，说说它与《西洲曲》存在哪些不同。
　　3. 将这首诗改写成散文。

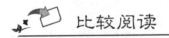

上邪

长 恨 歌①

白居易

作品导读

　　白居易（772—846年），字乐天，晚号香山居士。原籍太原，唐代杰出的诗人。唐德宗贞元十六年（800年）进士，由校书郎累官至左拾遗。在此期间，他关心朝政屡屡上书言事，并写了不少讽喻诗，要求革除弊政，因遭权贵忌恨被贬为江州司马。此后他被迫避祸保身，历任忠州、杭州、苏州刺史等。官终刑部尚书。

白居易主张"文章合为时而著，歌诗合为事而作"（《与元九书》）。他与元稹一起，倡导旨在揭露时弊的"新乐府运动"，写下《秦中吟》十首、《新乐府》五十首等，对当时社会的黑暗现实作了深刻批判。在艺术上，白居易诗以平易晓畅著称，在当时就流布很广。有《白氏长庆集》，存诗近三千首，数量之多，为唐人之冠。

汉皇重色思倾国②，御宇多年求不得③。
杨家有女初长成，养在深闺人未识。
天生丽质难自弃，一朝选在君王侧④。
回眸一笑百媚生，六宫粉黛无颜色⑤。
春寒赐浴华清池⑥，温泉水滑洗凝脂⑦。
侍儿扶起娇无力，始是新承恩泽时⑧。
云鬓花颜金步摇⑨，芙蓉帐暖度春宵⑩。
春宵苦短日高起，从此君王不早朝。
承欢侍宴无闲暇，春从春游夜专夜。
后宫佳丽三千人，三千宠爱在一身。
金屋妆成娇侍夜⑪，玉楼宴罢醉和春。
姊妹弟兄皆列土⑫，可怜光采生门户⑬。
遂令天下父母心，不重生男重生女⑭。
骊宫高处入青云⑮，仙乐风飘处处闻。
缓歌慢舞凝丝竹⑯，尽日君王看不足⑰。

渔阳鼙鼓动地来⑱，惊破霓裳羽衣曲⑲。
九重城阙烟尘生⑳，千乘万骑西南行㉑。
翠华摇摇行复止，西出都门百余里。
六军不发无奈何，宛转蛾眉马前死㉒。
花钿委地无人收㉓，翠翘金雀玉搔头㉔。
君王掩面救不得，回看血泪相和流。

黄埃散漫风萧索，云栈萦纡登剑阁㉕。
峨嵋山下少人行㉖，旌旗无光日色薄。
蜀江水碧蜀山青，圣主朝朝暮暮情。
行宫见月伤心色㉗，夜雨闻铃断肠声㉘。
天旋地转回龙驭㉙，至此踌躇不能去。
马嵬坡下泥土中，不见玉颜空死处㉚。
君臣相顾尽沾衣，东望都门信马归㉛。
归来池苑皆依旧，太液芙蓉未央柳㉜。
芙蓉如面柳如眉，对此如何不泪垂。
春风桃李花开夜，秋雨梧桐叶落时。

西宫南内多秋草③，落叶满阶红不扫。

梨园弟子白发新③，椒房阿监青娥老③。

夕殿萤飞思悄然，孤灯挑尽未成眠③。

迟迟钟鼓初长夜③，耿耿星河欲曙天③。

鸳鸯瓦冷霜华重③，翡翠衾寒谁与共④。

悠悠生死别经年，魂魄不曾来入梦。

临邛道士鸿都客④，能以精诚致魂魄④。

为感君王展转思，遂教方士殷勤觅。

排空驭气奔如电④，升天入地求之遍。

上穷碧落下黄泉④，两处茫茫皆不见。

忽闻海上有仙山，山在虚无缥缈间。

楼阁玲珑五云起④，其中绰约多仙子④。

中有一人字太真，雪肤花貌参差是④。

金阙西厢叩玉扄④，转教小玉报双成④。

闻道汉家天子使，九华帐里梦魂惊⑤。

揽衣推枕起徘徊，珠箔银屏迤逦开⑤。

云鬓半偏新睡觉⑤，花冠不整下堂来。

风吹仙袂飘飘举⑤，犹似霓裳羽衣舞。

玉容寂寞泪阑干⑤，梨花一枝春带雨。

含情凝睇谢君王⑤，一别音容两渺茫。

昭阳殿里恩爱绝⑤，蓬莱宫中日月长⑤。

回头下望人寰处⑤，不见长安见尘雾。

唯将旧物表深情⑤，钿合金钗寄将去⑥。

钗留一股合一扇⑥，钗擘黄金合分钿⑥。

但教心似金钿坚，天上人间会相见。

临别殷勤重寄词⑥，词中有誓两心知。

七月七日长生殿⑥，夜半无人私语时。

在天愿作比翼鸟⑥，在地愿为连理枝⑥。

天长地久有时尽，此恨绵绵无绝期⑥。

【注释】

①元和元年（806年），白居易任周至（今属陕西）县尉，一日，与友人陈鸿、王质夫到马嵬驿附近的游仙寺游览，谈及李隆基与杨贵妃事。王质夫认为，像这样突出的事情，如无大手笔加工润色，就会随着时间的迁移而消没。他鼓励白居易："乐天深于诗，多于情者也，试为歌之如何？"于是，白居易写下了此诗。陈鸿同时写了一篇传奇《长恨歌传》。

②汉皇：此指唐玄宗李隆基。重色：爱好女色。倾国：绝色女子。语出汉李延年诗："北方有佳人，遗世而独立。一顾倾人城，再顾倾人国。"

③御宇：驾御宇内，即统治天下。

④"杨家"四句：杨玉环生于蜀州，幼随叔父杨玄琰入长安。及笄，嫁与玄宗之寿王李瑁为妃。后为李隆基看中，欲占为己有，碍于名分，先让她出宫作名道士，然后迎归宫中。白居易此谓"养在深闺人未识"，乃故为隐讳。丽质：美好的资质。

⑤六宫粉黛：宫内所有嫔妃。粉黛：均为女子化妆用品。粉以抹脸，黛以描眉。这里指代宫妃。无颜色：意谓相形之下，显得不漂亮了。

⑥华清池：骊山上多温泉，李隆基常去避寒，辟浴池多处，建温泉宫，后改名为华清宫。

⑦凝脂：形容皮肤白嫩滋润。

⑧新承恩泽：刚得到皇帝的宠幸。

⑨金步摇：一种首饰，用金丝制成花枝形状，上缀珠玉，插于发髻，行走时随步履摇动，因名"步摇"。

⑩芙蓉帐：绣绘着荷花图案的帐幔。芙蓉：荷花。

⑪金屋：据《太真外传》说，杨玉环在华清宫有梳妆之所，名端正楼。此言金屋，系用汉武帝"金屋藏娇"语意。

⑫"姊（zǐ）妹"句：杨玉环被册封为贵妃后，家族沾光受宠。她的大姐封为韩国夫人，三姐封为虢国夫人，八姐封为秦国夫人，堂兄弟杨铦官鸿胪卿，杨锜官侍御史，杨钊赐名国忠，官右丞相。姊妹：姐妹。列土：裂土受封。列：通"裂"。

⑬可怜：可爱。怜：爱，羡慕。

⑭不重句：《长恨歌传》记载当时民谣说："生女勿悲酸，生男勿欢喜""男不封侯女作妃，看女却为门上楣"。

⑮骊宫：即华清宫。因在骊山上，故称骊宫。

⑯凝：凝结。此指歌、舞与乐曲密切吻合，丝丝入扣。

⑰足：厌足，满足。

⑱"渔阳"句：指安禄山发动叛乱。渔阳：唐郡名，是范阳节度使安禄山所辖八郡之一。鼙（pí）：古代军中所用小鼓。

⑲霓裳羽衣曲：唐代著名舞曲。传说是唐玄宗依据西凉节度使杨敬述所献乐曲加工润色而成的。

⑳九重城阙：指京城长安。古人以为天有九重，京城为天子所居之地，故云。烟尘生：指发生战乱。

㉑"千乘（shèng）句：天宝十五年（756年）六月，安禄山破潼关，李隆基出延秋门仓皇向西南逃奔。乘：马车。

㉒"翠华"四句：李隆基西奔至距长安百余里的马嵬驿（今属陕西兴平），扈从禁卫军发难，不肯前行，请诛杨国忠、杨玉环兄妹以平民怨。玄宗为保住自己，只得照办。翠华：用翠鸟羽毛装饰的旗帜，用作皇帝的仪仗。此指皇帝的车驾。六军：此指皇帝的御林军。蛾眉：美女的代称。此指杨贵妃。

㉓花钿（diàn）：镶嵌金花的首饰。委地：委弃在地。

㉔翠翘：形状似翠鸟尾羽的头饰。金雀：雀形的金钗。玉搔头：玉簪。

㉕云栈：高入云霄的栈道。剑阁：即剑门关，是大剑山与小剑山之间的一座关隘，在今四川剑阁县北。

㉖峨嵋山：在今四川峨嵋县。玄宗奔蜀途中，并未经过峨嵋山，这里泛指蜀中高山。

㉗行宫：皇帝离京出行时住的地方。

㉘"夜雨"句：《明皇杂录·补遗》："明皇既幸蜀，西南行，初入斜谷，霖雨涉旬，于栈道中闻铃音，与山相应。上既悼念贵妃，采其声为《雨淋铃曲》以寄恨焉。"这里暗咏此事。

㉙天旋地转：犹言云开雾散，喻局势转变。回龙驭：郭子仪军收复长安后，唐肃宗派太子太师韦见素至蜀迎玄宗还京。龙驭：皇帝的车驾。

㉚空死处：空见死处。空：徒然。

㉛信：任，任随。

㉜太液、未央：分别是汉朝宫廷内的池名和殿名。这儿借以指称唐代的宫殿池苑。

㉝"西宫"句：玄宗还京后，初居兴庆宫，肃宗及其亲信唯恐他东山再起，将他迁至太极宫内，近于变相的软禁。西宫：唐太极宫，也称西内。南内：唐兴庆宫，也称南苑。

㉞梨园弟子：玄宗亲自调教的乐工声伎。《雍录》卷九："开元二年，置教坊于蓬莱宫，上自教法曲，谓之'梨园弟子'。至天宝中，即东宫置宜春北苑，命宫女数百人为梨园弟子，即是。'梨园'者，按乐之地；而预教者，名为'弟子'耳。"

㉟椒房：后妃所住的宫殿。因用花椒和泥涂壁以取其香暖而多子，故名椒房。阿监：宫中女侍官名。青娥：美好的容颜。

㊱孤灯挑尽：古时用油灯照明，为使灯火明亮，过一会儿就要把灯草挑一挑。按：唐时宫廷夜间燃烛而不点油灯，此处旨在形容玄宗晚年生活环境的凄苦。

㊲迟迟：异常迟缓。用以形容长夜难眠时的心情。报更钟声起止原有定时，这里意在强调唐玄宗的主观感受。

㊳耿耿：明亮貌。欲曙天：长夜将晓之时。

㊴鸳鸯瓦：两片一俯一仰扣合在一起叫鸳鸯瓦。简称鸳瓦。霜华：霜花。

㊵翡翠衾（qīn）：绣饰有翡翠鸟的被子。谁与共：与谁共。

㊶"临邛（qióng）"句：意谓有个从临邛来的道士客居在长安。临邛：县名（今四川邛崃）。鸿都：东汉首都洛阳宫门名，此借指长安。

㊷致魂魄：使杨贵妃的亡魂前来。

㊸排空驭气：犹言腾云驾雾。

㊹穷：穷极，穷尽，找遍。碧落、黄泉：古人以为，天有九重，最上一层叫碧落；地有九层，最下一层叫黄泉。因而也称九天、九泉。

㊺五云：五彩云霞。

㊻绰约：形容风姿美好。

㊼参差（cēn cī）：这里意为仿佛、差不多。

㊽金阙：金碧辉煌的神仙宫阙。叩：叩击，扃（jiōng）：本指门闩或门环，此指门扇。

㊾"转教"句：意谓仙府庭院重重，须经辗转通报。小玉、双成：均为古代神话传说中的女子名，此借以指称杨玉环所在仙府的侍婢。小玉：传说中吴王夫差之女。双成：传说为西王母的侍女，姓董。

㊿九华帐：绘饰华美的帐幔。据传也是西王母所有之物。九华：图案名。

○51珠箔（bó）：用珍珠串编成的帘子。屏：屏风。迤逦（yǐ lǐ）：一个接一个，连延不断。

○52新睡觉：刚睡醒。觉：睡醒。

○53袂（mèi）：衣袖。

○54阑干：纵横流淌。

○55凝睇（dì）：凝视。

○56昭阳殿：汉代宫殿名，为赵飞燕所居，这里借指杨玉环生前在长安的寝宫。绝：断。

○57蓬莱宫：指杨玉环在仙府的居室。蓬莱：传说中海上三仙山之一。

○58人寰：人间。

○59旧物：指生前与玄宗定情的信物。

○60钿合：镶嵌有金花的盒子。寄将去：托道士捎去。

○61"钗留"句：钗由两股结成，此捎去一股，留下一股；盒由两爿合成，此捎去一爿，留下一爿。

○62擘（bò）：分开。合分钿：钿盒上的金花图案各得一半。

○63重（chóng）：再，又。

○64长生殿：在骊山上，天宝元年建，名"集灵台"，以祀神。一说，唐代后妃所居寝宫，通称为长生殿。

○65比翼鸟：本名，飞时雌雄相从，比翼齐飞。

○66连理枝：异本草木，两棵树不同根而枝叶连生在一起。

○67恨：遗憾。

 阅读提示

长恨歌是一首长篇叙事诗，开篇"汉皇重色思倾国"一句是全诗的总纲，接着作者反复渲染了得到杨贵妃后的唐玄宗如何迷色误国："从此君王不早朝""春从春游夜专夜""尽日君王看不足"，从而揭示出安史之乱爆发的主要原因，也即为杨贵妃被赐死、李杨爱情悲剧的根源所在。诗歌的末尾，用"天长地久有时尽，此恨绵绵无绝期"结笔，点明题旨，回应开头，而且做到"清音有馀"，给读者以联想、回味的余地。

本诗情节曲折生动，这既归因于李、杨情事本身的离奇，也缘自诗人的精心构撰。唐玄宗、杨贵妃都是历史人物，但诗人并不拘泥于历史，而是借着历史的一点影子，蜕化出一个回旋曲折、宛转动人的故事，用回环往复、缠绵悱恻的艺术形式，描摹、歌咏出来。诗歌情节发展至杨贵妃身死时悲剧业已完成，而作者却匠心独运，大肆铺写玄宗在幸蜀途中、还京路上以及回长安后对杨的苦苦思念，细致地写出了人物的情感活动，推动了情节进一步深入发展，使诗歌波澜再起，生面别开，大大加重了故事的悲剧气氛，强化了"长恨"的主题。

诗歌着力塑造了两个鲜活生动的人物形象。作者赋予唐玄宗及杨贵妃以普通人的情感，感同身受地体察人物的内心世界，细致入微地刻画他们的心理活动。如写唐玄宗对杨贵妃的思念时，从傍晚到入夜、到夜深、到黎明、到清晨的整整一夜的辗转愁思；再如"闻道汉家天子使"以下诸句，写贵妃的震惊、激动、惶惑、急切、悲楚、委屈、感激等诸般感触，可谓合情入理，纤毫毕现。对于李杨的爱情悲剧，尽管此诗内容也有所"讽刺"，但仍主要

体现了作者的悲悯之情。

此诗叙事有致，张弛自如；抒情深挚，缠绵细腻；章法上下贯通，前后钩连；语言优美明丽，自然流畅；运用对偶、排比、顶针等修辞手法娴熟圆美。这些艺术表现上的特长，会同前述种种，使此诗被后人奉为古代长篇歌行中的绝唱。

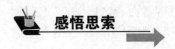

感悟思索

1. 对《长恨歌》的主旨，历来有不同认识。有人以为是讽刺荒淫，有人以为是歌颂爱情，有人以为是双重主题。你的意见如何？理由是什么？

2. 第三段玄宗思念贵妃的有关描写，对故事情节的发展有什么作用？

3. 第四段对刻画杨玉环的形象及表现"长恨"的主旨有何作用？

4. 唐玄宗当然也有人之常情，但他和杨玉环之间的感情，果真能真挚深刻到此诗所写的程度吗？如果说其中有虚构，那为什么历来的读者对此诗津津乐道、倍加赞赏？试各抒己见，共同探讨。

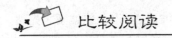

比较阅读

过华清宫绝句三首

洛 神 赋①

曹 植

作品导读

曹植（192—232年）三国时魏国诗人，字子建，沛国谯县（今安徽亳州）人。他是建安时期成就最大的作家，钟嵘称之为"建安之杰"，与曹操、曹丕合称为"三曹"。代表作有《洛神赋》《名都赋》《赠白马王彪》等。

曹植的文学创作风格以曹丕继位为界，前期以宴饮游乐为主，后期以抒发忧愤为主。钟嵘评价其艺术特色是"骨气奇高、词采华茂"。作为建安文学的集大成者，他在诗歌艺术上有很多创新发展。特别是在五言诗的创作上贡献尤大，对于后世文学产生了很大影响。在两晋南北朝时期，他的作品被推尊到文章典范的地位。有《曹子建集》。

黄初三年[2]，余朝京师[3]，还济洛川[4]。古人有言，斯水之神[5]，名曰宓妃。感宋玉对楚王神女之事[6]，遂作斯赋。其辞曰：

余从京域[7]，言归东藩[8]，背伊阙[9]，越轘辕[10]，经通谷[11]，陵景山[12]。日既西倾，车殆马烦[13]。尔乃税驾乎蘅皋[14]，秣驷乎芝田[15]，容与乎阳林[16]，流眄乎洛川[17]。于是精移神骇[18]，忽焉思散。俯则未察[19]，仰以殊观。睹一丽人，于岩之畔。乃援御者而告之曰[21]："尔有觌于彼者乎[22]？彼何人斯，若此之艳也！"御者对曰："臣闻河洛之神，名曰宓妃。然则君王之所见也，无乃是乎[23]？其状若何？臣愿闻之。"

余告之曰：其形也，翩若惊鸿，婉若游龙[24]，荣曜秋菊，华茂春松[25]。髣髴兮若轻云之蔽月[26]，飘飖兮若流风之回雪[27]。远而望之，皎若太阳升朝霞；迫而察之，灼若芙蕖出渌波[29]。秾纤得中，修短合度[30]。肩若削成，腰如约素[31]。延颈秀项[32]，皓质呈露[33]。芳泽无加，铅华弗御[34]。云髻峨峨[35]，修眉联娟[36]。丹唇外朗[37]，皓齿内鲜。明眸善睐[38]，辅靥承权[39]。瓌姿艳逸[40]，仪静体闲[41]。柔情绰态[42]，媚于语言[43]。奇服旷世[44]，骨像应图[45]。披罗衣之璀粲兮[46]，珥瑶碧之华琚[47]。戴金翠之首饰，缀明珠以耀躯。践远游之文履[49]，曳雾绡之轻裾[50]。微幽兰之芳蔼兮[51]，步踟蹰于山隅[52]。于是忽焉纵体[53]，以遨以嬉[54]。左倚采旄[55]，右荫桂旗[56]。攘皓腕于神浒兮[57]，采湍濑之玄芝[58]。

余情悦其淑美兮，心振荡而不怡[59]。无良媒以接欢兮[60]，托微波而通辞[61]。愿诚素之先达兮[62]，解玉佩以要之[63]。嗟佳人之信修兮[64]，羌习礼而明诗[65]。抗琼珶以和予兮[66]，指潜渊而为期[67]。执眷眷之款实兮[68]，惧斯灵之我欺[69]。感交甫之弃言兮[70]，怅犹豫而狐疑[71]。收和颜而静志兮[72]，申礼防以自持[73]。

于是洛灵感焉，徙倚彷徨[74]。神光离合[75]，乍阴乍阳[76]。竦轻躯以鹤立[77]，若将飞而未翔。践椒涂之郁烈[78]，步蘅薄而流芳[79]。超长吟以永慕兮[80]，声哀厉而弥长[81]。

尔乃众灵杂遝[82]，命俦啸侣[83]。或戏清流，或翔神渚[84]。或采明珠，或拾翠羽[85]。从南湘之二妃[86]，携汉滨之游女[87]。叹匏瓜之无匹兮，咏牵牛之独处[88]。扬轻袿之猗靡兮[89]，翳修袖以延伫[90]。体迅飞凫[91]，飘忽若神。凌波微步[92]，罗袜生尘[93]。动无常则[94]，若危若安。进止难期[95]，若往若还。转眄流精[96]，光润玉颜[97]。含辞未吐[98]，气若幽兰[99]。华容婀娜[100]，令我忘餐。

于是屏翳收风[101]，川后静波[102]。冯夷鸣鼓[103]，女娲清歌[104]。腾文鱼以警乘[105]，鸣玉銮以偕逝[106]。六龙俨其齐首[107]，载云车之容裔[108]。鲸鲵踊而夹毂[109]，水禽翔而为卫[110]。于是越北沚[111]，过南冈；纡素领，回清扬[113]；动朱唇以徐言[113]，陈交接之大纲[114]。恨人神之道殊兮，怨盛年之莫当[116]。抗罗袂以掩涕兮[117]，泪流襟之浪浪[118]。悼良会之永绝兮[119]，哀一逝而异乡。无微情以效爱兮[120]，献江南之明珰[121]。虽潜处于太阴，长寄心于君王[123]。忽不悟其所舍[124]，怅神宵而蔽光[125]。

于是背下陵高[126]，足往神留[127]。遗情想像[128]，顾望怀愁。冀灵体之复形[129]，御轻舟而上溯[130]。浮长川而忘反，思绵绵而增慕。夜耿耿而不寐[132]，沾繁霜而至曙[133]。命仆夫而就驾，吾将归乎东路。揽騑辔以抗策[134]，怅盘桓而不能去[135]。

【注释】

①《文选》李善注引《记》称：曹植求甄逸女未遂，为曹丕所得。甄逸女被曹丕皇后郭氏谗死，曹植有感而作《感甄赋》。魏明帝改题为《洛神赋》。此说与史实、情理难合，不足信。此赋以幻觉形式，叙写人神相恋，终因人神道殊，含情痛别。或以为假托洛神，寄心文帝，抒发衷情不能相通的政治苦闷。全赋多方着墨，极力描绘洛神之美，生动传神。格调凄艳

哀伤，辞采华茂。洛神，洛水女神，传为古帝宓（fú）羲氏之女宓妃淹死洛水后所化。

②黄初三年：应为黄初四年（223年）。据《三国志·魏书》曹植本传及《赠白马王彪》诗序，曹植于黄初四年朝京师。

③朝京师：到京城洛阳朝见魏文帝。

④济：渡。洛川：洛水。源出陕西，经洛阳，入黄河。

⑤斯：这。

⑥宋玉：楚国诗人，传世作品有《九辩》等。神女之事：指宋玉《高唐赋》《神女赋》中所写楚庄王与神女相遇之事。

⑦京域：京城洛阳地区。

⑧言：发语词。东藩：指在洛阳东北的曹植封地鄄城。藩，诸侯为王室屏藩，故称藩国。

⑨背：背离，过而弃于后。伊阙：山名，在洛阳南，又名龙门山、阙塞山。

⑩轘（huán）辕：山名，在今河南偃师市东南。

⑪通谷：谷名，在洛阳城南。

⑫陵：登上。景山：山名，在今河南偃师。

⑬殆：通"怠"，困顿。此指车行缓慢。烦：疲乏。

⑭尔乃：于是。税驾：停车。税，停。蘅皋：生长杜蘅香草的河岸。皋，河边高地。

⑮秣驷：喂马。秣，喂食料。驷，拉同一车的四匹马，此指马。芝田：种芝草的田野。

⑯容与：徜徉，优游。阳林：地名，未详。

⑰流眄：转动目光观看。眄，一作"眄（miǎn）"。

⑱骇：散。

⑲察：看清。

⑳殊观：看到特殊景象。

㉑援：拉着。御者：驾马车的仆人。

㉒覿（dí）：见。

㉓是：这，代指洛神。

㉔"翩若"二句：写洛神如惊鸿翩翩，游龙婉婉，体态轻盈。

㉕"荣曜"二句：以秋菊的茂盛鲜艳和春松的华美繁盛比喻神女容光焕发。

㉖髣髴：同仿佛，忽隐忽显貌。

㉗飘飖（yáo）：飘动摇曳貌。回：旋转。以上二句写神女若隐若现，体态轻盈。

㉘迫：靠近。

㉙灼：鲜明。渌（lù）：清澈。

㉚"秾（nóng）纤"二句：神女肥瘦高矮，恰到好处。秾，肥。纤，细瘦。中，适中。一作"衷"，义同。修，长。

㉛约素：卷束的白绢。形容腰肢圆细。约，束在一起。

㉜延：长。颈、项：脖子。

㉝皓质：洁白的肤质。呈：显现。

㉞"芳泽"二句：不涂脂抹粉，纯任天然。芳泽，化妆用的膏脂。铅华，化妆用的粉。弗御，不用。

㉟峨峨：形容高。

㊱联娟：细长弯曲貌。

㊲丹：红色。朗：鲜明。

㊳眸：瞳子。睐（lài）：旁视。

㊴辅靥（yè）承权：面颊上有美丽的酒窝。辅靥，应作"靥辅"。辅，通"酺"，面颊。靥，酒窝。承权，酒窝在颧骨之下。承，上接。权，颧。

㊵瓌（guī）：同"瑰"，奇妙。

㊶仪：仪态。闲：娴雅。

㊷绰态：从容的姿态。

㊸媚：美好，指语言悦耳动听。

㊹旷世：举世所无。

㊺骨像：即骨相。应图：与相书中骨相好的图像相合。

㊻璀（cuǐ）粲：鲜明亮丽。

㊼珥（ěr）：此指佩戴。瑶碧：美玉。华琚（jū）：有花纹的玉佩。

㊽缀：点缀。

㊾践：穿着。远游：鞋名。文履：有文饰的鞋。

㊿曳：拖着。雾绡（xiāo）：轻纱。裾（jū）：衣襟，此指衣裙。

51微：指香气微通。芳蔼：芳香浓郁。

52踟蹰：徘徊。隅（yú）：角落。

53纵体：轻举身体。

54以遨以嬉：遨游嬉戏。

55采旄（máo）：彩旗。旄，旄牛尾。此指旗杆上的装饰品。

56桂旗：用桂枝做旗杆的旗帜。

57攘：挽起衣袖。浒：水边。

58湍濑（tuān lài）：急流。玄芝：黑色的灵芝。

59怡：高兴。

60接欢：将喜爱之情传达给洛神。

61微波：水波。一说指目光。辞：言辞。

62诚素：真诚的心意。素，通"愫"，真情。

63要：通"邀"。

64信修：的确美好。修，美好。

65"羌习礼"句：指有文化教养。羌，发语词。

66抗：举。琼珶（dì）：美玉名。和（hè）：应答。

67潜渊：深渊，洛神的居处。期：约会。

68执：持。眷眷：留恋貌。款实：诚恳的心意。

69斯灵：指洛神。

70"感交甫"句：《文选》李善注引《神仙传》：郑交甫于江边遇仙女，"目而挑之，女遂解佩与之。交甫行数步，空怀无佩，女亦不见"。弃言，指仙女背弃诺言。

71狐疑：迟疑不决。

72"收和颜"句：收敛笑容，安定心志。

○73 申：强调。礼防：礼法的约束。自持：自我控制。持，原作"恃"，误。

○74 徙倚：流连徘徊。

○75 神光离合：神女的灵光聚散不定。

○76 乍阴乍阳：时暗时明。

○77 竦（sǒng）：同"耸"。

○78 椒途：用椒泥涂饰的道路。椒，花椒。郁烈：香气浓烈。

○79 薄：草丛生。

○80 超：怅惘。永慕：深长地爱慕。

○81 弥长：久长。

○82 杂遝（tà）：众多貌。

○83 命俦啸侣：呼朋唤侣。

○84 渚：水中高地。

○85 翠羽：翠鸟的羽毛。

○86 南湘之二妃：湘水女神，舜的二妃娥皇、女英。

○87 汉滨之游女：汉水女神。

○88 "叹匏（páo）瓜"二句：匏瓜，星名，不与它星相接。牵牛，星名，与织女星隔天河相对而处。

○89 袿（guī）：女子上衣。猗（yǐ）靡：轻柔飘忽貌。

○90 翳（yì）：遮蔽。延伫：久立。

○91 凫（fú）：野鸭。

○92 凌波微步：在水波上碎步而行。凌，踏。

○93 罗袜生尘：神行无迹而人行有迹，疑此以神拟人，故云。

○94 常则：固定规则。

○95 难期：难以预期。

○96 转眄流精：转动双目，流光溢彩。眄，一作"眒"。精，即睛。

○97 光润玉颜：即玉颜光润。光润，鲜润。

○98 辞：话语。

○99 气：气息。

○100 华容：美丽的容貌。婀娜：体态轻盈美好。

○101 屏翳：风神名。

○102 川后：河神。

○103 冯（píng）夷：河神名。

○104 女娲（wā）：女神名。相传她曾炼石补天，又制造了笙簧。

○105 文鱼：传说中一种有翅会飞的鱼。警乘：警卫车驾。

○106 玉銮（luán）：玉制的鸾鸟形的车铃。偕逝：一起前驰。

○107 俨：庄重貌。齐首：并首，指驾车的六龙排列整齐。

○108 云车：神以云为车。容裔（yì）：车行时起伏貌。

○109 鲸鲵（ní）：水栖哺乳动物，形体巨大，似鱼。雄性为鲸，雌性为鲵。踊：跳跃。毂（gǔ）：车轴，此代指车。

⑩卫：护卫。

⑪沚：水中小洲。

⑫"纡（yū）素领"二句：回头相视。纡，回。素领，白颈。清扬，眉目之间。此指清秀的眉目。

⑬朱：红色。

⑭陈：陈说。交接：结交往来。纲：指纲常礼法。

⑮殊：不同。

⑯"怨盛年"句：怨恨壮盛之年不能与君匹配。当，称心。

⑰抗：举。罗袂：罗袖。涕：眼泪。

⑱浪浪：泪流貌。

⑲良会：嘉会。

⑳微情：微末之情。效爱：表示爱慕。

㉑明珰（dāng）：用明珠做成的耳坠。

㉒太阴：众神所居的幽深之处。此指洛神住处。

㉓君王：指曹植。

㉔不悟：不知道。其：指洛神。舍：止。

㉕宵：通"消"。蔽光：隐去形体的光彩。言神女形消光隐。

㉖背下陵高：离开低地，登上高处。陵，登。

㉗足往神留：脚已往前走了，而心神还留在那里。极写眷恋之情。

㉘遗情：留恋情思。想像：回想。

㉙"冀灵体"句：希望洛神再次显形。冀，希望。

㉚御：驾。溯：逆水而上。

㉛长川：长河，指洛水。反：通"返"。

㉜耿耿：心绪不定。寐：入睡。

㉝沾：浸湿。曙：天亮。

㉞騑（fēi）：驾车的服马外侧拉套的马。辔（pèi）：马缰绳。抗策：扬鞭。

㉟盘桓：徘徊不前。

🌴 阅读提示

曹植在诗赋创作方面有杰出的成就，其赋继承了两汉以来抒情小赋的传统，又吸收了楚辞的浪漫主义精神，为诗赋的发展开辟了一个新的境界。《洛神赋》为曹植诗赋中的杰出作品，作者以浪漫主义手法，通过梦幻的境界，描写了人神之间的真挚爱情，但终因"人神殊道"无从结合而惆怅分离。

《洛神赋》开篇交代"余"神交洛神之时间、地点："余"从洛阳回封地的途中，看到洛神（宓妃）伫立山崖。接着写洛神之容仪服饰之美，既而表达"余"爱慕洛神之深，接着写洛神为"君王"之诚意所感动后的情状。而"恨人神之道殊"以下二句，是此赋的寄意之所在。文末则极写别后的思恋、惆怅及不舍：洛神的倩影、彼此间的爱慕以及不得已的分离，使"余"心神为之不宁，徘徊于洛水之间不忍离去。

曹植此赋幻想出一个迷离奇幻的人神相恋的故事，极意刻画了"余"和洛水女神途中邂逅、彼此倾慕又人神殊途的一段缥缈迷离、浪漫悲伤的故事，生动地塑造了洛水女神纯真美丽而又热情活泼的形象。此赋情节完整，形象鲜明，辞采华美，描写细腻，想象丰富，情思缱绻，若有寄托。

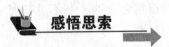

感悟思索

1. 举例赏析《洛神赋》中人物形象刻画的传神之处。
2. 熟读全文，结合作者的生平经历，体会本文的思想内涵。
3. 请你用自己的语言将曹植笔下洛神赋的故事叙述出来。

黛玉葬花
（《红楼梦》节选）

曹雪芹

作品导读

《红楼梦》是中国古典文学宝库中的瑰宝。它以贾、史、王、薛四大家族为背景，以贾宝玉、林黛玉的爱情悲剧为主线，展现了封建社会终将走向灭亡的必然趋势。《黛玉葬花》节选自《红楼梦》27回、28回，是《红楼梦》的经典篇章之一。

作者曹雪芹（约1715—1763年），名霑，字梦阮，号雪芹，清代小说家。曹雪芹是一位诗人，又是一位画家，但他最大的贡献还在于小说创作。章回体长篇小说《红楼梦》是他"披阅十载，增删五次""字字看来皆是血，十年辛苦不寻常"的产物。今传120回本，其中后40回为高鹗所续。

如今且说林黛玉因夜间失寝，次日起来迟了，闻得众姐妹都在园中作饯花会，恐人笑他痴懒，连忙梳洗了出来。刚到了院中，只见宝玉进门来了便笑道："好妹妹，你昨儿可告我了不曾？教我悬了一夜的心。"黛玉便回头叫紫鹃："把屋子收拾了，下一扇纱屉子，看那大燕子回来，把帘子放下来，拿狮子①倚住，烧了香，就把炉罩上。"一面说，一面又往外走。宝玉见他这样，还认作是昨日晌午的事，那知晚间的这件公案，还打恭作揖的。黛玉正眼儿也不看，各自出了院门，一直找别的姐妹去了。宝玉心中纳闷，自己猜疑："看起这个光景来，不像是为昨儿的事。但只昨日我回来的晚了，又没有见他，再没有冲撞他的去处儿了。"一面想，一面由不得随后跟了来。

只见宝钗探春，正在那边看鹤舞，见黛玉来了，三个一同站着说话儿。又见宝玉来了，探春便笑道："宝哥哥，身上好？我整整的三天没见你了。"宝玉笑道："妹妹身上好？我前儿还在大嫂子跟前问你呢。"探春道："宝哥哥，你往这里来，我和你说话。"宝玉听说，便跟了他，离了钗玉两个，到了一棵石榴树下。探春因说道："这几天，老爷没叫你吗？"宝玉笑道："没有叫。"探春道："昨儿我恍惚听见说，老爷叫你出去来着。"宝玉笑道："那想是别人听错了，并没叫我。"探春又笑道："这几个月，我又攒下有十来吊钱了。你还拿了去，明儿出门逛去的时候，或是好字画，好轻巧玩意儿，替我带些来。"

宝玉道："我这么逛去，城里城外大廊大庙的逛，也没见个新奇精致东西，左不过是那些金玉铜磁器，没处摆的古董儿，再么就是绸缎吃食衣服了。"探春道："谁要那些作什么！像你上回买的那柳枝儿编的小篮子儿，竹子根挖的香盒儿，胶泥垛的风炉子儿，就好了。我喜欢的了不得，谁知他们都爱上了，都当宝贝似的抢了去了。"宝玉笑道："原来要这个。这不值什么，拿几吊钱出去给小子们，管拉两车来。"探春道："小厮们知道什么？你拣那有意思儿又不俗气的东西，你多替我带几件来，我还像上回的鞋做一双你穿，比那双还加工夫，如何呢？"宝玉笑道："你提起鞋来，我想起故事来了。一回穿着，可巧遇见了老爷，老爷就不受用，问是谁做的，我那里敢提三妹妹？我就回说，是前儿我的生日舅母给的，老爷听了是舅母给的，才不好说什么了。半日还说：'何苦来！虚耗人力，作践绫罗，做这样的东西。'我回来告诉了袭人，袭人说：'这还罢了，赵姨娘气的抱怨的了不得，正经亲兄弟，鞋塌拉袜塌拉的，没人看见，且做这些东西！'"

探春听说，登时沉下脸来道："你说，这话糊涂到什么田地！怎么我是该做鞋的人么？环儿难道没有分例？衣裳是衣裳，鞋袜是鞋袜，丫头老婆一屋子，怎么抱怨这些话？给谁听呢？我不过闲着没事儿做一双半双，爱给那个哥哥兄弟，随我的心，谁敢管我不成？这也是他瞎气。"宝玉听了，点头笑道："你不知道，他心里自然又有个想头了。"探春听说，一发动了气，将头一扭，说道："连你也糊涂了！他那想头，自然是有的，不过是那阴微下贱的见识。他只管这么想，我只管认得老爷太太两个人，别人我一概不管。就是姐妹弟兄跟前，谁和我好，我就和谁好，什么偏的，庶的，我也不知道。论理，我不该说他，但他忒昏愦的不像了！还有笑话儿呢，就是上回我给你那钱，替我买那些玩的东西，过了两天，他见了我，就说是怎么没钱，怎么难过。我也不理。谁知后来丫头们出去了，他就抱怨起我来，说我攒的钱，为什么给你使，倒不给环儿使呢！我听见这话，又好笑，又好气。我就出来往太太跟前去了。"

正说着，只见宝钗那边笑道："说完了，来罢。显见的是哥哥妹妹了，撂下别人，且说体己去。我们听一句儿就使不得了？"说着，探春宝玉二人方笑着来了。宝玉因不见了黛玉，便知是他躲了别处去了，想了一想："索性迟两日，等他的气息一息再去也罢了。"因低头看见许多凤仙石榴等各色落花，锦重重的落了一地，因叹道："这是他心里生了气，也不收拾这花儿来了，等我送去，明儿再问着他。"说着，只见宝钗约着他们往后头走。宝玉道："我就来。"等他二人去远，把那花儿兜起来，登山渡水，过树穿花，一直奔了那日和黛玉葬桃花的去处。

将已到了花冢，犹未转过山坡，只听那边有呜咽之声，一面数落着，哭的好不伤心。宝玉心下想道："这不知是那屋里的丫头，受了委屈，跑到这个地方来哭。"一面想，一面煞住脚步，听他哭道是：

> 花谢花飞飞满天，红消香断有谁怜？
> 游丝软系飘春榭，落絮轻沾扑绣帘。
> 闺中女儿惜春暮，愁绪满怀无释处；

手把花锄出绣帘，忍踏落花来复去。

柳丝榆荚自芳菲，不管桃飘与李飞；

桃李明年能再发，明年闺中知有谁?

三月香巢初垒成，梁间燕子太无情；

明年花发虽可啄，却不道人去梁空巢已倾。

一年三百六十日，风刀霜剑严相逼；

明媚鲜妍能几时，一朝飘泊难寻觅。

花开易见落难寻，阶前愁杀葬花人；

独把花锄偷洒泪，洒上空枝见血痕。

杜鹃无语正黄昏，荷锄归去掩重门；

青灯照壁人初睡，冷雨敲窗被未温。

怪侬底事②倍伤神? 半为怜春半恼春。

怜春忽至恼忽去，至又无言去不闻。

昨宵庭外悲歌发，知是花魂与鸟魂?

花魂鸟魂总难留，鸟自无言花自羞。

愿侬此日生双翼，随花飞到天尽头。

天尽头! 何处有香丘?

未若锦囊收艳骨，一抔净土③掩风流。

质本洁来还洁去，不教污淖陷渠沟。

尔今死去侬收葬，未卜侬身何日丧?

侬今葬花人笑痴，他年葬侬知是谁?

试看春残花渐落，便是红颜老死时。

一朝春尽红颜老，花落人亡两不知!

正是一面低吟，一面哽咽，那边哭的自己伤心，却不道这边听的早已痴倒了。

……

话说林黛玉只因昨夜晴雯不开门一事，错疑在宝玉身上，次日又可巧遇见饯花之期，正在一腔无明，未曾发泄，又勾起伤春愁思，因把些残花落瓣去掩埋，由不得感花伤己，哭了几声，便随口念了几句。不想宝玉在山坡上听见，先不过点头感叹，次又听到"侬今葬花人笑痴，他年葬侬知是谁?""一朝春尽红颜老，花落人亡两不知"等句，不觉恸倒山坡上，怀里兜的落花撒了一地，试想林黛玉的花颜月貌，将来亦到无可寻觅之时，宁不心碎肠断? 既黛玉终归无可寻觅之时，推之于他人，如宝钗、香菱、袭人等，亦可以到无可寻觅之时矣。宝钗等终归无可寻觅之时，则自己又安在呢? 且自身尚不知何在何往，将来斯处斯园斯花斯柳又不知当属谁姓? 因此一而二，二而三，反复推求了去，真不知此时此际，如何解释这段悲伤! 正是：花影不离身左右，鸟声只在耳东西。那黛玉正自伤感，忽听山坡上也有悲声，心下想道："人人都笑我有痴病，难道还有一个痴的不成?"抬头一看，见是宝玉，黛玉便啐道："呸! 我打量是谁，原来是这个狠心短命的……"刚说到"短命"二字，又把口掩住，长叹一声，自己抽身便走。

这里宝玉悲恸了一回，见黛玉去了，便知黛玉看见他，躲开了，自己也觉无味，抖抖土起来，下山寻归旧路，往怡红院来。可巧看见黛玉在前头走，连忙赶上去说道："你且站着，我知道你不理我，我只说一句话，从今以后，撂开手。"黛玉回头见是宝玉，待要不理他，听他说只说一句话，便道："请说。"宝玉笑道："两句话，说了你听不听呢？"黛玉听说，回头就走。宝玉在身后面叹道："既有今日，何必当初？"黛玉听见这话，由不得站住，回头道："当初怎么样？今日怎么样？"宝玉叹道："嗳！当初姑娘来了，那不是我陪着玩笑？凭我心爱的，姑娘要，就拿去；我爱吃的，听见姑娘也爱吃，连忙收拾的干干净净收着，等着姑娘回来。一个桌子上吃饭，一个床儿上睡觉。丫头们想不到的，我怕姑娘生气，替丫头们都想到了。我想着姊妹们从小儿长大，亲也罢，热也罢，和气到了儿，才见得比别人好。如今谁承望姑娘人大心大，不把我放在眼里，三日不理，四日不见的，倒把外四路儿的什么'宝姐姐''凤姐姐'的放在心坎儿上，我又没个亲兄弟亲妹妹，虽然有两个，你难道不知道是我隔母的？我也和你是独出，只怕你和我的心一样。谁知我是白操了这一番心，有冤无处诉！"说着，不觉哭起来。

那时黛玉耳内听了这话，眼内见了这光景，心内不觉灰了大半，也不觉滴下泪来，低头不语。宝玉见这般形象，遂又说道："我也知道我如今不好了，但只任凭我怎么不好，万不敢在妹妹跟前有错处，就有一二分错处，你或是教导我，戒我下次，或骂我几句，打我几下，我都不灰心。谁知你总不理我，叫我摸不着头脑儿，少魂失魄，不知怎么样才好。就是死了，也是个屈死鬼。任凭高僧高道忏悔，也不能超升，还得你说明了原故，我才得托生呢！"

黛玉听了这话，不觉将昨晚的事都忘在九霄云外了，便说道："你既这么说，为什么我去了，你不叫丫头开门呢！"宝玉诧异道："这话从那里说起？我要是这么着，立刻就死了！"黛玉啐道："大清早起死呀活的，也不忌讳！你说有呢就有，没有就没有，起什么誓呢！"宝玉道："实在没有见你去，就是宝姐姐坐了一坐，就出来了。"黛玉想了一想，笑道："是了，必是丫头们懒怠动，丧声歪气的，也是有的。"宝玉道："想必是这个原故。等我回去问了是谁，教训教训他们就好了。"黛玉道："你的那些姑娘们，也该教训教训。只是论理我不该说。今儿得罪了我的事小，倘或明儿'宝姑娘'来，什么'贝姑娘'来，也得罪了，事情可就大了！"说着，抿着嘴儿笑，宝玉听了，又是咬牙，又是笑。

……

【注释】

①狮子：一种压帘用的带座的石狮子。

②底事：何事。

③一抔（póu）净土：一捧土，这里指花冢。

 阅读提示

在《红楼梦》里有两次葬花，第一次是因为花儿落了，贾宝玉要将其丢进水里，林黛玉怕落花流到臭水沟所以葬花。第二次葬花即本文节选的这一部分，这里侧重表现黛玉的诗人气质及其多愁善感的悲剧性格。

因前一天和贾宝玉发生了误会，主人公借葬花来抒发自己苦闷、青春易逝的伤感情绪。选文情节的高潮是葬花，而黛玉葬花的精华之处在于《葬花吟》。这首诗通过丰富奇特的想象，暗淡凄清的画面，浓烈忧伤的情调，抒写了黛玉在冷酷现实摧残下的心灵世

界。全诗情景相生，充满了落花飘零人去楼空的悲哀。"花谢花飞飞满天，红消香断有谁怜"，触景生情，由物及人，由花的凋谢想到自己寄人篱下的身世之悲，充分表现出黛玉敏感、细腻、多愁善感的个性特征。"质本洁来还洁去，不教污淖陷渠沟"一句把她不愿与世俗同流合污，不逢迎、不妥协、孤傲的性格也表现得淋漓尽致。花的命运也即黛玉的命运。《葬花吟》是林黛玉命运的暗示，"侬今葬花人笑痴，他年葬侬知是谁?"将花拟人，以花喻人，把花的命运与人的命运联系在一起，有力地控诉了封建社会的恶势力。

　　《葬花吟》作为《红楼梦》中最感人的诗歌之一，我们要在欣赏它的独特魅力之时，正确对待其中消极、伤感的情绪。

 感悟思索

1. 简述黛玉葬花的故事情节。
2. 概括《葬花吟》的艺术特色。
3. 试析《葬花吟》的言外之意。
4. 阅读《红楼梦》，从主题、人物刻画、环境描写、语言等方面任选其一，写一篇评论文章并交流讨论。

 比较阅读

红豆曲

第三章　友　情

友情，是一种可以超越年龄、性别，超越骨肉血亲、国别地域的广博之爱。友情是人们获得幸福感的必要需求，是给人情感支持的源泉和动力。真正的友情，是建立在相似价值观的基础上的分享、关爱、信任与尊重。

友情，是李白之于孟浩然的惺惺相惜，是柳宗元与患难友人的休戚与共，是张先赠别友人的深婉离情，是萧红对恩师的无限景仰，是戴望舒对故友的追思与怀念……友情是相知，是挚诚，是冬日的阳光，是陈年的美酒，是人世间难能可贵的一种情感。

赠孟浩然①

李　白

🌸 作品导读

李白（701—762年），字太白，号青莲居士。是屈原之后最具个性特色、最伟大的浪漫主义诗人。李白有"诗仙"之美誉，与杜甫并称"李杜"，其诗以抒情为主，表现出蔑视权贵的傲岸精神，对人民疾苦表示同情，又善于描绘自然景色，表达对祖国山河的热爱。李白的诗风雄奇豪放，想象丰富，语言流转自然，音律和谐多变，善于从民间文艺和神话传说中汲取营养和素材，构成其特有的瑰玮绚烂的色彩，达到盛唐诗歌艺术的巅峰。李白存世诗文千余篇，有《李太白集》三十卷。

> 吾爱孟夫子②，风流天下闻③。
> 红颜弃轩冕④，白首卧松云⑤。
> 醉月频中圣⑥，迷花不事君⑦。
> 高山安可仰⑧，徒此揖清芬⑨。

【注释】

①孟浩然：唐代诗人，名浩，字浩然，以字行于世。作者的友人。

②孟夫子：指孟浩然。夫子，古时对男子的敬称。

③风流：儒雅潇洒的风度。《三国志·蜀书·刘琰传》："（刘备）以宗姓，有风流，善谈论，厚亲待之。"

④"红颜"句：在青壮年时就绝意仕宦。《新唐书·孟浩然传》："少好节义，喜振人患难，隐鹿门山。年四十，乃游京师。尝于大学赋诗，一座嗟伏，无敢抗。张九龄、王维雅称道之。维私邀入内署，俄而玄宗至，浩然匿床下，维以实对。帝喜曰：'朕闻其人而未见也，何惧而？'诏浩然出。帝问其诗，浩然再拜，自诵所为，至'不才明主弃'之句，帝

曰：'卿不求仕，而朕未尝弃卿，奈何诬我？'因放还。采访使韩朝宗约浩然偕至京师，欲荐诸朝。会故人至，剧饮欢甚，或曰：'君与韩公有期。'浩然叱曰：'业已饮，遑恤他！'卒不赴。朝宗怒，辞行，浩然不悔也。"红颜，红润的脸色，指青壮年时代。轩冕，古时公卿大夫的车子和礼帽，后用以代指官位爵禄。

⑤白首：白头，指孟浩然晚年的时候。卧松云：指隐居山林。

⑥醉月：月夜醉酒。中圣：犹中酒。《三国志·魏书·徐邈传》记载，汉末曹操主政，禁酒甚严。当时人讳说酒字，把清酒称为圣人，浊酒称为贤人。尚书郎徐邈私自饮酒，对人说是"中圣人"。后遂以"中圣人"或"中圣"称酒醉。中，动词，本应读去声，但此处需读平声才合律。

⑦迷花：迷恋丘壑花草，此指陶醉于自然美景。事君：侍奉皇帝。

⑧"高山"句：言孟品格高尚，令人敬仰。《诗经·小雅·车舝》："高山仰止，景行行止。"此以仰望高山喻己对孟浩然的景仰。

⑨徒：只能。一作"从"。揖：拱手为礼，表示致敬。清芬：喻高洁的德行。

阅读提示

李白寓居在湖北安陆时期（727—736年），常常往来于襄汉一带，与比他长十二岁的孟浩然相交甚深。俩人经常一起饮酒唱和、携手邀游。史载孟浩然曾隐鹿门山，年四十余客游京师，终以"当路无人"，还归故园。而李白少隐岷山，后被玄宗召至京师，供奉翰林，终因小人谗毁，被赐金放还。可见，两位诗人有着共同的坎坷仕途，都因怀才不遇而邈然有超世之心，人生境遇和情感追求上的相似性，是两位诗人成为知交的根本原因。这首诗就是二人友谊的见证。

李白的律诗，不屑为格律所拘束，而是追求古体的自然流走之势，直抒胸臆，透出一股飘逸之气。首联开篇点题，抒发了对孟浩然超然物外的潇洒风度和高奇无匹的文学才华的钦敬仰慕之情。颔联和颈联勾勒出一个高卧林泉、风流自赏的诗人形象，进一步赞美孟浩然飘然出尘，遗世独立的高洁情操。尾联将这种崇敬之情升华到新的高度："高山安可仰，徒此揖清芬"，直抒胸臆，进一步深化了诗歌的主题。

此诗的风格飘逸洒脱，语言自然古朴，如行云流水，舒卷自如。

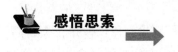 **感悟思索**

1. 本诗中"风流"是什么意思？颔联、颈联是如何体现孟浩然"风流"的个性特征的？

2. 这首诗歌运用了哪些主要表现手法？请选取其中一种作简要分析。

3. 结合你对最后一联的理解，谈谈诗人在诗歌中所表达的思想感情。

比较阅读

留别王侍御维

登柳州城楼寄漳汀封连四州①

柳宗元

作品导读

柳宗元（773—819年），字子厚，河东（今山西运城永济一带）人，唐代文学家、哲学家、思想家、唐宋八大家之一。柳宗元出身河东柳氏，世称"柳河东"，因官终柳州刺史，又称"柳柳州"。柳宗元与韩愈并称为"韩柳"，与刘禹锡并称"刘柳"，与王维、孟浩然、韦应物并称"王孟韦柳"。柳宗元一生留下诗文作品达600余篇，其文的成就大于诗。骈文有近百篇，散文论说性强，笔锋犀利，讽刺辛辣。游记写景状物，多所寄托，有《河东先生集》。

城上高楼接大荒②，海天愁思正茫茫③。
惊风乱飐芙蓉水④，密雨斜侵薛荔墙⑤。
岭树重遮千里目⑥，江流曲似九回肠⑦。
共来百越文身地⑧，犹自音书滞一乡⑨。

【注释】

①柳州：今属广西。漳：漳州，汀：汀洲，今属福建。封：封州，连：连州，今属广东。《旧唐书·宪宗纪》："乙酉（元和十年）三月，以虔州司马韩泰为漳州（今福建漳州）刺史，永州司马柳宗元为柳州（今广西柳州）刺史，饶州司马韩晔为汀州（今福建长汀县）刺史，朗州司马刘禹锡为播州刺史，台州司马陈谏为封州（今广东封川县）刺史。御史中丞裴度以禹锡母老，请移近处，乃改授连州（今广东连州市）刺史。"

②接：连接。一说，目接，看到。大荒：泛指荒僻的边远地区。

③海天愁思：如海如天的愁思。

④惊风：急风；狂风。曹植《赠徐干》："惊风飘白日，忽然归西山。"乱飐（zhǎn）：吹动。《说文》："风吹浪动也。"芙蓉：指荷花。崔豹《古今注》卷下："芙蓉，一名荷华，生池泽中，实曰莲，花之最秀异者。"沈德潜曰："惊风、密雨，言在此而意不在此。"

⑤薜荔：一种蔓生植物，也称木莲。

⑥重遮：层层遮住。千里目：这里指远眺的视线。

⑦江：指柳江。九回肠：愁肠九转，形容愁绪缠结难解。司马迁《报任少卿书》："肠一日而九回。"梁简文帝《应全诗》："望邦畿兮千里旷，悲遥夜兮九回肠。"

⑧共来：指和韩泰、韩晔、陈谏、刘禹锡四人同时被贬远方。百越：即百粤，泛指五岭以南的少数民族。贾谊《过秦论》："南取百越之地，以为桂林、象郡。"文身：身上文刺花绣，古代有些民族有此习俗。文：通"纹"，用作动词。《庄子·逍遥游》："越人断发文身。"《淮南子·原道训》："九嶷之南，陆事寡而水事众，于是民人披发文身，以象鳞虫。"

⑨犹自：仍然是。音书：音信。滞：阻隔。

阅读提示

　　此诗当是唐宪宗元和十年（815 年）秋天在柳州所作。柳宗元与韩泰、韩晔、陈谏、刘禹锡都因参加王叔文领导的永贞革新运动而遭贬，这就是著名的"二王八司马"事件。元和十年，柳宗元等人循例被召至京师，大臣中虽有人主张起用他们，终因有人梗阻，再度贬为边州刺史。柳宗元改谪柳州刺史。十年前与他一同参与"永贞革新"的友人韩泰、韩晔、陈谏、刘禹锡也分别出任漳州、汀州、封州、连州刺史。多年的贬谪生活使柳宗元倍感仕途险恶、人生艰难。元和十年诗人到达柳州以后，登楼之际，面对满目异乡风物，不禁百感交集，写成了这首诗。

　　全诗用"赋中之比"的手法，通过对眼前景物的描写，托物寄兴，以"惊风""密雨"喻恶势力，意在抨击政敌；以"岭树"重重，"江流"回曲比远望之难和思念之苦，哀怨忧愁之情溢于言表。

　　由于作者愤慨、抑郁、悲愁，感情十分强烈，诗中描写自然景物的笔触、色彩，也因此而非常浓重。这首抒情诗，赋中有比，象中含兴，情景交融，撼人心魄。

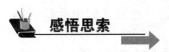

感悟思索

1. 这首诗的颔联、颈联都主要运用了什么艺术手法？二者写景角度是否相同？请简要分析。

2. 这首诗表达了诗人怎样的思想感情？

比较阅读

饯别王十一南游

渔家傲① · 和程公辟赠别②

张　先

作品导读

张先（990—1078 年），北宋词人。字子野，乌程（今浙江湖州）人。天圣八年（1030）进士。历任宿州掾、吴江知县、嘉禾（今浙江嘉兴）判官。又知永兴军（今陕西西安），辟为通判。后以屯田员外郎知渝州，又知虢州。以尝知安陆，故人称张安陆。以尚书都官郎中致仕。张先"能诗及乐府，至老不衰"（《石林诗话》卷下），善作慢词，语言工巧。有《张子野词》。

巴子城头青草暮③，巴山重叠相逢处④。燕子占巢花脱树⑤。杯且举，瞿塘水阔舟难渡⑥。

天外吴门清雪路⑦。君家正在吴门住。赠我柳枝情几许。春满缕⑧，为君将入江南去⑨。

【注释】

①渔家傲：词牌名。始见于北宋晏殊，因词中有"神仙一曲渔家傲"句，便取"渔家傲"三字作词牌名。双调六十二字，上下片各四个七字句，一个三字句，每句用韵，声律谐婉。

②程公辟：名师孟。曾提点夔州路刑狱（主管一路司法刑狱和监察的长官）。

③巴子：指渝州，周代为巴子国，即今之巴县。巴子与巴东（今奉节县）和巴西（今阆中县）合称三巴，境内多山，重峦叠峰，泛称巴山。

④巴山：东汉末刘璋在四川置巴郡（巴县）、巴东（奉节垦）、巴西（阆中县）三郡，合称"三巴"。三巴都可以称巴山。这里的巴山指巴子一带。

⑤占巢：相传燕子在立春后清明前从南海飞回我国。燕子有飞回原栖息地住旧巢的习性。花脱树：指花开后花瓣从树枝上落下。

⑥瞿塘：瞿塘峡。《太平寰宇记》："古西陵峡也。连崖千丈。奔流电激，舟人为之恐惧。"

⑦吴门：今苏州市。清雪（zhá）：指雪溪，在今浙江吴兴。

⑧春满缕：指刚折下的柳枝，春意盎然。

⑨将：持，拿。江南：泛指二人的家乡。

阅读提示

张先六十三岁那年（1052），以屯田员外郎知渝州（今四川重庆），不久离任。此词为离任时答赠时任夔州（今四川奉节）路提点刑狱的友人程师孟之作。

词的上片写饯别宴的时间、地点和周围的景象，下片抒写与友人的依依惜别之情。本词语言明白流畅，情致缠绵动人，颇有民歌风味。旅途的艰险，友人的深情，临别时的怅惘交织在一起，又加上《渔家傲》词牌长短句式错落有致，句句押仄声韵，于流畅中有低沉压抑之声情，都令此词读来情义深婉，荡气回肠。清代词家陈廷焯评价此词：笔意高古。情必深，语必隽。（《词则·别调集》）

 感悟思索

1. 请简要分析这首词的构思脉络。
2. 本词书写朋友离别，情意真挚却并不悲切，请结合整首词句作简要分析。

 比较阅读

贺新郎

萧红墓畔口占

戴望舒

作品导读

戴望舒（1905—1950 年），中国现代派象征主义诗人、翻译家。戴望舒为笔名，原名戴朝安，又名戴梦鸥，浙江杭县（今杭州余杭区）人。戴望舒曾赴法国留学，受到法国象征派诗人的影响。其作品有《望舒草》《我的记忆》《灾难的岁月》等。

> 走六小时寂寞的长途，
> 到你头边放一束红山茶，
> 我等待着，长夜漫漫，
> 你却卧听着海涛闲话。

 **阅读提示**

萧红于 1942 年因病客死香港，葬在浅水湾，年仅 31 岁。戴望舒于 1938 年去香港，1941 年香港沦陷期间，诗人因宣传抗日而被捕入狱，并受伤致病。这首诗是 1944 年戴望舒

前往浅水湾凭吊萧红时于墓前的口占之作。此时诗人虽已获释出狱，但祖国山河破碎依旧，诗人的心情仍然十分沉重。

"走六小时寂寞的长途"，此时的香港，仍处于日军的铁蹄践踏之下，生灵涂炭，可见作者内心之孤寂和凄冷，然而意志却是坚定的，他痛着萧红曾经的痛，走过萧红曾走过的路，他也和亡者一样，在苦难面前虽然孤寂但却坚忍不屈。

"到你头边放一束红山茶"，萧红爱花，也常在作品中写到各式花卉，祭上一束火红的山茶，既表达了对亡者的无尽缅怀，而山茶花的艳丽和热烈，又象征着亡者精神之花永存，表达了与黑暗世界沉默的抗争。

"我等待着，长夜漫漫"，虽然世事如此血腥黑暗，人生如此艰辛漫长，可是总有希望之光，就在那长夜的尽头引领着我前行，而不是退缩。

"你却卧听着海涛闲话"，逝者已逝，终于免于继续遭受这世间重重苦难，灵魂归于安详和平静，这该是对生者最大的告慰吧。

此诗短短四行，诗篇缓缓而起，没有过头的形容和修饰，显得极其平实、自然，既无沉痛的语言，也不见泪水的痕迹，却蕴意深厚，言约意远，掩卷长思，令人起伏难平。

 感悟思索

1. 请你分析一下这首诗的表现手法。
2. 请你体会作者彼时彼刻的心境和情感，并试做一下分析。
3. 请以这首诗为题材写一篇散文。

 比较阅读

在天晴了的时候

鲁迅先生记

萧　红

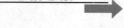 **作品导读**

萧红（1911—1942），中国近现代女作家，被誉为"20世纪30年代的文学洛神"。出生于黑龙江省哈尔滨市呼兰区一个地主家庭。乳名荣华，本名张秀环，后改名为张廼莹。笔名

萧红、悄吟等。

1933 年萧红以悄吟为笔名发表第一篇小说《弃儿》。1935 年，在鲁迅的支持下，发表成名作《生死场》。1936 年，东渡日本，创作散文《孤独的生活》、长篇组诗《砂粒》等。1940 年抵香港后发表中篇小说《马伯乐》、长篇小说《呼兰河传》等。1942 年 1 月 22 日，因肺结核和恶性气管扩张病逝于香港，年仅 31 岁。

鲁迅先生家里的花瓶，好像画上所见的西洋女子用以取水的瓶子，灰蓝色，有点从瓷釉而自然堆起的纹痕，瓶口的两边，还有两个瓶耳，瓶里种的是几棵万年青。

我第一次看到这花的时候，我就问过：

"这叫什么名字？屋里不生火炉，也不冻死？"

第一次，走进鲁迅家里去，那是近黄昏的时节，而且是个冬天，所以那楼下室稍微有一点暗，同时鲁迅先生的纸烟，当它离开嘴边而停在桌角的地方，那烟纹的卷痕一直升腾到他有一些白丝的发梢那么高。而且再升腾就看不见了。

"这花，叫'万年青'，永久这样！"他在花瓶旁边的烟灰盒中，抖掉了纸烟上的灰烬，那红的烟火，就越红了，好像一朵小红花似的和他的袖口相距离着。

"这花不怕冻？"以后，我又问过，记不得是在什么时候了。

许先生说："不怕的，最耐久！"而且她还拿着瓶口给我摇着。

我还看到了那花瓶的底边是一些圆石子，以后，因为熟识了的缘故，我就自己动手看过一两次，又加上这花瓶是常常摆在客厅的黑色长桌上；又加上自己是来自寒带的北方，对于这在四季里都不凋零的植物，总带着一点惊奇。

而现在这"万年青"依旧活着，每次到许先生家去，看到那花，有时仍站在那黑色的长桌子上，有时站在鲁迅先生照相的前面。

花瓶是换了，用一个玻璃瓶装着，看得到淡黄色的须根，站在瓶底。

有时候许先生一面和我们谈论着，一面检查着房中所有的花草。看一看叶子是不是黄了？该剪掉的剪掉；该洒水的洒水，因为不停动作是她的习惯。有时候就检查着这"万年青"，有时候就谈鲁迅先生，就在他的照相前面谈着，但那感觉，却像谈着古人那么悠远了。

至于那花瓶呢？站在墓地的青草上面去了，而且瓶底已经丢失，虽然丢失了也就让它空空地站在墓边。我所看到的是从春天一直站到秋天；它一直站到邻旁墓头的石榴树开了花而后结成了石榴。

从开炮以后，只有许先生绕道去过一次，别人就没有去过。当然那墓草是长得很高了，而且荒了，还说什么花瓶，恐怕鲁迅先生的瓷半身像也要被荒了的草埋没到他的胸口。

我们在这边，只能写纪念鲁迅先生的文章，而谁去努力剪齐墓上的荒草？我们是越去越远了，但无论多么远，那荒草是总要记在心上的。

🌴 阅读提示

鲁迅先生是萧红步入上海之初的文坛引导者，对萧红有着知遇之恩，萧红也在上海迎来了文学创作的黄金时代。鲁迅先生更是萧红生活上和思想上的良师益友。1936 年 10 月 19 日，鲁迅先生在上海逝世，当时萧红远在日本，得知噩耗后悲恸欲绝而致大病一场。

鲁迅逝世后，萧红写了很多纪念性的文章，本文写于1938年，是其中较著名的一篇散文。

本文在写作上采用了象征的手法，把对鲁迅形象的刻画与描写叙述"万年青"结合起来，"万年青"坚贞顽强、不畏严寒、四季常青的形象，正象征着鲁迅先生坚贞不屈、勇于斗争、精神永存的高尚人格。

本文笔法从容质朴，浑然天成，善于把正面描写与侧面描写相结合，善于从细节中表现人物的性格和情感，又抓住"万年青"的特征从侧面进行象征，使刻画人物的角度多样化，人物形象愈加丰满，突出地表现了鲁迅先生的精神品质。

 感悟思索

1. 万年青的特点是什么？万年青象征了鲁迅先生怎样的精神境界？
2. 文章的艺术特色有哪些？
3. 请概述本文的主旨。

 比较阅读

忆鲁迅先生

第四章　家国情怀

"天下之本在国，国之本在家，家之本在身。"——《孟子》

　　家国情怀，是一个人对国家和人民所表现出来的深情大爱，是对国家的一种高度认同感和归属感、责任感和使命感。古往今来，这种高尚情怀极大地鼓舞了士气、凝聚了力量、振奋了精神，既利国利民又利人利己。

　　家国情怀，是战士对故乡的深深眷念，是杜甫忧国忧民的仁爱之心，是辛弃疾抗金复国的强烈使命感，是苏武和文天祥贫贱不移、威武不屈、无私无畏的浩然正气和民族大义……"家是最小国，国是千万家"。具有家国情怀的人始终将个人的前途命运同国家和民族的前途命运紧密相连，追求理想，勇担重任，百折不挠，砥砺奋进。

东　山①

《诗经》

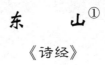作品导读

　　《诗经》是我国最早的一部诗歌总集，收录周初至春秋中叶的诗歌305篇。原名《诗》，或"诗三百"，汉以后称为《诗经》，约编成于春秋中叶，相传由孔子删定。全书分为"风""雅""颂"三部分："风"有十五国风，160篇，多为民歌；"雅"有《大雅》《小雅》，105篇，多为贵族、士大夫所作；"颂"有《周颂》《鲁颂》《商颂》，40篇，是用于宗庙祭祀的诗。

　　在内容上，《诗经》相当广泛地反映了当时社会的经济状况、政治矛盾、意识形态和风俗习尚，不少民间创作还揭露了统治阶层的剥削丑行，反映了下层人民的生活和感情。

　　我徂②东山，慆慆③不归。我来自东，零雨其蒙④。我东曰归，我心西悲。制彼裳衣，勿士⑤行枚⑥。蜎蜎⑦者蠋⑧，烝⑨在桑野。敦⑩彼独宿，亦在车下。

　　我徂东山，慆慆不归。我来自东，零雨其蒙。果臝⑪之实，亦施于宇。伊威⑫在室，蠨蛸⑬在户。町疃⑭鹿场，熠耀⑮宵行⑯。不可畏也，伊⑰可怀也。

　　我徂东山，慆慆不归。我来自东，零雨其蒙。鹳⑱鸣于垤⑲，妇叹于室。洒扫穹窒，我征聿⑳至。有敦瓜苦，烝在栗薪㉑。自我不见，于今三年。

　　我徂东山，慆慆不归。我来自东，零雨其蒙。仓庚㉒于飞，熠耀其羽。之子㉓于归，皇驳㉔其马。亲结其缡㉕，九十其仪。其新孔嘉，其旧如之何？

【注释】

　　①东山，是《诗经·豳风》的一篇，写从征兵士还乡，途中想念家乡田园荒芜，妻子悲叹的心情的诗篇。

　　②徂（cú）：往。

③慆慆（tāo）：久。

④蒙：微雨貌。

⑤士：事。

⑥行枚：裹腿。一说士兵行军口中衔枚（似筷），以防喧哗。

⑦蜎（yuān）：蠕动貌。

⑧蠋（zhú）：毛虫，桑蚕。

⑨烝（zhēng）：乃。一说放置。

⑩敦：卷成一团。

⑪果蠃（luǒ）：栝楼，又名瓜蒌。蔓生葫芦科植物。

⑫伊威：一名鼠妇，潮虫。

⑬蟏蛸（xiāo shāo）：长脚蜘蛛。

⑭町疃（tǐng tuǎn）：田舍旁空地。

⑮熠（yì）耀：萤光。

⑯宵行：萤火虫。

⑰伊：是。

⑱鹳：水鸟名。

⑲垤（dié）：蚂蚁壅的土堆。

⑳聿（yù）：语助词。

㉑"有敦"二句，意思是那圆圆的瓜虽然有苦味，你就把它放在柴火上煮起来。敦（duī）：圆的。瓜：一说瓠。栗：裂。

㉒仓庚：鸟名，即黄莺。

㉓之子：这个姑娘。

㉔皇：黄白相间。驳：红白相间。

㉕缡（lí）：古时女子的佩巾。

🌴 阅读提示

这是一首征人在解甲归家途中，抒发思乡之情的诗歌。诗歌以一位普通战士的视角，叙述了征人归家前后的悲喜交加、复杂真挚内心感受，表达了对家乡及亲人的思念，流露出对战争的厌恶和对和平的渴求，同时也引发了人们对战争的思考，具有广泛的社会意义。

全诗共四章，第一章回忆征战之苦；第二章想象家中的情形和变化；第三章遥想家中的妻子正翘首企盼丈夫的归来；第四章写男主人公沉湎于对往事甜蜜的回忆当中。

全诗每章首四句叠咏，文字全同，构成了全诗的主旋律。咏的是士卒在归来的途中，遇到淫雨天气，在写法上与《小雅·采薇》末章"昔我往矣，杨柳依依；今我来思，雨雪霏霏"相近。王夫之说"以乐景写哀，复以哀景写乐，一倍增其哀乐"，这里既是"以哀景写乐"，又不全是。盖行者思家，在雨雪纷飞之际会倍感凄迷，所以这几句也是情景交融，为每章后面几句的叙事设置了一个颇富感染力的背景。

艺术表现手法的多样，是这首诗的显著特点。它以赋为主，采取叙事的方式，但在具体叙述主人公的回忆、想象时，手法是灵活多样，变化自如的。"我徂东山"四句是赋，但兼有比兴，"蜎蜎者蠋""鹳鸣于垤""仓庚于飞"都是比而兴，兴而比，这些比兴都有生动的形象，而且比喻贴切，形迹巧妙，语言优美，使全诗的抒情性、典型性得到很好的表现。

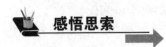

1. 这首诗在艺术手法上有何独到之处？
2. 谈谈什么是赋比兴。
3. 背诵这首诗，说出其主旨。

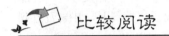

秦风无衣

苏武传（节选）

班 固

作品导读

班固（32—92年），字孟坚，扶风安陵（今陕西咸阳东北）人，东汉著名史学家、文学家、地理学家。班家是诗书继世的书香门第。班固"年九岁，能属文，诵诗赋。及长，博贯载籍，九流百家之言，无不穷究"。其父班彪曾续司马迁《史记》作《史记后传》，未成而故。班固承继父志，在《史记后传》的基础上编撰《汉书》。因有人上书诬告他私改国史，被捕入狱。其弟班超为之辩护，获释后被任命为兰台令史。后又迁升郎官、典校秘书等。经20余年的努力，终于写成了我国第一部纪传体断代史《汉书》。班固还擅长作赋，撰有《两都赋》、《幽通赋》等。

武，字子卿。少以父任①，兄弟并为郎②，稍迁至栘中厩监③。时汉连伐胡，数通使相窥观④。匈奴留汉使郭吉、路充国等前后十余辈⑤。匈奴使来，汉亦留之以相当⑥。

天汉元年⑦，且鞮侯单于初立⑧，恐汉袭之，乃曰："汉天子，我丈人行也。"尽归汉使路充国等。武帝嘉其义，乃遣武以中郎将使持节送匈奴使留在汉者⑨；因厚赂单于，答其善意。武与副中郎将张胜及假吏常惠等，募士、斥候百余人俱⑩。既至匈奴，置币遗单于。单于益骄，非汉所望也。

方欲发使送武等，会缑王与长水虞常等谋反匈奴中⑪。缑王者，昆邪王姊子也⑫，与昆邪王俱降汉，后随浞野侯没胡中⑬。及卫律所将降者⑭，阴相与谋劫单于母阏氏归汉⑮。会武等至匈奴。虞常在汉时，素与副张胜相知，私候胜，曰："闻汉天子甚怨卫律，常能为汉伏弩射杀之。吾母与弟在汉，幸蒙其赏赐。"张胜许之，以货物与常。

后月余，单于出猎，独阏氏子弟在。虞常等七十余人欲发；其一人夜亡，告之。单于子弟发兵与战，缑王等皆死，虞常生得。单于使卫律治其事。张胜闻之，恐前语发，以状语武。武曰："事如此，此必及我。见犯乃死，重负国！"欲自杀，胜、惠共止之。虞常果引张胜。单于怒，召诸贵人议，欲杀汉使者。左伊秩訾曰⑯："即谋单于，何以复加？宜皆降之。"单于使卫律召武受辞⑰，武谓惠等："屈节辱命，虽生，何面目以归汉！"引佩刀自刺。卫律惊，自抱持武，驰召医。凿地为坎，置煴火，覆武其上，蹈其背以出血。武气绝，半日复息。惠等哭，舆归营⑱。单于壮其节，朝夕遣人候问武，而收系张胜。

武益愈，单于使使晓武，会论虞常，欲因此时降武。剑斩虞常已，律曰："汉使张胜，谋杀单于近臣，当死。单于募降者赦罪。"举剑欲击之，胜请降。律谓武曰："副有罪，当相坐⑲。"武曰："本无谋，又非亲属，何谓相坐？"复举剑拟之，武不动。律曰："苏君！律前负汉归匈奴，幸蒙大恩，赐号称王；拥众数万，马畜弥山⑳，富贵如此！苏君今日降，明日复然。空以身膏草野㉑，谁复知之！"武不应。律曰："君因我降，与君为兄弟。今不听吾计，后虽欲复见我，尚可得乎？"

武骂律曰："女为人臣子，不顾恩义，畔主背亲，为降虏于蛮夷，何以女为见㉒！且单于信女，使决人死生；不平心持正，反欲斗两主㉓，观祸败！南越杀汉使者，屠为九郡㉔。宛王杀汉使者，头县北阙㉕。朝鲜杀汉使者，即时诛灭㉖。独匈奴未耳。若知我不降明，欲令两国相攻。匈奴之祸，从我始矣！"律知武终不可胁，白单于。单于愈益欲降之，乃幽武，置大窖中，绝不饮食。天雨雪，武卧啮雪，与旃毛并咽之㉗，数日不死。匈奴以为神，乃徙武北海上无人处㉘，使牧羝，羝乳乃得归㉙。别其官属常惠等，各置他所。

武既至海上，廪食不至，掘野鼠去草实而食之㉚。杖汉节牧羊，卧起操持，节旄尽落。积五六年，单于弟於靬王弋射海上㉛。武能网纺缴㉜，檠弓弩㉝，於靬王爱之，给其衣食。三岁余，王病，赐武马畜、服匿、穹庐㉞。王死后，人众徙去。其冬，丁令盗武牛羊㉟，武复穷厄。

初，武与李陵俱为侍中㊱。武使匈奴明年，陵降，不敢求武。久之，单于使陵至海上，为武置酒设乐。因谓武曰："单于闻陵与子卿素厚，故使陵来说足下，虚心欲相待。终不得归汉，空自苦亡人之地，信义安所见乎？前长君为奉车㊲，从至雍棫阳宫㊳，扶辇下除㊴，触柱折辕，劾大不敬㊵，伏剑自刎，赐钱二百万以葬。孺卿从祠河东后土㊶，宦骑与黄门驸马争船㊷，推堕驸马河中溺死。宦骑亡，诏使孺卿逐捕，不得，惶恐饮药而死。来时，太夫人已不幸㊸，陵送葬至阳陵㊹。子卿妇年少，闻已更嫁矣。独有女弟二人㊺，两女一男，今复十余年，存亡不可知。人生如朝露，何久自苦如此！陵始降时，忽忽如狂，自痛负汉，加以老母系保宫㊻，子卿不欲降，何以过陵！且陛下春秋高㊼，法令亡常，大臣亡罪夷灭者数十家，安危不可知。子卿尚复谁为乎？愿听陵计，勿复有云！"

武曰："武父子亡功德，皆为陛下所成就，位列将㊽，爵通侯㊾，兄弟亲近，常愿肝脑涂地。今得杀身自效，虽蒙斧钺汤镬㊿，诚甘乐之。臣事君，犹子事父也；子为父死，无所恨。愿勿复再言!"

陵与武饮数日,复曰:"子卿壹听陵言。"武曰:"自分已死久矣!王必欲降武,请毕今日之欢,效死于前!"陵见其至诚,喟然叹曰:"嗟乎,义士!陵与卫律之罪,上通于天!"因泣下沾衿,与武诀去。陵恶自赐武,使其妻赐武牛羊数十头。

后,陵复至北海上,语武:"区脱捕得云中生口㉛,言太守以下吏民皆白服,曰上崩㉜。"武闻之,南向号哭,欧血,且夕临数月。

昭帝即位㉝,数年,匈奴与汉和亲。汉求武等,匈奴诡言武死。后汉使复至匈奴,常惠请其守者与俱,得夜见汉使,具自陈道。教使者谓单于,言天子射上林中㉞,得雁,足有系帛书,言武等在某泽中。使者大喜,如惠语以让单于。单于视左右而惊,谢汉使曰:"武等实在。"于是李陵置酒贺武曰:"今足下还归,扬名于匈奴,功显于汉室。虽古竹帛所载㉟,丹青所画㊱,何以过子卿!陵虽驽怯㊲,令汉且贳陵罪㊳,全其老母,使得奋大辱之积志,庶几乎曹柯之盟㊴,此陵宿昔之所不忘也!收族陵家,为世大戮,陵尚复何顾乎?已矣,令子卿知吾心耳!异域之人,壹别长绝!"陵起舞,歌曰:"径万里兮度沙幕,为君将兮奋匈奴。路穷绝兮矢刃摧,士众灭兮名已颓。老母已死,虽欲报恩将安归!"陵泣下数行,因与武诀。单于召会武官属,前已降及物故,凡随武还者九人。

武以始元六年春至京师㊵。诏武奉一太牢谒武帝园庙㊶。拜为典属国㊷,秩中二千石㊸;赐钱二百万,公田二顷,宅一区。常惠、徐圣、赵终根皆拜为中郎,赐帛各二百匹。其余六人老,归家,赐钱人十万,复终身。常惠后至右将军,封列侯,自有传。武留匈奴凡十九岁㊹,始以强壮出,及还,须发尽白。

选自中华书局标点本《汉书·李广苏建传》

【注释】

①父:指苏武的父亲苏建,有功封平陵侯,做过代郡太守。

②兄弟:指苏武和他的兄苏嘉、弟苏贤。郎:官名,汉代专指职位较低的皇帝侍从。汉制年俸二千石以上,可保举其子弟为郎。

③稍迁:逐渐提升。栘(yí)中厩(jiù):汉宫中有栘园,园中有马厩(马棚),故称。监:此指管马厩的官,掌鞍马、鹰犬等。

④通使:派遣使者往来。

⑤郭吉:元封元年(前110),汉武帝亲统大军十八万到北地,派郭吉到匈奴,晓谕单于归顺,单于大怒,扣留了郭吉。路充国:元封四年(前107),匈奴派遣使者至汉,病故。汉派路充国送丧到匈奴,单于以为是被汉杀死,扣留了路充国。辈:批。

⑥相当:相抵。

⑦天汉元年:公元前100年。天汉,汉武帝年号。

⑧且(jū)鞮(dī)侯:单于嗣位前的封号。单(chán)于:匈奴首领的称号。

⑨中郎将:皇帝的侍卫长。节:使臣所持信物,以竹为杆,柄长八尺,栓上旄牛尾,共三层,故又称"旄节"。

⑩假吏:临时委任的使臣属官。斥候:军中担任警卫的侦察人员。

⑪缑(gōu)王:匈奴的一个亲王。长水:水名,在今陕西省蓝田县西北。虞常:长水人,后投降匈奴。

⑫昆(hún)邪(yé)王:匈奴一个部落的王,其地在河西(今甘肃省西北部)。昆邪

王于汉武帝元狩二年（前121）降汉。

⑬浞（zhuó）野侯：汉将赵破奴的封号。汉武帝太初二年（前103）率二万骑击匈奴，兵败而降，全军覆没。

⑭卫律：本为长水胡人，生长于汉，被协律都尉李延年荐为汉使出使匈奴。回汉后，正值延年因罪全家被捕，卫律怕受牵连，又逃奔匈奴，被封为丁零王。

⑮阏氏（yān zhī）：匈奴王后封号。

⑯左伊秩訾（zī）：匈奴的王号，有"左"、"右"之分。

⑰受辞：受审，取口供。辞，指口供。

⑱舆：轿子。此用作动词，犹"抬"。

⑲相坐：连带治罪。古代法律规定，凡犯谋反等大罪者，其亲属也要跟着治罪，叫做连坐，或相坐。

⑳弥山：满山。

㉑膏：肥美滋润，此用作动词。

㉒女（rǔ）：即"汝"，下同。

㉓斗两主：使汉皇帝和匈奴单于相斗。斗，用为使动词。

㉔南越：国名，今广东、广西南部一带。屠：平定。《史记·南越列传》载，武帝元鼎五年（前112），南越王相吕嘉杀其国王及汉使者，叛汉。武帝发兵讨伐，活捉吕嘉，因将其地改为珠崖、南海等九郡。

㉕宛王：指大宛国王毋寡。县：同"悬"。北阙：宫殿的北门。《史记·大宛列传》载，汉武帝太初元年（前104），宛王毋寡派人杀前去求良马的汉使。武帝即命李广利讨伐大宛，大宛诸贵族乃杀毋寡而降汉。

㉖《史记·朝鲜列传》载，武帝元封二年（前109）派遣涉何出使朝鲜，涉何暗害了伴送他的朝鲜人，谎报为杀了朝鲜武将，因而被封为辽东东部都尉。朝鲜王右渠杀涉何。于是武帝发兵讨伐。朝鲜相杀王右渠降汉。

㉗旃（zhān）：通"毡"，毛毡。

㉘北海：当时在匈奴北境，即今贝加尔湖。

㉙羝（dī）：公羊。乳：用作动词，生育，指生小羊。公羊不可能生小羊，故此句是说苏武永远没有归汉的希望。

㉚去：通"弆（jǔ）"，收藏。

㉛於（wū）靬（jiān）王：且鞮单于之弟，为匈奴的一个亲王。弋射：射猎。

㉜此句"网"前应有"结"字。缴（zhuó）：系在箭上的丝绳。

㉝檠（jìn）：矫正弓箭的工具。此作动词，犹"矫正"。

㉞服匿：盛酒酪的容器，类似今天的坛子。穹庐：圆顶大篷帐，犹今之蒙古包。

㉟丁令：即丁灵，匈奴北边的一个部族。

㊱李陵：字少卿，西汉陇西成纪（今甘肃秦安）人，李广之孙，武帝时曾为侍中。天汉二年（前99年）出征匈奴，兵败投降，后病死匈奴。侍中：官名，皇帝的侍从。

㊲长君：指苏武的长兄苏嘉。奉车：官名，即"奉车都尉"，皇帝出巡时，负责车马的侍从官。

㊳雍：汉代县名，在今陕西凤翔县南。棫（yù）阳宫：秦时所建宫殿，在雍东北。

㊴辇（niǎn）：皇帝的坐车。除：宫殿的台阶。

㊵劾（hé）：弹劾，指揭发过失或罪行。大不敬：不敬皇帝的罪名，为一种不可赦免的重罪。

㊶孺卿：苏武弟苏贤的字。河东：郡名，在今山西夏县北。后土：地神。

㊷宦骑：骑马的宦官。黄门驸马：宫中掌管车辇马匹的官。

㊸太夫人：指苏武的母亲。

㊹阳陵：汉时有阳陵县，在今陕西咸阳市东。

㊺女弟：妹妹。

㊻保宫：本名"居室"，太初元年更名"保宫"，囚禁犯罪大臣及其眷属之处。

㊼春秋高：年老。春秋，指年龄。

㊽位：指被封的爵位。列将：一般将军的总称。苏武父子曾被任为右将军、中郎将等。

㊾通侯：汉爵位名，本名彻侯，因避武帝讳改。苏武父苏建曾封为平陵侯。

㊿斧钺（yuè）：古时用以杀犯人的斧子。钺，大斧。汤镬：指把人投入开水锅煮死。此泛指酷刑。汤，沸水。镬（huò），大锅。

51区（ōu）脱：接近汉地的一个匈奴部落名。云中：郡名，在今山西省北部和内蒙自治区南部一带地区。生口：活口，即俘虏。

52上崩：指后元二年（前87）汉武帝死。

53昭帝：武帝少子，名弗陵。公元前87年，武帝死，昭帝即位。次年，改元始元。于始元六年，与匈奴达成和议。

54上林：即上林苑。故址在今陕西省西安市附近。汉朝皇帝游玩射猎的园林。

55竹帛：古代以竹片或帛绸记事，此代指史籍。

56丹：硃砂。青：青艧（huò）。都是绘画所用的颜色，此指绘画。

57驽怯：无能和胆怯。

58贳（shì）：赦免。

59曹柯之盟：《史记·刺客列传》载，春秋时，鲁将曹沫，与齐作战，三战三败，鲁庄公割地求和，但仍用曹沫为将。后齐桓公与鲁庄公会盟于柯邑（时为齐邑，在今山东省阳谷县东北），曹沫持匕首胁迫齐桓公，齐桓公只得归还鲁地。李陵引此以自比，表示要立功赎罪。

60京师：京都，指长安。

61太牢：祭品，即牛、羊、豕三牲。园：陵园。庙：祭祀祖先的祠庙。

62典属国：官名，掌管依附汉朝的各属国事务。

63秩：官俸。中（zhòng）二千石：官俸的等级之一，即每月一百八十石，一年合计二千一百六十石。此举整数而言。

64"武留"句：苏武汉武帝天汉元年（前100）出使，至汉昭帝始元六年（前81）还，共十九年。

 阅读提示

《苏武传》记述了苏武出使匈奴，面对威胁利诱坚守节操，历尽艰辛而不辱使命的事

迹，生动刻画了一个忠于国家、抵御外侮、保持民族气节的爱国英雄的光辉形象。作者依时间先后进行叙述，并对材料进行精心裁剪取舍，脉络清晰，形象生动，故事完整。

本文为节选部分。这部分可以分为二个层次，第一层即文章的前两段，介绍了苏武的身世、出使的背景及原因：苏武奉命出使匈奴，以通和好。第二层为余下部分，写苏武在匈奴遇到意外情况而被扣留及后被放回的经过，重点记述了苏武留胡十九年备受艰辛而坚持民族气节的事迹。这部分也是文章着力描写的部分，以精彩的笔墨描写了苏武反抗匈奴统治者招降的种种斗争情形。作者巧妙运用对比、反衬等手法，在言与行、情与景的比照烘托中，显现出人物的正邪之别。

全文语言千锤百炼，俭省精净，将史家笔法与文学语言较好地结合起来，刻画人物入骨三分。

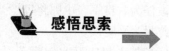

感悟思索

1. 复述苏武留胡十九年备受艰辛而坚持民族气节的事迹。
2. 分析苏武的人物形象。

丽 人 行

杜 甫

作品导读

本诗约作于天宝十二年（753 年）春天，正值杨贵妃之兄杨国忠为右丞相的第二年，杨家兄妹权倾朝野，唐玄宗荒淫昏庸，时政腐败之时。杜甫以此诗深刻地揭露了当时的黑暗现实。

三月三日①天气新，长安水边②多丽人。
态浓意远淑且真，肌理细腻骨肉匀。
绣罗衣裳照暮春，蹙③金孔雀银麒麟。
头上何所有？翠微㔾叶垂鬓唇④。
背后何所见？珠压腰衱稳称身⑤。
就中云幕椒房亲⑥，赐名⑦大国虢与秦。
紫驼之峰出翠釜，水精⑧之盘行素鳞。
犀箸厌饫久未下，鸾刀缕切空纷纶。
黄门飞鞚不动尘⑨，御厨络绎送八珍。
箫鼓哀吟感鬼神，宾从杂遝实要津⑩。
后来鞍马何逡巡！当轩下马入锦茵。
杨花雪落覆白苹，青鸟飞去衔红巾。
炙手可热势绝伦，慎莫近前丞相嗔。

【注释】

①三月三日：即上巳节，古时风俗，此日人们于水边洗除不祥。

②水边：水，指曲江。

③蹙（cù）：刺绣的一种手法。

④翠为盍（è）叶：用翠玉制成的一种首饰。

⑤袂（jié）：衣后裾。稳称身：指衣服显得妥帖合身。

⑥就中：内中。云幕椒房亲：指杨贵妃之姊韩、虢、秦诸夫人。

⑦赐名：赐以封号。

⑧水精：即水晶。

⑨黄门：宦官的通称。飞鞚（kòng）：犹言飞驰的马。

⑩宾从：指奔走于杨氏兄妹门下的人。杂遝（tà）：乱杂而众多。实要津：占满朝廷重要位置。

 阅读提示

　　《旧唐书·杨贵妃传》载："玄宗每年十月，幸华清宫，国忠姊妹五家扈从。每家为一队，着一色衣；五家合队，照映如百花之焕发。而遗钿坠舄，瑟瑟珠翠，璨璀芳馥于路。而国忠私于虢国，而不避雄狐之刺；每入朝，或联镳方驾，不施帷幔。每三朝庆贺，五鼓待漏，靓妆盈巷，蜡炬如昼。"又杨国忠于天宝十一年（752年）十一月为右相。这首诗当作于十二年春，通过场面描写和情节叙述，讥刺了杨家兄妹骄纵荒淫的生活，曲折地反映了君王的昏庸和时政的腐败，让读者从另一个角度看到了安史之乱前夕的社会现实。

　　首二句为全诗的提纲，描写上巳日曲江水边踏青的丽人如云，"态浓"一段写丽人的姿态服饰之美；"就中"二句点出主角，具体写杨氏姊妹所得的宠幸，"紫驼"一段写宴乐之奢侈；"后来"一段写杨国忠的气焰和无耻。整首诗不空发议论，只是尽情揭露事实，语极铺张，而讽意自见，是一首绝妙的讽刺诗。《杜诗详注》云："此诗刺诸杨游宴曲江之事。……本写秦、虢冶容，乃概言丽人以隐括之，此诗家含蓄得体处"。《读杜心解》曰："无一刺讥语，描摹处语语刺讥。无一概叹声，点逗处声声慨叹。"

　　此诗在艺术上的成功之处在于作者并未直接点明诗的主旨，而读者都能清楚地意识到其深远含义。

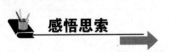 感悟思索

　　1. 分析《丽人行》的艺术风格，并与学过的杜甫其他诗作加以比较。

　　2. 结合《长恨歌》谈谈你对这段史实的看法。并从艺术、社会、历史的角度，对这二部作品加以评价。

　　3. 背诵这首诗。

摸鱼儿①

辛弃疾

作品导读

　　辛弃疾（1140—1207年），字幼安，号稼轩，历城（今山东济南）人。南宋杰出的爱国词人。辛弃疾22岁时在北方参加耿京领导的抗金义军后渡江南归宋廷。一生主张抗战，坚持北伐，虽才兼将相，但始终不被信任重用，只做过签判、通判、转运副使、知府、安抚使等官职。曾先后进呈《美芹十论》《九议》等奏章，陈述收复大计，均未被采纳。42岁后落职闲居江西农村长达二十余年，抑郁而终。稼轩词现存600多首，题材广泛，意境深远，手法多样，善于用典。辛弃疾把爱国抱负和满腔忧愤倾注到词作之中，形成雄奇豪壮、苍凉沉郁的风格，是南宋豪放词派的主要代表。有词集《稼轩长短句》。

　　淳熙己亥，自湖北漕移湖南，同官王正之置酒小山亭，为赋②。

　　更能消、几番风雨③，匆匆春又归去。惜春长怕花开早，何况落红无数。春且住④，见说道、天涯芳草无归路⑤。怨春不语⑥。算只有、殷勤画檐蛛网，尽日惹飞絮⑦。

　　长门事，准拟佳期又误。蛾眉曾有人妒，千金纵买相如赋，脉脉此情谁诉⑧？君莫舞，君不见、玉环飞燕皆尘土⑨！闲愁最苦⑩！休去倚危栏，斜阳正在，烟柳断肠处⑪。

【注释】

　　①摸鱼儿：唐玄宗时教坊曲名，后用为词调。

　　②此词一题作"暮春"，或"春晚"。淳熙六年（1179年）春，辛弃疾奉命由湖北转运副使改调湖南转运副使，他的同僚和友人王正之在鄂州（今武汉）官署内的小山亭为其置酒钱行，辛弃疾于是写下此词。作者在同年所写的《论盗贼札子》中说："臣孤危一身久矣"，"生平刚拙自信，年来不为众人所容，顾恐言未脱口而祸不旋踵。"可见词中所言受人忌恨之辞为实况。据罗大经《鹤林玉露》卷四说"词意殊怨"，孝宗见此词"颇不悦，然终不加罪"。可见篇中所流露的哀怨确是对朝廷表示不满的情绪。漕：漕司，宋时称主管漕运的转运使为漕司。

　　③"更能消"句：再也经受不起几番风雨。消：经得住。

　　④且住：暂时留下来。

　　⑤"见说"二句：听说芳草生长到了天边，遮断了春天的归路。见说：犹今"听说"。

　　⑥怨春不语：春天没有留住，悄悄地消失。

　　⑦"算只有"三句：算来只有檐下的蛛网整日沾惹柳絮，像在留春。画檐：彩画的珠檐。惹飞絮：沾惹柳絮。

　　⑧"长门事"五句：据《文选·长门赋序》，陈皇后失宠于汉武帝，幽居长门宫，以百金请司马相如写一篇解愁的文章。司马相如写了《长门赋》，使汉武帝感悟，本可再亲幸陈皇后的，其所以"准拟佳期又误"，是由于遭妒进谗，因而最终难诉此情。蛾眉，借指美人。《离骚》："众女嫉余之蛾眉兮，谣诼谓余以善淫。"

⑨"君不见"二句：你们没看见吗，那些一时得宠者都没有好下场。玉环：杨贵妃的小名，唐玄宗宠幸的妃子，后死于马嵬坡兵变中。飞燕：赵飞燕，汉成帝宠爱的皇后，失宠后废为庶人，自杀身亡。这两个人都宠极一时，而且都好嫉妒。以上二句乃警告朝廷中当权得势的小人。

⑩闲愁：受人冷落、不被重用的苦恼。

⑪"斜阳"句：喻指南宋国势衰微。

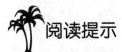

阅读提示

　　此词作于淳熙六年（1179 年）。作者在此借春意阑珊和美人遭妒来暗喻自己政治上的不得意。词里面的玉环、飞燕，似是用来指朝中当权的主和派。辛弃疾在淳熙己亥前之两三年内，转徙频繁，均未能久于其任。他曾在《论盗贼札子》里说："生平刚拙自信，年来不为众人所容，恐言未脱口而祸不旋踵。"这与"蛾眉曾有人妒"语意正同。作者本来是要积极建功立业的，被调到湖北去管钱粮，已不合他的要求；再调到湖南，还是管钱粮，当然更是失望。他心里明白朝廷的这种调动就是不让恢复派抬头。一想到国家前途的暗淡，自不免要发出"烟柳断肠"的哀叹。表面看来，词人是在伤春吊古，实际上他将自己的哀时怨世、忧国之情隐藏在了春残花落、蛾眉遭妒的描写中。词里所流露的哀怨确有对朝廷表示不满的情绪。《鹤林玉露》云此词："词意殊怨。斜阳烟柳之句，其'未须愁日暮，天际乍轻阴'者异矣。便在汉唐时，宁不贾种豆种桃之祸哉。愚闻寿皇见此词颇不悦。"当年宋孝宗读到这首词心中非常不快，大概他是读懂了其真意。

　　此词的写作手法颇似屈原《离骚》，同样是以香草美人为比兴，来抒写自己的政治情怀。风格上，一变辛词常见的豪放，偏向柔美一路，委婉含蓄，却又与一般写儿女柔情和风月闲愁的婉约词大有不同。今人夏承焘评之曰："肝肠似火，色貌如花。"

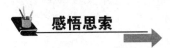

1. 此词上片可以划分成几个层次？"匆匆春又归去"象征什么？
2. "闲愁最苦"暗寓何意？
3. "斜阳正在，烟柳断肠处"象征什么？
4. 这首词表达了辛弃疾怎样的思想感情？
5. 背诵这首词。

青玉案·元夕

正气歌序

文天祥

作品导读

文天祥（1236－1282年），字宋瑞、履善，号文山，吉州庐陵（今江西吉安）人。南宋末年政治家、文学家、民族英雄。南宋理宗宝佑四年（1256）考中状元。恭帝德佑元年（1275），元兵犯，文天祥于家乡起兵抗元，最终兵败被俘，从容就义。留有《文山先生全集》。

余囚北庭①，坐一土室，室广八尺，深可四寻②，单扉低小③，白间短窄④，污下而幽暗⑤。当此夏日，诸气萃然⑥：雨潦四集⑦，浮动床几，时则为水气；涂泥半朝⑧，蒸沤历澜⑨，时则为土气；乍晴暴热⑩，风道四塞⑪，时则为日气；檐阴薪爨⑫，助长炎虐⑬，时则为火气；仓腐寄顿⑭，陈陈逼人⑮，时则为米气；骈肩杂逐⑯，腥臊污垢⑰，时则为人气；或圊溷⑱、或毁尸⑲、或腐鼠，恶气杂出，时则为秽气⑳，叠是数气㉑，当之者鲜不为厉㉒。而予以孱弱㉓，俯仰其间㉔，于兹二年矣㉕，幸而无恙㉖，是殆有养致然㉗。然尔亦安知所养何哉㉘？孟子曰㉙："我善养吾浩然之气㉚。"彼气有七，吾气有一，以一敌七，吾何患焉㉛。况浩然者，乃天地之正气也。作《正气歌》一首。

【注释】

①余：我。北庭：指元朝首都燕京（今北京）。

②寻：古时八尺为一寻。

③单扉：单扇门。

④白间：窗户。

⑤污下：低下。

⑥萃（cuī 翠）然：聚集的样子。

⑦雨潦：下雨形成的地上积水。

⑧涂泥半朝：朝当作潮，意思是狱房墙上涂的泥有一半是潮湿的。

⑨蒸沤历澜：热气蒸，积水沤，到处都杂乱不堪。澜：澜漫，杂乱。

⑩乍晴：刚晴，初晴。

⑪风道四塞：四面的风道都堵塞了。

⑫薪爨（cuàn）：烧柴做饭。

⑬炎虐：炎热的暴虐。

⑭仓腐寄顿：仓库里贮存的米谷腐烂了。

⑮陈陈逼人：陈旧的粮食年年相加，霉烂的气味使人难以忍受。陈陈：陈陈相因，《史记·平准书》："太仓之粟，陈陈相因。"

⑯骈肩杂逐：肩挨肩。拥挤杂乱的样子。

⑰腥臊：鱼肉发臭的气味，此指囚徒，身上发出的酸臭气味。

⑱圊溷（音混，四声）：厕所。

⑲毁尸：毁坏的尸体。

⑳秽：肮脏。

㉑叠是数气：这些气加在一起。

㉒鲜不为厉：很少有不生病的。厉：病。

㉓孱弱：虚弱。

㉔俯仰其间：生活在那里。

㉕于兹：至今。

㉖无恙：没有生病。

㉗是殆有养致然：这大概是因为会保养元气才达到这样的吧。殆；大概。有养；保有正气。语本《孟子·公孙丑》："我善养吾浩然之气。"致然：使然，造成这样子。

㉘然尔亦安知所养何哉：然而又怎么知道所保养的内容是什么呢？

㉙孟子：名轲，战国时代的思想家，有《孟子》一书传世。

㉚浩然之气：纯正博大而又刚强之气。见《孟子．公孙丑》。

㉛吾何患焉：我还怕什么呢。我国古代的许多思想家都认为浩然正气对于人身有无所不能的巨大力量。

 阅读提示

南宋祥兴元年（1278）冬天，文天祥在广东五坡岭兵败为元军所俘，翌年10月被解至燕京。元世祖对他软硬兼施，威逼利诱，但他誓死不屈，被囚于兵马司狱三年，至元十九年十二月九日（1283年1月9日）慷慨就义。在被囚期间，他写下了很多充满爱国激情的诗文，《正气歌序》是他死前一年在狱中所作《正气歌》的序。

该序描绘了"正气"与"邪气"之争。狱中有"水、土、日、火、米、人、秽"七种邪气，而这七种邪气，不仅揭示出文天祥在监狱中所处的环境极度恶劣，同时也象征着文天祥所面临的精神上的非人折磨和残害。然而，文天祥"以一正气而敌七气"，始终坚强不屈，屹立不倒。

孟子曰："吾善养吾浩然之气。"文天祥说："况浩然者，乃天地之正气也。"正气，就是充塞在天地之间的至大至刚之气。作者认为自然界的日月山河及万物，都是正气之所钟，正气体现在人身上，就是浩然之气，在危难艰险的时候，就能无所畏惧，战胜一切。"彼气有七，吾气有一，以一敌七，吾何患焉！"作者正是凭借这股浩然之气，抵御着七种邪恶之气的侵凌，表现了崇高的品格和坚强斗志，留下了彪炳史册的光辉事迹，激发起无数后人的爱国激情及战斗意志。序文的前部分尽量铺写种种邪气，都是为了反衬这一股正气。七种邪气写得越是充分，浩然正气以一敌七的力量越是显得强大无比。

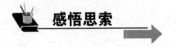 感悟思索

1. 理解"正气"与"邪气"的含义以及二者之间的关系。

2. 评述文天祥的精神品质并谈谈给你的启发。

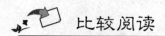 比较阅读

正气歌

第五章　志存高远

"志当存高远。"——诸葛亮《勉侄书》

孔子将"志"看作人的精神支柱,提出"匹夫不可夺志";孟子提出要"持志",就是要坚定自己的志向,做到"富贵不能淫,贫贱不能移,威武不能屈"。

立志不坚,难于成事。志向要坚定,才能坚忍不拔、临危不惧、矢志不渝、百折不挠,才能实现自己的人生追求。

志存高远,必成大事。只有志存高远,才能提升人生境界、拓宽生命格局,才能将个人理想与国家命运紧密相连,将"小我"融入"大我"之中,才能最大化地体现自己的社会价值,为国家和社会做出贡献。

庄子·秋水（节选）

庄 子

作品导读

庄子（约公元前369—约公元前286年）,名周,战国时期宋国蒙（古代考城县,一说山东东明县）人。战国中期思想家、哲学家、文学家,道家学派代表人物,与老子并称"老庄"。庄子崇尚自由,洞悉易理,最早提出"内圣外王"的思想,对儒家影响深远。其文想象丰富奇特,语言运用自如,灵活多变,能把微妙难言的哲理写得引人入胜,被称为"文学的哲学,哲学的文学"。其作品收录于《庄子》一书,代表作有《逍遥游》《齐物论》《养生主》等。据传庄子尝隐居南华山,卒葬于彼,故唐玄宗天宝初,被诏封为南华真人,《庄子》一书亦因之被奉为《南华真经》。

秋水时至,百川灌河;泾流之大①,两涘渚崖之间②,不辩牛马③。于是焉河伯欣然自喜④,以天下之美为尽在己。顺流而东行,至于北海,东面而视,不见水端。于是焉河伯始旋其面目⑤,望洋向若而叹曰⑥:"野语有之⑦,曰'闻道百,以为莫己若'者⑧,我之谓也。且夫我尝闻少仲尼之闻而轻伯夷之义者⑨,始吾弗信;今我睹子之难穷也⑩,吾非至于子之门,则殆矣,吾长见笑于大方之家⑪。"

北海若曰:"井𪉷不可以语于海者⑫,拘于虚也⑬;夏虫不可以语于冰者⑭,笃于时也⑮;曲士不可以语于道者,束于教也⑯。今尔出于崖涘⑰,观于大海,乃知尔丑⑱,尔将可与语大理矣⑲。天下之水,莫大于海。万川归之,不知何时止而不盈;尾闾泄之⑳,不知何时已而不虚㉑;春秋不变,水旱不知。此其过江河之流,不可为量数。而吾未尝以此自多者,自以比形于天地㉒,而受气于阴阳,吾在天地之间,犹小石、小木之在大山也。方存乎见少㉓,又奚以自多!计四海之在天地之间也,不似礨空之在大泽乎㉔?计中国之在海内,不似稊米之在大仓乎㉕？号物之数谓之万，人处一焉；人卒九州㉖，谷食之所生㉗，舟车之所通㉘，人处一焉。此其比万物也，不似豪末之在于马体乎㉙？五帝之所连㉚，三王之所争㉛，仁人之所忧，任士之所劳㉜，尽此矣。伯夷辞之以为名，仲尼语之以为博，此其自多也，不似尔向之自多于水乎？"

【注释】

①泾（jīng经）流：直涌的水流。

②两涘（sì四）：两岸。涘，河岸。渚（zhǔ主）崖：小洲的边沿。渚，水中的小块陆地。

③不辩牛马：形容河面阔大，两岸景物模糊不清。辩，通"辨"。

④河伯：黄河之神。

⑤旋：改变。

⑥望洋：连绵词，远视的样子。若：海神，即下文的"北海若"。

⑦野语：俗语。

⑧莫己若：即莫若己，没有谁比得上自己。下文的"我之谓也"，即谓我也。

⑨尝闻：曾听说。少：以……为少，贬低。仲尼：即孔子，字仲尼。伯夷：孤竹君之子，他不受君位，不食周粟，饿死在首阳山。一般认为他很有节义。

⑩子：您。本指北海若，这里借指大海。穷：尽。

⑪长：长久地。见：被。大方之家：指得大道的人。方，道。

⑫鼃（wā挖）：同"蛙"，两栖动物。

⑬虚：通"墟"，指所居之处。

⑭夏虫：夏生夏死的昆虫。

⑮笃（dǔ堵）：专守。可引申为拘限。

⑯教：指不合大道的俗教、俗学。

⑰崖涘：代指黄河。

⑱丑：指思想境界的浅陋。

⑲大理：大道。

⑳尾闾：指大海的排水处。

㉑已：止。虚：指水尽。

㉒比：借为"庇"，寄托。

㉓方：正。

㉔礨（lěi磊）空：石块的小孔穴。

㉕稊（tí题）：一种形似稗的草，果实像小米，故称稊米。大仓：大谷仓。大，通"太"。

㉖卒：借为"萃"，聚集。

㉗所生：生长的地方。

㉘所通：通行的地方。

㉙豪末：毫毛的末梢，形容其微不足道。豪，通"毫"。

㉚五帝：指黄帝、颛顼、帝喾、唐尧、虞舜。所连：指五帝所连续禅让的对象（天下）而言。

㉛王：泛指夏、商、周三代的帝王。

㉜任士：指以救世为己任的贤能之士。

 阅读提示

《秋水》一文历来为文论家所赞叹，称其"有气蒸云梦、波撼岳阳之势"（刘凤苞《南华雪心编》），笔力超绝，元气浑然。《秋水》篇的主体部分是河伯与北海若的七番对话，本文只节选了其中的第一部分。

本文开篇即言秋水之大，初与百川比，河伯欣然自喜，"以天下之美为尽在己"，接着调转笔锋，写河伯与北海一比之下自愧弗如，进而引出北海若的观点，北海若一言既出，如为其呈现洞天，河伯不由幡然领悟。

北海若认为：世上万物都是相对的，没有什么是可以妄自尊大的。接着通过"曲士不可语道"，"天下之水，莫大于海"，"而吾未尝以此自多"，大小、多少都是相对的：比如四海和天地比，四海小；中国和海内比，中国小；人和万物与九州比，人都是小的；所谓五帝、三王、仁人、任士所从事的事业都不过是"毫末"，孔子之以为博都是自多等等来论述自己的观点。

在整体构思上，本文通篇采用寓言形式说理。作者虚构了一个河伯与北海若对话的寓言故事，通过两个神话人物的对话展开说理、阐明观点，增强了文章的文学性和趣味性。论证上，多用形象比喻深入浅出地说明抽象的道理，而比较论证法、对比论证法等亦皆运用自如。

感悟思索

1. 概括本文的主旨，并分析其思想意义。

2. 请以本文开篇对河水和海景的描写为例，分析本篇中的景物描写对表现主旨所起的作用。

老 将 行

王　维

 作品导读

王维（701—761年），字摩诘，号摩诘居士。河东蒲州（今山西永济）人，祖籍山西祁县。唐朝诗人、画家。于唐玄宗开元九年（721年）中进士第，为太乐丞。历官右拾遗、监察御史、河西节度使判官。天宝年间，拜吏部郎中、给事中。安禄山攻陷长安时，被迫受伪职。长安收复后，被责授太子中允。唐肃宗乾元年间任尚书右丞，世称"王右丞"。王维参禅悟理，精通诗书音画，以诗名盛于开元、天宝间，尤长五言，多咏山水田园，与孟浩然合称"王孟"，因笃诚奉佛，有"诗佛"之称。王维书画特臻其妙，后人推其为南宗山水画

之祖。著有《王右丞集》《画学秘诀》，存诗约 400 首。北宋苏轼评云："味摩诘之诗，诗中有画；观摩诘之画，画中有诗。"

　　　　少年十五二十时，步行夺得胡马骑①。
　　　　射杀中山白额虎②，肯数邺下黄须儿③。
　　　　一身转战三千里，一剑曾当百万师。
　　　　汉兵奋迅如霹雳，房骑崩腾畏蒺藜④。
　　　　卫青不败由天幸⑤，李广无功缘数奇⑥。
　　　　自从弃置便衰朽，世事蹉跎成白首。
　　　　昔时飞箭无全目⑦，今日垂杨生左肘⑧。
　　　　路旁时卖故侯瓜⑨，门前学种先生柳⑩。
　　　　苍茫古木连穷巷⑪，寥落寒山对虚牖⑫。
　　　　誓令疏勒出飞泉⑬，不似颍川空使酒⑭。
　　　　贺兰山下阵如云⑮，羽檄交驰日夕闻。
　　　　节使三河募年少，诏书五道出将军。
　　　　试拂铁衣如雪色，聊持宝剑动星文⑯。
　　　　愿得燕弓射天将⑰，耻令越甲鸣吾君⑱。
　　　　莫嫌旧日云中守⑲，犹堪一战取功勋⑳。

【注释】
　　①"步行"句：汉名将李广，为匈奴骑兵所擒，广时已受伤，便即装死。后于途中见一胡儿骑着良马，便一跃而上，将胡儿推在地下，疾驰而归。见《史记·李将军列传》。夺得，一作"夺取"。
　　②"射杀"句：与上文连观，应是指李广为右北平太守时，多次射杀山中猛虎事。中山，一作"山中"，一作"阴山"。白额虎，传说为虎中最凶猛一种。一说此处似是用晋名将周处除三害事，南山白额虎是三害之一。见《晋书·周处传》。
　　③"肯数"句：意谓岂可只算黄须儿才是英雄。肯数，岂可只推。邺下黄须儿，指曹彰，曹操第三子，须黄色，性刚猛，曾亲征乌丸，颇为曹操爱重，曾持彰须曰："黄须儿竟大奇也。"邺下，曹操封魏王时，都邺（今河北临漳县西）。
　　④房骑：敌人骑兵。崩腾：一作"奔腾"，溃乱不成军阵的样子。蒺藜：本指一种草本植物，蔓生，果实三角形，有刺。这里指铁蒺藜。古代仿蒺藜形用铁铸成，布于战地以伤马蹄，阻敌前进。
　　⑤卫青：汉代名将，汉武帝皇后卫子夫之弟，以征伐匈奴官至大将军。卫青姊子（外甥）霍去病，也曾远入匈奴境，却未曾受困折，因而被看作"有天幸"。《史记·卫将军骠骑列传》载："去病所将常选，然亦敢深入，常与壮骑先其大军。军亦有天幸，未尝困绝也。"天幸，本霍去病事，然古代常卫、霍并称，这里当因卫青而联想霍去病事。
　　⑥"李广"句：李广曾屡立战功，汉武帝却以他年老数奇，暗示卫青不要让李广抵挡匈奴，因而被看成无功，没有封侯。缘：因为。数：命运。奇：单数。偶之对称，奇即不偶，不偶即不遇。
　　⑦飞箭无全目：鲍照《拟古诗》："惊雀无全目。"李善注引《帝王世纪》：吴贺使羿射

雀，贺要羿射雀左目，却误中右目。这里只是强调羿能使雀双目不全，于此见其射艺之精。飞箭，一作"飞雀"。

⑧垂杨生左肘：《庄子·至乐》："支离叔与滑介叔观于冥柏之丘，昆仑之虚，黄帝之所休，俄而柳生其左肘，其意蹶蹶然恶之。"沈德潜以为"柳，疡也，非杨柳之谓"，并以王诗的垂杨"亦误用"。他意思是说，庄子的柳生其左肘的柳本来即疡之意，王维却误解为杨柳之柳，因而有垂云云。高步瀛说："或谓柳为瘤之借字，盖以人肘无生柳者。然支离、滑介本无其人，生柳寓言亦无不可。"

⑨故侯瓜：此用召平典故。召平曾是秦朝的东陵侯，秦亡后在长安青绮门外的路边卖瓜。本秦东陵侯，秦亡为平民，贫，种瓜长安城东，瓜味甘美。

⑩先生柳：晋陶渊明弃官归隐后，因门前有五棵杨柳，遂自号"五柳先生"，并写有《五柳先生传》。"先生"指的是陶渊明。

⑪苍茫：一作"茫茫"。连：一作"迷"。

⑫寥：一作"辽"。牖（yǒu）：窗户。

⑬"誓令"句：后汉耿恭与匈奴作战，据疏勒城，匈奴于城下绝其涧水，恭于城中穿井，至十五丈犹不得水，他仰叹道："闻昔贰师将军（李广利）拔佩刀刺山，飞泉涌出，今汉德神明，岂有穷哉。"旋向井祈祷，过了一会，果然得水。事见《后汉书·耿恭传》。疏勒：指汉疏勒城，非疏勒国。疏勒城，在今新疆疏勒县。

⑭颖川空使酒：此用灌夫典故。灌夫为汉颖阴人，为人刚直，失势后颇牢骚不平，后被诛。使酒，恃酒逞意气。

⑮贺兰山：山名，在今宁夏中部。

⑯聊持：且持。星文：指剑上所嵌的七星文。

⑰天将：一作"大将"。

⑱"耻令"句：意谓以敌人甲兵惊动国君为可耻。《说苑·立节》：越国甲兵入齐，雍门子狄请齐君让他自杀，因为这是越甲在鸣国君，自己应当以身殉之，遂自刎死。鸣，这里是惊动的意思。

⑲云中守：指汉文帝时的云中太守魏尚。

⑳取：一作"树"。

🌴 阅读提示

王维虽有"诗佛"之称，但青年及中年时期也是昂扬进取、积极入世的，期冀能够在政治上一展宏图。唐玄宗开元二十五年（737），王维被任命为监察御史，奉使出塞，在凉州河西节度使副使崔希逸幕下任节度判官，在此度过了一年的军旅生活。这期间王维深入士兵生活，穿梭于各将校之间，发现军队之中也存在着很多不合理的地方，深有所感而作此诗。

此诗写一老将年少勇战，转战沙场，后因"无功"被弃，然而在边地烽火重燃时，他壮心复起，仍想为国立功。全诗分三部分，开头十句是第一部分，写老将青少年时代的机智勇敢、突出的战绩和不平遭遇；中间十句为第二部分，写老将被遗弃后寂寞失意的清苦生活；最后十句为第三部分，写边境战火未息，老将心急如焚，时刻准备着戎马疆场，杀敌报国。全诗从不同的角度揭露了统治者的赏罚蒙昧，冷酷无情，歌颂了老将的高尚节操和爱国热忱。

诗中大量用典，几乎句句对仗，章法整饬，层次分明，自始至终洋溢着爱国激情，格调苍凉悲壮。

感悟思索

1. 这首诗运用了哪些表现手法？
2. 请你分析一下"老将"的性格特征与精神品质。
3. 把"老将"坎坷不平的一生改写成一篇故事。

桂枝香·金陵怀古①

王安石

作品导读

王安石（1021—1086 年），北宋政治家、文学家。字介甫，号半山，人称半山居士。世人又称"王荆公"。抚州临川（今属江西）人。谥号"文"，又称王文公。两度任同中书门下平章事，推行新法。其变法已具备近代变革的特点，被列宁誉为"中国 11 世纪伟大的改革家"。王安石在文学上颇有成就，为"唐宋八大家"之一。其诗擅长说理与修辞，善用典故；词作不多，风格高峻。有《王临川集》《临川先生歌曲》。

登临送目②，正故国晚秋③，天气初肃④。千里澄江似练⑤，翠峰如簇⑥。归帆去棹残阳里⑦，背西风，酒旗斜矗⑧。彩舟云淡，星河鹭起⑨，画图难足⑩。

念往昔，繁华竞逐⑪，叹门外楼头⑫，悲恨相续⑬。千古凭高对此⑭，谩嗟荣辱⑮。六朝旧事随流水，但寒烟衰草凝绿⑯。至今商女⑰，时时犹唱，后庭遗曲⑱。

【注释】

①桂枝香：词牌名，又名"疏帘淡月"，首见于王安石此作。金陵：今江苏南京。

②登临送目：登山临水，举目望远。送目，远目，望远。

③故国：即故都，旧时的都城。金陵为六朝故都，故称故国。

④初肃：天气刚开始萧肃。肃，萎缩，肃杀，形容草木枯落，天气寒而高爽。

⑤千里澄江似练：形容长江像一匹长长的白绢。语出谢朓《晚登三山还望京邑》："余霞散成绮，澄江静如练。"澄江，清澈的长江。练，白色的绢。

⑥如簇：这里指群峰好像丛聚在一起。簇，丛聚。

⑦归帆去棹（zhào）：一作"征帆"，往来的船只。棹，划船的一种工具，形似桨，也可引申为船。

⑧斜矗：斜插。矗，直立。

⑨ "彩舟"二句：意谓结彩的画船行于薄雾迷离之中，犹在云内；华灯映水，繁星交辉，白鹭翻飞。这两句转写秦淮河，"彩舟"系代人玩乐的河上之船，与江上"征帆去棹"的大船不同。又与下片"繁华"相接，释为秦淮河较长江为妥。星河，天河，这里指秦淮河。鹭，白鹭，一种水鸟。一说指白鹭洲（长江与秦淮河相汇之处的小洲）。

⑩画图难足：用图画也难以完美地表现它。难足：难以完美地表现出来。

⑪繁华竞逐：（六朝的达官贵人）争着过繁华的生活。竞逐：竞相仿效追逐。

⑫门外楼头：指南朝陈亡国惨剧。语出杜牧《台城曲》："门外韩擒虎，楼头张丽华。"韩擒虎是隋朝开国大将，统兵伐陈，他已带兵来到金陵朱雀门（南门）外，陈后主尚与他的宠妃张丽华于结绮阁上寻欢作乐。陈后主、张丽华被韩俘获，陈亡于隋。门，指朱雀门。楼，指结绮阁。

⑬悲恨相续：指六朝亡国的悲恨，接连不断。

⑭凭高：登高。这是说作者登上高处远望。

⑮谩嗟荣辱：空叹历朝兴衰。荣，兴盛。辱，灭亡。这是作者的感叹。

⑯ "六朝"二句：意谓六朝的往事像流水般消逝了，如今只有寒烟笼罩衰草，凝成一片暗绿色，而繁华无存了。六朝，指三国吴、东晋、南朝宋、齐、梁、陈六个朝代。它们都建都金陵。随：一作"如"。

⑰商女：酒楼茶坊的歌女。

⑱后庭遗曲：指歌曲《玉树后庭花》，传为陈后主所作，其辞哀怨绮靡，后人将它看成亡国之音。最后三句化用杜牧《泊秦淮》"商女不知亡国恨，隔江犹唱后庭花"诗意。

阅读提示

宋神宗熙宁九年（1076 年），内外交困、身心俱疲的王安石第二次罢相、出任江宁府后，写下了这篇传世佳作。江宁（今江苏南京），古又称金陵，为六朝古都。作为一个改革家、思想家，王安石站高望远，通过对六朝历史教训的深刻认识，寄托了对当时朝政的担忧和对国家政治大事的关心，表达了对北宋社会现实的不满，流露出居安思危的忧患意识。

上阕写登临金陵故都之所见：澄江似练，翠峰如簇，彩舟云淡，星河鹭起，勾勒出一幅雄浑苍凉的风景画；下阕写在金陵之所想，今昔对比，时空交错，虚实相生，表达出对国家现状和未来深重的忧虑。全词情景交融，把壮丽的景色、人事的变迁、作者的感喟和谐地融合在一起，境界雄浑阔大，风格沉郁悲壮，言约而旨远，读之令人感慨万千。

感悟思索

1. 用自己的语言描述一下词人登临之所见。

2. 理解全词，对"至今商女，时时犹唱，后庭遗曲"句进行赏析。

3. 查阅资料，从王安石所处时代的国家现状及其所忧所思所想，赏析本首词作的境界。

大学之道①

《大学》

作品导读

《大学》原为《礼记》第四十二篇。宋朝程颢、程颐兄弟把它从《礼记》中抽出，编次章句。朱熹将《大学》《中庸》《论语》《孟子》合编注释，称为《四书》，从此《大学》成为儒家经典。《大学》的作者，后世研究者认为"经"是孔子的话，曾子记录下来；"传"是曾子解释"经"的话，由曾子的学生记录下来。《大学》的版本主要有两个体系：一是经朱熹编排整理，划分为经、传的《大学章句》本；一是按原有次序排列的古本，即《礼记》中的《大学》原文。以朱熹《大学章句》本流传最广、影响最大，本篇就是采用的《大学章句》本。在儒家看来，《大学》为"初学入德之门也"。《大学》寄托了儒家内圣外王的理想。

大学之道，在明明德②，在亲民③，在止于至善。知止④而后有定；定而后能静；静而后能安；安而后能虑；虑而后能得⑤。物有本末，事有终始。知所先后，则近道矣。

古之欲明明德于天下者，先治其国；欲治其国者，先齐其家⑥；欲齐其家者，先修其身⑦；欲修其身者，先正其心；欲正其心者，先诚其意；欲诚其意者，先致其知⑧；致知在格物⑨。物格而后知至；知至而后意诚；意诚而后心正；心正而后身修；身修而后家齐；家齐而后国治；国治而后天下平。自天子以至于庶人⑩，壹是皆以修身为本⑪。

其本乱而末治者，否矣⑫。其所厚者薄，而其所薄者厚⑬，未之有也⑭！

【注释】

①大学之道：大学的宗旨。"大学"一词在古代有两种含义：一是"博学"的意思；二是相对于小学而言的"大人之学"。古人八岁入小学，学习"洒扫应对进退、礼乐射御书数"等文化基础知识和礼节；十五岁入大学，学习伦理、政治、哲学等"穷理正心，修己治人"的学问。所以，后一种含义其实也和前一种含义有相通的地方，同样有"博学"的意思。"道"的本义是道路，引申为规律、原则等，在中国古代哲学、政治学里，也指宇宙万物的本原、个体，一定的政治观或思想体系等，在不同的上下文环境里有不同的意思。

②明明德：前一个"明"作动词，有使动的意味，即"使彰明"，也就是发扬、弘扬的意思。后一个"明"作形容词，明德也就是光明正大的品德。

③亲民：根据后面的"传"文，"亲"应为"新"，即革新、弃旧图新。亲民，也就是新民，使人弃旧图新、去恶从善。

④知止：知道目标所在。

⑤得：收获。

⑥齐其家：管理好自己的家庭或家族，使家庭或家族和和美美，蒸蒸日上，兴旺发达。

⑦修其身：修养自身的品性。

⑧致其知：使自己获得知识。

⑨格物：认识、研究万事万物。

⑩庶人：指平民百姓。

⑪壹是：都是。本：根本。

⑫末：相对于本而言，指枝末、枝节。

⑬厚者薄：该重视的不重视。薄者厚：不该重视的却加以重视。

⑭未之有也：即未有之也。没有这样的道理（事情、做法等）。

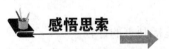 阅读提示

"大学"是对"小学"而言，是说它不是讲"详训诂，明句读"的"小学"，而是讲治国安邦的"大学"。小学即"洒扫应对进退，礼乐射御书数"。"大学"是大人之学，古人十五岁入学，学习伦理、政治和哲学等"穷理正心，修礼治人"的学问，实则是学习如何参与国家政治。

本文是《大学》的开篇，讲的是《大学》这本书的目的，就是要让高尚的品德得以传扬和彰显。具体来说，即是儒学三纲八目的追求。所谓三纲，是指"明德""亲民""止于至善"。它既是《大学》的纲领旨趣，也是儒学"垂世立教"的目标所在。所谓八目，是指"格物""致知""诚意""正心""修身""齐家""治国""平天下"。它既是为实现"三纲"而设计的途径，也是儒学为我们所展示的人生进修阶梯。抓住这三纲八目就等于抓住了一把打开儒学大门的钥匙。循着这进修阶梯一步一个脚印，你就会登堂入室，领略儒学经典的奥义。

读懂这篇文章最基本的是释义。其中"大学"的含义，儒学"三纲八目"的内涵理解是关键。当然，对于儒学经典，我们绝不能止于释义而已，还要理解其深刻的内蕴，也就是要真正理解中国古代的大学之道，古为今用，使经典发射出应有的光芒来，使自己有所开悟，有所提升，并通过不断地修为，追求一种高尚的道德境界，照亮自己的人生旅途。

感悟思索

1. "大学之道"的核心思想是什么？

2. 结合"大学之道"，谈谈怎样做一个新时代的新青年，做一个合格的大学生。

3. 课后通读《大学》全文，体会《大学》的现代意义与价值。

清华大学王观堂先生纪念碑铭

陈寅恪

作品导读

陈寅恪（1890－1969年），字鹤寿，江西省修水县人。中国现代集历史学家、古典文学

研究家、语言学家、诗人于一身的百年难见的人物，与叶企孙、潘光旦、梅贻琦一起被列为清华大学百年历史上四大哲人，与吕思勉、陈垣、钱穆并称为"前辈史学四大家"。先后任职任教于清华大学、西南联大、香港大学、广西大学、燕京大学、中山大学等，为景星学社社员。著有《隋唐制度渊源略论稿》《唐代政治史述论稿》《元白诗笺证稿》《金明馆丛稿》《柳如是别传》《寒柳堂记梦》等。

海宁王静安先生[1]自沈后二年，清华研究院同仁咸怀思不能自已。其弟子受先生之陶冶煦育者有年，尤思有以永其念。佥[2]曰，宜铭之贞珉[3]，以昭示于无竟[4]。因以刻石之词命寅恪，数辞不获已，谨举先生之志事，以普告天下后世。其词曰：士之读书治学，盖将以脱心志于俗谛[5]之桎梏，真理因得以发扬。思想而不自由，毋宁死耳。斯古今仁圣所同殉之精义，夫岂庸鄙之敢望。先生以一死见其独立自由之意志，非所论于一人之恩怨，一姓之兴亡[6]。

呜呼！树兹石于讲舍，系哀思而不忘。表哲人之奇节，诉真宰[7]之茫茫。来世不可知者也，先生之著述，或有时而不章。先生之学说，或有时而可商。惟此独立之精神，自由之思想，历千万祀，与天壤而同久，共三光[8]而永光。

选自《陈寅恪文集之三·金明馆丛稿二编》，上海古籍出版社 1980 年版注释

【注释】

①海宁王先生：即王国维（1877 – 1927），浙江海宁人，号观堂，现代学者，为清华研究院"四大导师"之一。1927 年自沉于北京昆明湖。生平著作共六十余种，研究领域涉及文学、戏曲、甲骨文，金文，音韵学，汉晋简牍以及历代石经的考释等，且均有划时代的伟大贡献。著作收入《海宁王静安先生遗书》

②佥：全、都。

③贞珉：石刻碑铭的美称，犹贞石。李商隐《李义山文集》四《太尉卫公昌一品集序》："追琢贞珉，彰灼来叶。"

④无竟：永远。竟，穷尽。

⑤俗谛：佛教名词，指世俗的道理，对"真谛"而言。这里指利害的计较。

⑥"非所论"二句：王国维自沉后，对其死因众说纷纭，或说缘于罗振玉的恩怨，或说为溥仪小朝廷殉节。本文就是针对这些议论而写的。

⑦真宰：天为万物的主宰，故称真宰。《庄子齐物论》："必有真宰，而特不得其朕。社甫《遣兴》之一"吞声勿复道，真宰意茫茫"。

⑧三光：日、月、星。《庄子·说剑》："上法圆天，以顺三光。"又以日、月、五星合称三光。《史记·天官书》："衡，太微，三光之廷。"

 阅读提示

碑铭指碑文和铭文，有韵的碑文叫铭。碑铭是一种古老的文体，古代的碑文，按其用途和内容大致可以分为三种：纪功碑铭，宫室庙宇碑铭和墓碑铭。碑铭文是记事文体，质朴凝重，条理清晰，用语典雅。唐以前碑铭内容多隐恶扬善，意少语多，铺陈藻饰，成为一种程式。自唐韩愈倡导古文运动后，碑铭写作则侧重于平铺直叙，减少了韵文，以散文为主，骈

散结合，明白晓畅。

1927 年 6 月 2 日上午清华国学研究院四大导师之一的王国维先生，以杰出学人、正当盛年、堪称智者之身，怀着对国学发展前景的哀叹和对知识分子本身不得解脱的桎梏，自沉于颐和园昆明湖。在王国维先生投水自沉两周年后，国学大师陈寅恪写下了著名的《清华大学王观堂先生纪念碑铭》，高度概括了王国维先生的文化人格，同时也是陈寅恪先生自己思想的集中表达，亦是两位大师在精神上同情共感，相契相知的经典表现。

全文言约义丰，说明了立碑的原由，为学的目的，王国维自沉的动机，他的根本价值之所在，以及对他的高度评价和赞颂。此文特别强调"独立之精神，自由之思想"，已经成为国学人格境界的座右铭，也可以说是对于中国知识分子人生境界与学术精神相统一的表征。此文情真意切，读来使人顿觉真理之大光明。

 感悟思索

1. 国学大师王国维的自杀曾令举国震动，更引发了思想界对自杀问题的再度思考，请谈谈你自己的观点。

2. 请你谈一谈学习本文的当代意义。

第六章　人生智慧

究竟什么才是人生智慧呢？古圣先贤进行了各自不同的解读，但归纳起来，简单地说，就是使个人的人生获得和谐、快乐、成功的能力和达到相应的境界。

智慧是一种能力。智慧让人明察秋毫，预见未来；智慧让人洞明世事，从容淡定……智慧是一种境界，如苏轼的旷达洒脱，如渔父的隐逸山林，如李斯的真知灼见，如魏晋文士的率直任诞、清俊通脱……智慧是快乐的源泉，使人拥有积极的心态；智慧是闪耀之光，会让困顿的人生豁然开朗。

人生智慧来源于读书、实践和思考。读书与学习开阔眼界，增长见识，然而不实践，读再多书都是纸上谈兵。学会思考、善于思考是获得智慧的必要途径。如果我们善于梳理自己的灵魂，时时倾听自己的内心，不被世俗裹挟，不因命运而屈就，就一定可以做自己的摆渡人，到达智慧彼岸。

临江仙·夜饮东坡醒复醉①

苏　轼

作品导读

苏轼（1037—1101年），字子瞻，号东坡居士，世称苏东坡、苏仙、坡仙。汉族，眉州眉山（今四川眉山市）人，祖籍河北栾城，北宋文学家、书法家、美食家、画家。嘉祐二年（1057年）进士及第。宋神宗时在凤翔、杭州、密州、徐州、湖州等地任职。元丰三年（1080年），因"乌台诗案"被贬为黄州团练副使。宋哲宗即位后任翰林学士、侍读学士、礼部尚书等职，并出知杭州、颍州、扬州、定州等地，晚年因新党执政被贬惠州、儋州。宋徽宗时获大赦北还，途中于常州病逝。宋孝宗时追谥"文忠"。

苏轼是北宋中期文坛领袖，在诗、词、散文、书、画等方面均取得很高成就。文纵横恣肆；诗题材广阔，清新豪健，善用夸张比喻，独具风格，与黄庭坚并称"苏黄"；词开豪放一派，与辛弃疾同是豪放派代表，并称"苏辛"；散文著述宏富，豪放自如，与欧阳修并称"欧苏"，为"唐宋八大家"之一。苏轼善书，"宋四家"之一；擅长文人画，尤擅墨竹、怪石、枯木等。李志敏评价："苏轼是全才式的艺术巨匠"。作品有《东坡七集》《东坡易传》《东坡乐府》《潇湘竹石图》《枯木怪石图》等。

夜饮东坡醒复醉②，归来仿佛三更。家童鼻息已雷鸣。敲门都不应，倚杖听江声③。

长恨此身非我有，何时忘却营营④？夜阑风静縠纹平⑤。小舟从此逝，江海寄馀生。

【注释】

①临江仙：唐教坊曲名，后用作词牌名。字数有五十二字、五十四字、五十八字、五十

九字、六十字、六十二字六种，平韵格。

②东坡：在湖北黄冈市东。苏轼谪贬黄州时，友人马正卿助其垦辟的游息之所，筑雪堂五间。

③听江声：苏轼寓居临皋，在湖北黄县南长江边，故能听长江涛声。

④营营：周旋、忙碌，内心躁急之状，形容奔走钻营，追逐名利。

⑤夜阑：夜尽。阑，残，尽，晚。司马迁《史记·高祖本纪》有"酒阑"，裴骃集解曰"阑，言希也。谓饮酒者半罢半在，谓之阑。"文选·谢庄《宋孝武宣贵妃诔》有"白露凝兮岁将阑"，李善注曰"阑，犹晚也"。縠（hú）纹：比喻水波细纹。縠，绉纱类丝织品。

 阅读提示

元丰二年（1079年），时御史何正臣等上表弹劾苏轼，奏苏轼移知湖州到任后谢恩的上表中，用语暗藏讥刺朝政，随后又牵连出大量苏轼诗文为证。这案件先由监察御史告发，后在御史台狱受审。据《汉书·薛宣朱博传》记载，御史台中有柏树，野乌鸦数千栖居其上，故称御史台为"乌台"，亦称"柏台"。"乌台诗案"由此得名。苏轼因乌台诗案被关押一百余天，出狱后被谪贬至黄州（今湖北黄冈），住在城南长江边上的临皋亭，后来，又在不远处开垦了一片荒地，种上庄稼树木，名之曰东坡，自号东坡居士。还在这里筑屋名雪堂。

这首词作于苏轼被贬黄州的第三年，即1082年（宋神宗元丰五年）9月，记叙深秋之夜词人在雪堂开怀畅饮，醉后返归临皋的情景。

词的上阕写豪饮大醉后的东坡返归临皋的情景，夜阑更深，万籁俱寂，门里的家童已鼾声如雷，索性伫立门外，悠悠然"倚杖听江声"，上阕以动衬静，以有声衬无声，家童的"鼻息如雷"衬托得深夜格外静谧。这安静的夜里，诗人酒醉初醒，倚杖驻足，似谛听江声，实则心绪已超然物外，经受了一场严重政治迫害，此时是劫后余生的苏轼，醒醉任情，去留无意，无所不可，这世界一切似都可以坦然处之。

下阕词人慨然长叹道："长恨此身非我有，何时忘却营营？"这两句直抒胸臆的议论中充满着哲理意味，正是点明上阕看似平静的内心却思绪万千，词人静夜沉思，豁然有悟，"夜阑风静縠纹平"，"小舟从此逝，江海寄余生"，他要远离这世俗的纷扰，宦海的浮沉，驾一叶扁舟，随波流逝，任意东西，飘然出尘，遗世独立。诗如其人，至此，一位风神萧散、性情真率、襟怀旷达的"幽人"已飘然出现在我们面前。

正如前人所说，东坡"横放杰出，自是曲子中缚不住者"。历史上的成功之作，无不体现作者的鲜明个性，这首词写出了谪居中的苏东坡的真性情，反映了他的独特风格。全词写景、叙事、抒情、议论水乳交融，不假雕饰，语言畅达，格调超逸，颇能体现苏词特色。以议论为词，化用哲学语言入词，冲破了传统词的清规戒律，扩大了词的表现力。元好问评论东坡词说："唐歌词多宫体，又皆极力为之。自东坡一出，情性之外，不知有文字，真有'一洗万古凡马空'气象"，元好问道出了东坡词的总的特点：文如其人，个性鲜明。

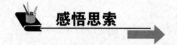 感悟思索

1. 怎样理解上阕中作者醉饮的豪兴？
2. 结合"小舟从此逝，江海寄余生"两句词，理解苏轼的思想特征。

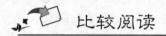 比较阅读

卜算子·黄州定慧院寓居作

渔　父

屈　原

作品导读

屈原（约前304—前278年），战国末期楚国人，杰出的政治家和爱国诗人。屈原名平，字原，楚武王熊通之子屈瑕的后代，丹阳（今湖北秭归）人。屈原是我国第一位伟大的爱国主义诗人，他开创了诗歌从集体歌唱转变为个人独立创作的新纪元，是我国积极浪漫主义诗歌传统的奠基人，"世界四大文化名人"（另有波兰的哥白尼、英国的莎士比亚、意大利的但丁）之一。

屈原一生经历楚威王、楚怀王、顷襄王三个时期，而主要活动在楚怀王时期。他对内辅佐怀王变法图强，对外积极主张联齐抗秦，后因小人诬陷，被怀王疏远，并两次遭放逐。第一次在怀王时期，被流放到汉北；第二次在顷襄王时期，被流放到沅湘一带，最后，在无可奈何之际，他自沉汨罗江，以明其忠贞爱国之志。在中国历史上，屈原是一位深受人民景仰和热爱的诗人，据《续齐谐记》和《隋书·地理志》载，屈原于农历五月五投江自尽，中国民间五月五端午节包粽子、赛龙舟的习俗就源于人们对屈原的纪念。

屈原的作品有《离骚》《天问》《九歌》《九章》《招魂》等。

屈原既放，游于江潭，行吟泽畔，颜色憔悴，形容枯槁。渔父见而问之曰："子非三闾大夫①与？何故至于斯！"屈原曰："举世皆浊我独清，众人皆醉我独醒，是以见放！"

渔父曰："圣人不凝滞于物，而能与世推移。世人皆浊，何不淈②其泥而扬其波？众人

皆醉，何不餔③其糟而歠其醨？何故深思高举④，自令放为？"

屈原曰："吾闻之，新沐者必弹冠，新浴者必振衣；安能以身之察察⑤，受物之汶汶⑥者乎！宁赴湘流，葬于江鱼之腹中。安能以皓皓之白，而蒙世俗之尘埃乎！"

渔父莞尔而笑，鼓枻⑦而去，乃歌曰："沧浪⑧之水清兮，可以濯吾缨。沧浪之水浊兮，可以濯吾足。"遂去，不复与言。

【注释】

①三闾大夫：掌管楚国王族屈、景、昭三姓事务的官。屈原曾任此职。

②淈（gǔ）：搅浑。

③餔（bū）：吃。歠（chuò）：饮。醨（lí）：薄酒。

④高举：高出世俗的行为。在文中与"深思"都是渔父对屈原的批评，有贬义，故译为（在行为上）自命清高。举，举动。

⑤察察：洁净。

⑥汶（mén）汶：玷辱。

⑦鼓枻（yì）：打桨。

⑧沧浪：水名，汉水的支流，在湖北境内。或谓沧浪为水清澈的样子。"沧浪之水清兮"四句：这首《沧浪歌》也见于《孟子·离娄上》，二"吾"字皆作"我"字。

 阅读提示

《渔父》的写作背景，按司马迁本传和东汉文学家王逸的说法，大约是在楚顷襄王执政时期，屈原被奸佞排挤而遭流放，政治上受到重大打击，在个人和楚国都面临着厄运的情况下，诗人怀着忧愤苦闷的心情来到汨罗江畔，边行边吟而成此篇。文章通过对话的形式，表现了屈原志尚高洁、不随流俗、忠贞为国、至死不渝的精神品质和人生态度。

全文采用对比的手法，表现了两种对立的人生态度和截然不同的思想性格。文章以屈原开头，以渔父结尾，中间两个自然段则是两人的对答，处处体现了道家的哲学思想。其中"不凝滞于物，而能与世推移"的思想对后世道家道教影响极大。也有人认为，屈原和渔父的人生态度实际上是为人的方与圆问题，屈原方正，渔父圆通。

《渔父》是一篇可读性很强的优美的散文，写屈原和渔父都着墨不多而十分传神。文中采用对话体，多用比喻、反问，生动、形象而又富于哲理性。传统上一般将楚辞作为一种带有地域性的诗体，《渔父》虽是散文（部分语句也押韵）却又饱含诗意，颇似现代所称的散文诗。

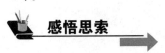 **感悟思索**

1. 你对屈原和渔父的人生态度各怎么看？

2. 分析文中"举世皆浊我独清，众人皆醉我独醒"的含义。

3. 指出文中的对偶句和比喻句。

世说新语·任诞（节选）

刘义庆

作品导读

《世说新语》是南朝宋文学家刘义庆撰写（一说刘义庆组织门客编写）的文言志人小说集，是魏晋轶事小说的集大成之作，是魏晋南北朝时期"笔记小说"的代表作。其内容主要是记载从东汉后期到魏晋间一些名士的言行与轶事。通行本6卷36篇。有梁刘孝标注本。

《世说新语》依内容可分为"德行""言语""政事""文学""方正"等36类（先分上、中、下三卷），每类有若干则故事，全书共有1200多则，每则文字长短不一，有的数行，有的三言两语，由此可见笔记小说"随手而记"的诉求及特性。其内容主要是记载从东汉后期到晋宋间一些名士的言行与轶事。书中所载均属历史上实有的人物，但他们的言论或故事则有一部分出于传闻，不是都符合史实。

王子猷尝暂寄人空宅住①，便令种竹。或问："暂住何烦尔！"王啸咏良久②，直指竹曰："何可一日无此君？"

王子猷居山阴③。夜大雪，眠觉，开室，命酌酒，四望皎然。因起彷徨④，咏左思《招隐诗》⑤，忽忆戴安道⑥。时戴在剡⑦，即便夜乘小舟就之。经宿方至，造门不前而返。人问其故，王曰："吾本乘兴而行，兴尽而返⑧，何必见戴？"

王子猷出都，尚在渚下⑨。旧闻桓子野善吹笛⑩，而不相识。遇桓于岸上过，王在船中，客有识之者，云："是桓子野。"王便令人与相闻，云："闻君善吹笛，试为我一奏。"桓时已贵显，素闻王名，即便回下车，踞胡床⑪，为作三调⑫。弄毕⑬，便上车去，客主不交一言。

【注释】

①王子猷：即王徽之（338—386年），汉族，字子猷，东晋琅邪临沂（今山东临沂）人。王羲之第五子。东晋名士、书法家。其书法成就在王氏兄弟中仅次于其弟王献之。历任车骑参军、大司马及黄门侍郎。徽之自幼追随其父学书法，在兄弟中唯有"徽之得其势"。传世书帖中有《承嫂病不减帖》《新月帖》等。

②啸咏：歌咏。

③山阴：今浙江绍兴。

④彷徨：徘徊，走来走去。

⑤左思：西晋文人，以文才著称于时，创作《三都赋》，豪贵之家，竞相传诵，洛阳为之纸贵。《招隐诗》：左思所作，诵隐居之乐，劝人归隐。

⑥戴安道：即戴逵，东晋人，字安道。精通音乐，善于鼓琴，也善于铸造佛像和雕刻。

⑦剡（shàn）：水名。曹娥江的上游，北流入上虞，在今浙江嵊州市南。

⑧兴尽而返：这句话的意思是说王徽之经过一夜的旅程，到了戴的家门口，却没去拜

访，就返回了。造：去，到。

⑨渚（zhǔ）下：水边。

⑩桓子野：桓伊，字叔夏，小字子野，善吹笛，时称江东第一。

⑪胡床：一种可以折叠的轻便坐具，也叫交椅、交床。

⑫为作三调（diào）：为他演奏三首乐曲。调，曲调。

⑬弄毕：演奏完毕。弄，奏乐或指一曲音乐。

 阅读提示

魏晋是一个动乱的时代，也是一个思想活跃的时代。士族知识分子中兴起了一股崇尚自然、风流自赏的生活方式，思想行为极为自信，不滞于物、不拘礼法。士人们多清静无为，特立独行；又颇喜雅集，喝酒纵歌，随心所欲，任性任情。这正是后人所说的"魏晋风度"。王徽之即是"魏晋风度"的代表人物之一。

本文的三个片段，出自《世说新语》之"任诞"篇，集中反映了王徽之的精神气质与审美情趣。任诞，指任性放纵。

片段一"寓居种竹"，写的是王子猷曾经暂时寄居别人的空房里，随即叫家人种竹子。有人问他："你只是暂时住在这里，何苦还要麻烦种竹子！"王子猷吹口哨并吟唱了好长时间，才指着竹子说："哪能一日没有这位竹先生啊！"竹子与梅、兰、菊被并称为花中"四君子"，它以其中空、有节、挺拔的特性，成为人所推崇的谦虚、有气节、刚直不阿等美德的象征。王子猷的这种任诞是对竹的一种妙赏，以"君"相待，欣赏竹子、痴迷竹子，对竹子的一往情深，其实是在对竹子的爱好中寄托了一种理想的人格。

片段二"雪夜访戴"，写王子猷在一个雪夜醒来，突然想起了老朋友戴安道，便连夜乘舟前往。小船行了一个晚上，天亮时到达朋友的门前，却又掉头回去了，其自称："乘兴而行，兴尽而返"。这有悖常情的行为鲜明地体现出王子猷率真张扬、适意而行、不计得失的个性特征。

片段三"赏笛无语"，写王子猷遇到位高权重的桓子野，也请之为自己演奏，待曲子一结束，桓子野即上车走了，客主两人不交谈一句，只是神交于音乐之美，可见王子猷无视世俗之地位、名利，典雅别致、任性任情的人生情趣。

三个片段语言简练隽永，人物刻画形神毕现，气韵生动。在行文时，不做过多的铺叙和描写，抓住最有特点的动作和语言，寥寥几笔，勾勒出人物的气质和风度。这种创作手法很像绘画中的泼墨写意，遗貌而取神、着笔不多，却意味深长。恰当地表现了当时士族知识分子率性自信、风流潇洒、不滞于物、不拘礼法、任性放达的精神风貌。

 感悟思索

1. 请你收集几则《世说新语》中魏晋文人士大夫有代表性的逸闻趣事。

2. 查阅资料，谈谈你对"魏晋风度"的看法。

比较阅读

世说新语·任诞

谏逐客书①

李 斯

作品导读

李斯（约前280—前208年），秦朝丞相，著名的政治家、文学家和书法家，协助秦始皇统一天下。秦统一之后，参与制定了秦朝的法律和完善了秦朝的制度，力排众议主张实行郡县制、废除分封制，提出并且主持了文字、车轨、货币、度量衡的统一。秦始皇驾崩后与宦官赵高合谋立少子胡亥为二世皇帝，后为赵高所忌，腰斩于市。因其政治主张的实施对中国和世界产生了深远的影响，奠定了中国两千多年政治制度的基本格局，被世人尊称为"千古一相"。

本文是李斯上给秦王的一篇奏议。秦王嬴政十年，秦国宗室贵族借韩国派水工郑国至秦帮助开修灌溉渠，阴谋消耗秦国国力一事，谏秦王下令驱逐一切客卿。李斯也在被逐之列，于是他写了这篇《谏逐客书》，劝谏秦王不要驱逐客卿。

臣闻吏议逐客，窃以为过矣。昔穆公求士，西取由余于戎②，东得百里奚于宛③，迎蹇叔于宋④，求邳豹、公孙支于晋⑤。此五子者，不产于秦，而穆公用之，并国二十，遂霸西戎⑥。孝公用商鞅之法⑦，移风易俗，民以殷盛⑧，国以富强，百姓乐用，诸侯亲服，获楚、魏之师⑨，举地千里，至今治强。惠王用张仪之计⑩，拔三川之地⑪，西并巴、蜀⑫，北收上郡⑬，南取汉中⑭，包九夷⑮，制鄢、郢⑯，东据成皋之险⑰，割膏腴之壤，遂散六国之众，使之西面事秦，功施到今⑱。昭王得范雎⑲，废穰侯⑳，逐华阳㉑，强公室，杜私门，蚕食诸侯㉒，使秦成帝业。此四君者，皆以客之功。由此观之，客何负于秦哉！向使四君却客而不内㉓，疏士而不用，是使国无富利之实，而秦无强大之名也。

今陛下致昆山之玉㉔，有随和之宝㉕，垂明月之珠㉖，服太阿之剑㉗，乘纤离之马㉘，建翠凤之旗㉙，树灵鼍之鼓㉚。此数宝者，秦不生一焉，而陛下说之㉛，何也？必秦国之所生然后可，则是夜光之璧，不饰朝廷；犀象之器，不为玩好；郑、卫之女不充后宫㉜，而骏良駃騠不实外厩㉝，江南金锡不为用㉟，西蜀丹青不为采㊱。所以饰后宫，充下陈，娱心意，说耳目者③，必出于秦然后可，则是宛珠之簪③，傅玑之珥③，阿缟之衣⑩，锦绣之饰不进于前，而随俗雅化，佳冶窈窕，赵女不立于侧也④。夫击瓮叩缶弹筝搏髀④，而歌呼呜呜快耳者，真秦之声也；《郑》《卫》《桑间》，《韶》《虞》《武》《象》者③，异国之乐也。今弃击瓮叩缶而就《郑》《卫》，退弹筝而取《昭》《虞》，若是者何也？快意当前，适观而已矣。今取人则不然。不问可否，不论曲直，非秦者去，为客者逐。然则是所重者在乎色乐珠玉，而所轻者在乎人民也。此非所以跨海内、制诸侯之术也。

臣闻地广者粟多，国大者人众，兵强则士勇。是以太山不让土壤④，故能成其大；河海不择细流⑤，故能就其深；王者不却众庶⑥，故能明其德。是以地无四方，民无异国，四时充美，鬼神降福，此五帝三王之所以无敌也④。今乃弃黔首以资敌国④，却宾客以业诸侯④，使天下之士退而不敢西向，裹足不入秦，此所谓"借寇兵而赍盗粮"者也⑩。夫物不产于秦，可宝者多；士不产于秦，而愿忠者众。今逐客以资敌国，损民以益雠⑤，内自虚而外树怨于诸侯②，求国无危，不可得也。

【注释】

①本文出自《史记·李斯列传》。

②由余：亦作"繇余"，戎王的臣子，是晋人的后裔。穆公屡次使人设法招致他归秦，以客礼待之。入秦后，受到秦穆公重用，帮助秦国攻灭西戎众多小国，称霸西戎。戎：古代中原人多称西方少数部族为戎。此指秦国西北部的西戎，活动范围约在今陕西西南、甘肃东部、宁夏南部一带。

③百里奚：原为虞国大夫。晋灭虞被俘，后作为秦穆公夫人的陪嫁臣妾之一送往秦国。逃亡到宛，被楚人所执。秦穆公用五张黑公羊皮赎出，用上大夫，故称"五羖大夫"。是辅佐秦穆公称霸的重臣。宛（yuān）：楚国邑名，在今河南南阳市。

④蹇（jiǎn）叔：百里奚的好友，经百里奚推荐，秦穆公把他从宋国请来，委任为上大夫。百里奚对穆公说："臣不及臣友蹇叔，蹇叔贤而世莫知"。宋：国名，或称"商""殷"，子姓，始封君为商纣王庶兄微子启，西周初周公平定武庚叛乱后将商旧都周围地区封给微子启，都于商丘（今河南商丘市南），约有今河南东南部及所邻山东、江苏、安徽接界之地。公元前3世纪中叶，大臣剔成肵（即司城子罕）逐杀宋桓侯，戴氏代宋。公元前286年被齐国所灭。

⑤邳豹：晋国大夫邳郑之子，邳郑被晋惠公杀死后，邳豹投奔秦国，秦穆公任为大夫。公孙支："支"或作"枝"，字子桑，秦人，曾游晋，后返秦任大夫。晋：国名，姬姓，始封君为周成王之弟叔虞，建都于唐（今陕西翼城县西），约有今山西西南部之地。春秋时，晋献公迁都于绛，亦称"翼"（今山西翼城县东南），陆续攻灭周围小国；晋文公成为继齐桓公之后的霸主；晋景公迁都新田（今山西侯马市西），亦称"新绛"，兼并赤狄，疆域扩展到今山西大部、河北西南部、河南北部和陕西一角。春秋后期，公室衰微，六卿强大。战国初，被执政的韩、赵、魏三家所瓜分。公元前369年，最后一位国君晋桓公被废为庶人，国灭祀绝。

⑥产：生，出生。并：吞并。"并国二十，遂霸西戎"，《秦本纪》云秦穆公"益国十二，开地千里，遂霸西戎"。这里的"二十"当是约数。

⑦孝公：即秦孝公。商鞅：卫国公族，氏公孙，亦称公孙鞅，初为魏相公叔座家臣，公叔座死后入秦，受到秦孝公重用，任左庶长、大良造，因功封于商（今山西商县东南）十

五邑，号称商君。于公元前356年和前350年两次实行变法，奠定秦国富强的基础。公元前338年，秦孝公去世，被车裂身死。

⑧殷：多，众多。殷盛：指百姓众多而且富裕。

⑨魏：国名，始封君魏文侯，系晋国大夫毕万后裔，于公元前403年与韩景侯、赵烈侯联合瓜分晋国，被周威烈王封为诸侯，建都安邑（今山西夏县西北）。魏文侯任用李悝改革内政，成为强国。梁惠王时迁都大梁（今河南开封市），因亦称"梁"。后国势衰败，公元前225年被秦国所灭。获楚、魏之师：指战胜楚国、魏国的军队。公元前340年，商鞅设计诱杀魏军主将公子昂，大败魏军。同年又与楚战，战况不详，据此，当也是秦军获胜。

⑩惠王：即秦惠王，名驷，秦孝公之子，公元前337—311年在位。于公元前325年称王。张仪：魏人，秦惠王时数次任秦相，鼓吹"连横"，游说各国诸侯事奉秦国，辅佐秦惠文君称王，封武信君。秦武王即位，入魏为相。于公元前310年去世。此句以下诸事，并非都是张仪之计，因为张仪曾经作为宰相，就把功劳归功到他身上了。

⑪三川之地：指黄河、雒水、伊水三川之地，在今河南西北部黄河以南的洛水、伊水流域。韩宣王在此设三川郡。公元前308年秦武王派兵攻取三川大县宜阳（今河南宜阳县西）。公元前249年秦灭东周，取得韩三川全郡，重设三川郡。

⑫巴：国名，周武王灭商后被封为子国，称巴子国，在今四川东部、湖北西部一带。战国中期建都于巴（今重庆市）。公元前316年秦惠王派张仪、司马错等领兵攻灭巴国，在其地设置巴郡。"蜀"，国名，周武王时曾参加灭商的盟会，在今四川中部偏西地区。战国中期建都于成都（今四川成都市）。公元前316年秦惠文王派张仪、司马错等领兵灭蜀，在其地设置蜀郡。

⑬上郡：郡名，本来是楚地，在现在的陕西榆林。魏文侯时置，辖境有今陕西洛河以东，黄梁河以北，东北到子长县、延安市一带。公元前328年魏割上郡十五县给秦，前312年又将整个上郡献秦。秦国于公元前304年于此设置上郡。

⑭汉中：郡名，在现在的陕西汉中。楚怀王时置，辖境有陕西东南和湖北西北的汉水流域。公元前312年，被秦将魏章领兵攻取，秦于此重置汉中郡。

⑮包：这里有并吞的意思。九夷：此指楚国境内西北部的少数部族，在今陕西、湖北、四川三省交界地区。

⑯鄢（yān）：楚国别都，在今湖北宜城市东南。春秋时楚惠王曾都于此。郢（yǐng）：楚国都城，在今湖北江陵市西北纪南城。公元前279年秦将白起攻取鄢，翌年又攻取郢。

⑰成皋：邑名，在今河南荥阳市汜水镇，地势险要，是著名的军事重地。春秋时属郑国称虎牢，公元前375年韩国灭郑属韩，公元前249年被秦军攻取。

⑱六国：韩、魏、燕、赵、齐、楚。施（yì）：蔓延，延续。

⑲昭王：即秦昭王，名稷，一作侧或则，秦惠王之子，秦武王异母弟，公元前306—前251年在位。范雎（jū）：一作"范且"，亦称范叔，魏人，入秦后改名张禄，受到秦昭王信任，为秦相，对内力主废除外戚专权，对外采取远交近攻策略，封于应（今河南宝丰县西南），亦称应侯，死于公元前255年。

⑳穰（ráng）侯：即魏冉，楚人后裔，秦昭王母宣太后之异父弟，秦武王去世，拥立秦昭王，任将军，多次为相，受封于穰（今河南邓州市），故称穰侯，后又加封陶（今山东定陶区西北）。因秦昭王听用范雎之言，被免去相职，终老于陶。

㉑华阳：即华阳君芈戎，楚昭王母宣太后之同父弟，曾任将军等职，与魏冉同掌国政，先受封于华阳（今河南新郑市北），故称华阳君，后封于新城（今河南密县东南），故又称新城君。公元前 266 年，与魏冉同被免职遣归封地。

㉒蚕食：比喻像蚕吃桑叶那样逐渐吞食侵占。

㉓向使：假使，倘若。内：同"纳"，接纳。

㉔陛下：对帝王的尊称，致：求得，收罗。昆山：即昆仑山。

㉕随、和之宝：即所谓"随侯珠"和"和氏璧"，传说中春秋时随侯所得的夜明珠和楚人卞和得来的美玉。

㉖明月：宝珠名。

㉗太阿（ē）：亦称"泰阿"，宝剑名，相传为春秋著名工匠欧冶子、干将所铸。

㉘纤离：骏马名。

㉙翠凤之旗：用翠凤羽毛作为装饰的旗帜。

㉚鼍（tuó）：亦称扬子鳄，俗称猪婆龙，皮可蒙鼓。

㉛说：通"悦"，喜悦，喜爱。

㉜犀象之器：指用犀牛角和象牙制成的器具。

㉝郑：国名，姬姓，始封君为周宣王弟友，公元前806年分封于郑（今陕西华县东）。春秋时建都新郑（今河南新郑市），有今河南中部之地，公元375年被韩国所灭。卫：国名，姬姓，始封君为周武王弟康叔，初都朝歌（今河南淇县），后迁都楚丘（今河南滑县）、帝丘（今河南濮阳县），在今河南北部、山东西部之地。公元前254年被魏国所灭。郑、卫之女：此时郑、卫已亡，当指郑、卫故地的女子。后宫：嫔妃所居的宫室，也可用作嫔妃的代称。

㉞駃騠（jué tí）：骏马名。外厩（jiù）：宫外的马圈。

㉟江南：长江以南地区。此指长江以南的楚地，素以出产金、锡著名。

㊱丹：丹砂，可以制成红色颜料。青：可以制成青黑色颜料。西蜀丹青：蜀地素以出产丹青矿石出名。采：彩色，彩绘。

㊲下陈：殿堂下陈放礼器、站立傧从的地方。充下陈：此泛指将财物、美女充买府库后宫。

㊳宛：宛转，缠绕。宛珠之簪：缀绕珍珠的发簪。或以"宛"为地名，指用宛（今河南南阳市）地出产的珍珠所作装饰的发簪。

㊴傅：附着，镶嵌。玑：不圆的珠子。此泛指珠子。珥（ěr）：耳饰。

㊵阿：细缯，一种轻细的丝织物。或以"阿"为地名，指齐国东阿（今山东东阿县）。缟（gǎo）：未经染色的绢。

㊶随俗雅化：随合时俗而雅致不凡。佳：美好，美丽。冶：妖冶，艳丽。窈窕（yǎo tiǎo）：美好的样子。赵：国名，始封君赵烈侯，系晋国大夫赵衰后裔，于公元前403年与魏文侯、韩景侯联合瓜分晋国，被周威烈王封为诸侯，建都晋阳（今山西太原市东南），在今山西中部、陕西东北角、河北西南部。公元前386年迁都邯郸（今河北邯郸市）。公元前222年被秦国所灭。古人多以燕、赵为出美女之地。

㊷瓮（wèng）：陶制的容器，古人用来打水。缶（fǒu）：一种口小腹大的陶器。秦人将瓮、缶作为打击乐器。搏：击打，拍打。髀（bì）：大腿。搏髀：拍打大腿，以此掌握音

乐唱歌的节奏。

㊸《郑》：指郑国故地的音乐。《卫》：指卫国故地的音乐。《桑间》：桑间为卫国濮水边上地名，在今河南濮阳县南，有男女聚会唱歌的风俗。此指桑间的音乐，即《礼记·乐记》的"桑间濮上之音"。《昭》：通"韶"，《史记集解》引徐广曰："昭，一作'韶'。"歌颂虞舜的舞乐。《虞》：按《史记会注考证校补》引南化本、枫山本、三条本等作"护"，当为歌颂商汤的舞乐。《武》：歌颂周武王的舞乐。《象》：歌颂周文王的舞乐。

㊹太山：即泰山。让：辞让，拒绝。

㊺择：舍弃，抛弃。细流：小水。

㊻却：推却，拒绝。

㊼五帝：指黄帝、颛顼、帝喾、尧、舜。三王：指夏、商、周三代开国君主，即夏禹、商汤、周文王和周武王。

㊽黔首：无爵平民不能服冠，只能以黑巾裹头，故称黔首。此泛指百姓。秦始皇统一六国后正式称百姓为黔首。《史记·秦始皇本纪》载：二十六年，"更名民曰黔首"。资：资助，供给。

㊾业：从业，从事，事奉。

㊿赍（jī）：送，送给。这句是说，把武器粮食供给寇盗。

(51)益：增益，增多。雠：通"仇"，仇敌。减少该国的人口而增加敌国的人力。

(52)外树怨于诸侯：指宾客被驱逐出外必投奔其他诸侯，从而构树新怨。

 阅读提示

本文从秦王统一天下的高度立论，反复阐明了驱逐客卿的利害得失，写得理足词胜，雄辩滔滔，反映了李斯的卓越见识，体现了他顺应历史潮流的进步政治主张和用人路线。文章所表现出的不分地域，任人唯贤的思想，在今天也有一定的借鉴意义。

对本文的阅读应在充分了解文章历史背景和疏通文义的基础上进行。文章开门见山提出中心论点"吏议逐客，窃以为过矣"统领全篇，接着援古证今，列举史实对客卿的功劳进行了正反两面论证，利害并举，两相对照，是非分明，论辩有力。文中善于用比喻，增强了议论的形象性和说服力。另外，铺陈、夸饰、排比、对偶手法以及华美辞藻的运用使行文气势奔放、文采斐然。通览全文，怒而不燥，刚而不烈，强劲而富于韧性，直言而饱含美感，充满了理性的力量。

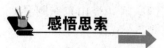 感悟思索

1. 秦国历史上的国君很多，李斯为何在文章中以穆公、孝公、惠王、昭王为例来说明用"客"的重要性？

2. 李斯为什么要对秦王所喜好的珍宝、美色、音乐等进行铺张描写？

3. 为什么说文章最后一段总收了全文？

4. 作者用"泰山不让土壤""河海不择细流"作比喻来说明什么道理？联系自己的生活和学习谈谈对"泰山不让土壤""河海不择细流"的理解。

论睁了眼看

鲁 迅

❀ 作品导读 ❀

　　鲁迅（1881－1936年），原名周樟寿，后改名周树人，字豫山，后改字豫才，浙江绍兴人。著名文学家、思想家、革命家、教育家、民主战士，新文化运动的重要参与者，中国现代文学的奠基人之一。鲁迅一生在文学创作、文学批评、思想研究、文学史研究、翻译、美术理论引进、基础科学介绍和古籍校勘与研究等多个领域具有重大贡献。他对于五四运动以后的中国社会思想文化发展具有重大影响，蜚声世界文坛，尤其在韩国、日本思想文化领域有极其重要的地位和影响，被誉为"二十世纪东亚文化地图上占最大领土的作家"。

　　虚生先生所做的时事短评中，曾有一个这样的题目："我们应该有正眼看各方面的勇气"（《猛进》十九期）。诚然，必须敢于正视，这才可望敢想，敢说，敢作，敢当。倘使并正视而不敢，此外还能成什么气候。然而，不幸这一种勇气，是我们中国人最所缺乏的。

　　但现在我所想到的是别一方面——

　　中国的文人，对于人生，——至少是对于社会现象，向来就多没有正视的勇气。我们的圣贤，本来早已教人"非礼勿视"的了；而这"礼"又非常之严，不但"正视"，连"平视""斜视"也不许。现在青年的精神未可知，在体质，却大半还是弯腰曲背，低眉顺眼，表示着老牌的老成的子弟，驯良的百姓，——至于说对外却有大力量，乃是近一月来的新说，还不知道究竟是如何。

　　再回到"正视"问题去：先既不敢，后便不能，再后，就自然不视，不见了。一辆汽车坏了，停在马路上，一群人围着呆看，所得的结果是一团乌油油的东西。然而由本身的矛盾或社会的缺陷所生的苦痛，虽不正视，却要身受的。文人究竟是敏感人物，从他们的作品上看来，有些人确也早已感到不满，可是一到快要显露缺陷的危机一发之际，他们总即刻连说"并无其事"，同时便闭上了眼睛。这闭着的眼睛便看见一切圆满，当前的苦痛不过是"天之将降大任于是人也，必先苦其心志，劳其筋骨，饿其体肤，空乏其身，行拂乱其为。"于是无问题，无缺陷，无不平，也就无解决，无改革，无反抗。因为凡事总要"团圆"，正无须我们焦躁；放心喝茶，睡觉大吉。再说费话，就有"不合时宜"之咎，免不了要受大学教授的纠正了。呸！

　　我并未实验过，但有时候想：倘将一位久蛰洞房的老太爷抛在夏天正午的烈日底下，或将不出围门的千金小姐拖到旷野的黑夜里，大概只好闭了眼睛，暂续他们残存的旧梦，总算并没有遇到暗或光，虽然已经是绝不相同的现实。中国的文人也一样，万事闭眼睛，聊以自欺，而且欺人，那方法是：瞒和骗。

　　中国婚姻方法的缺陷，才子佳人小说作家早就感到了，他于是使一个才子在壁上题诗，一个佳人便来和，由倾慕——现在就得称恋爱——而至于有"终身之约"。但约定之后，也就有了难关。我们都知道，"私订终身"在诗和戏曲或小说上尚不失为美谈（自然只以与终于中状元的男人私订为限），实际却不容于天下的，仍然免不了要离异。明末的作家便闭上眼睛，并这一层也加以补救了，说是：才子及第，奉旨成婚。"父母之命媒妁之言"经这大帽子来一压，便成了半个铅钱也不值，问题也一点没有了。假使有之，也只在才子的能否中状元，而决不在婚姻制度的良否。

（近来有人以为新诗人的做诗发表，是在出风头，引异性；且迁怒于报章杂志之滥登。殊不知即使无报，墙壁实"古已有之"，早做过发表机关了；据《封神演义》，纣王已曾在女娲庙壁上题诗，那起源实在非常之早。报章可以不取白话，或排斥小诗，墙壁却拆不完，管不及的；倘一律刷成黑色，也还有破磁可划，粉笔可书，真是穷于应付。做诗不刻木板，去藏之名山，却要随时发表，虽然很有流弊，但大概是难以杜绝的罢。）

《红楼梦》中的小悲剧，是社会上常有的事，作者又是比较的敢于实写的，而那结果也并不坏。无论贾氏家业再振，兰桂齐芳，即宝玉自己，也成了个披大红猩猩毡斗篷的和尚。和尚多矣，但披这样阔斗篷的能有几个，已经是"入圣超凡"无疑了。至于别的人们，则早在册子里一一注定，末路不过是一个归结：是问题的结束，不是问题的开头。读者即小有不安，也终于奈何不得。然而后或续或改，非借尸还魂，即冥中另配，必令"生旦当场团圆"才肯放手者，乃是自欺欺人的瘾太大，所以看了小小骗局，还不甘心，定须闭眼胡说一通而后快。赫克尔（E. Haeckel）说过：人和人之差，有时比类人猿和原人之差还远。我们将《红楼梦》的续作者和原作一比较，就会承认这话大概是确实的。

"作善降祥"的古训，六朝人本已有些怀疑了，他们作墓志，竟会说"积善不报，终自欺人"的话。但后来的昏人，却又瞒起来。元刘信将三岁痴儿抛入蘸纸火盆，妄希福佑，是见于《元典章》的；剧本《小张屠焚儿救母》却道是为母延命，命得延，儿亦不死了。一女愿侍痼疾之夫，《醒世恒言》中还说终于一同自杀的；后来改作的却道是有蛇坠入药罐里，丈夫服后便全愈了。凡有缺陷，一经作者粉饰，后半便大抵改观，使读者落诬妄中，以为世间委实尽够光明，谁有不幸，便是自作，自受。

有时遇到彰明的史实，瞒不下，如关羽岳飞的被杀，便只好别设骗局了。一是前世已造夙因，如岳飞；一是死后使他成神，如关羽。定命不可逃，成神的善报更满人意，所以杀人者不足责，被杀者也不足悲，冥冥中自有安排，使他们各得其所，正不必别人来费力了。

中国人的不敢正视各方面，用瞒和骗，造出奇妙的逃路来，而自以为正路。在这路上，就证明著国民性的怯弱，懒惰，而又巧滑。一天一天的满足着，即一天一天的堕落着，但却又觉得日见其光荣。在事实上，亡国一次，即添加几个殉难的忠臣，后来每不想光复旧物，而只去赞美那几个忠臣；遭劫一次，即造成一群不辱的烈女，事过之后，也每每不思惩凶，自卫，却只顾歌咏那一群烈女。彷佛亡国遭劫的事，反而给中国人发挥"两间正气"的机会，增高价值，即在此一举，应该一任其至，不足忧悲似的。自然，此上也无可为，因为我们已经借死人获得最上的光荣了。沪汉烈士的追悼会中，活的人们在一块很可景仰的高大的木主下互相打骂，也就是和我们的先辈走着同一的路。

文艺是国民精神所发的火光，同时也是引导国民精神的前途的灯火。这是互为因果的，正如麻油从芝麻榨出，但以浸芝麻，就使它更油。倘以油为上，就不必说；否则，当参入别的东西，或水或碱去。中国人向来因为不敢正视人生，只好瞒和骗，由此也生出瞒和骗的文艺来，由这文艺，更令中国人更深地陷入瞒和骗的大泽中，甚而至于已经自己不觉得。世界日日改变，我们的作家取下假面，真诚地，深入地，大胆地看取人生并且写出他的血和肉来的时候早到了；早就应该有一片崭新的文场，早就应该有几个凶猛的闯将！

现在，气象似乎一变，到处听不见歌吟花月的声音了，代之而起的是铁和血的赞颂。然而倘以欺瞒的心，用欺瞒的嘴，则无论说 A 和 O，或 Y 和 Z，一样是虚假的；只可以吓哑了先前鄙薄花月的所谓批评家的嘴，满足地以为中国就要中兴。可怜他在"爱国"大帽子底下又闭上了眼睛了——或者本来就闭着。

没有冲破一切传统思想和手法的闯将，中国是不会有真的新文艺的。

一九二五年七月二十二日。

 阅读提示

鲁迅是我国"五四"以来现实主义文学的开创者和奠基人。鲁迅以其对现实主义的清醒认识和精辟见解，呼唤、指引着我国现实主义文学的产生和发展。这篇《论睁了眼看》就是这种精神的体现。

本文写于 1925 年 7 月 22 日，初刊于是年 8 月 30 日出版的《语丝》周刊第 38 期，后收入杂文集《坟》。鲁迅撰写这篇杂文的直接原因是看了"虚生先生所做的时事短评"。"虚生"即徐炳昶，时为北大教授兼女师大讲师、进步期刊《猛进》主编。他在该刊第 19 期发表《我们应该有正眼看各方面的勇气》一文，又一次引发了鲁迅长久萦怀的关于"国民性"问题的思考，并写下了这篇著名的反对"瞒和骗"的思想与文艺、堪称鲁迅现实主义文学观之总纲的文章。这篇文章无情地批判了"瞒和骗"的思想与文艺，告诫人们要有正视现实的勇气，从"瞒和骗"中走出来，建设中国真正的新文艺。

鲁迅痛心于中国文人用"瞒"和"骗"的手段，制造出许多"瞒"和"骗"的文艺，粉饰现实，掩盖黑暗，欺蒙读者。于是旁征博引，条分缕析，从许多作品举例来加以评论。鲁迅热烈呼唤"我们的作家取下假面，真诚地，深入地，大胆地看取人生并且写出他的血和肉来。"鲁迅断言："没有冲破一切传统思想和手法的闯将，中国是不会有真的新文艺的。"

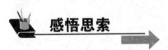 感悟思索

1. 请简要概括本文的论证思路。
2. 体会鲁迅杂文的风格。

第七章　自然之美

大自然是人类的母亲和家园。当我们忘情于高山之巅，江河之畔，沉醉于日出日落，云卷云舒之时，我们总会感慨大自然包蕴万千的恩赐、鬼斧神工的壮丽。徜徉于自然之间，仰望苍穹，俯瞰大地，能涤荡我们坠入凡俗的心灵，能慰藉我们人生羁旅的困顿。

而自然之美又不仅仅在于日月山川，还在于它的人文盛迹。如西湖之美，因苏堤春晓、断桥相会的点缀而于灵山秀水之间更有一层深厚的意蕴。自然美和人文美之水乳交融，使自然之美更加钟灵毓秀，使人文之美更加如诗如画。

所以自然之美若加以人的点缀，便有了灵魂，有了气质，有了温度，有了性情。让我们静下心来，细品长江水的激昂、春江畔的月夜以及郁达夫笔下江南的冬景吧……

水调歌头·游泳①

毛泽东

作品导读

毛泽东（1893—1976 年）字润之，笔名子任。1893 年 12 月 26 日生于湖南湘潭韶山，1976 年 9 月 9 日在北京逝世，享年 83 岁。毛泽东是中国人民的领袖，马克思主义者，伟大的无产阶级革命家、战略家和理论家，思想家，军事家，是中国共产党、中国人民解放军和中华人民共和国的主要缔造者和领导人。领导中国人民彻底改变自己命运和国家面貌的一代伟人。他的主要著作有《毛泽东选集》（四卷）、《毛泽东文集》（八卷）、《毛泽东诗词》。毛泽东被视为现代世界历史中最重要的人物之一；美国《时代》杂志将他评为 20 世纪最具影响力的 100 个人物之一。

才饮长沙水②，
又食武昌鱼③。
万里长江横渡，
极目楚天舒④。
不管风吹浪打，
胜似闲庭信步，
今日得宽馀⑤。
子在川上曰：
逝者如斯夫⑥！

风樯动⑦，
龟蛇静⑧，

起宏图。

一桥飞架南北⑨，

天堑变通途⑩。

更立西江石壁，

截断巫山云雨⑪，

高峡出平湖。

神女应无恙，

当惊世界殊。

【注释】

①游泳：1956 年 6 月，作者曾由武昌游泳横渡长江，到达汉口。

②长沙水：1958 年 12 月 21 日作者自注："民谣：常德德山山有德，长沙沙水水无沙。所谓无沙水，地在长沙城东，有一个有名的'白沙井'。"

③武昌鱼：据《三国志·吴书·陆凯传》记载，吴主孙皓要把都城从建业（故城在今南京市南）迁到武昌，老百姓不愿意，有童谣说："宁饮建业水，不食武昌鱼。"这里化用。武昌鱼，指古武昌（今湖北鄂城）樊口的鳊鱼，称团头鳊或团头鲂。

④极目：放眼远望。武昌一带在春秋战国时属于楚国的范围，所以作者把这一带的天空叫"楚天"。舒：舒展，开阔。柳永词《雨霖铃》："暮霭沉沉楚天阔。"作者在 1957 年 2 月 11 日给黄炎培的信中说："游长江二小时飘三十多里才达彼岸，可见水流之急。都是仰游侧游，故用'极目楚天舒'为宜。"

⑤宽馀（yú）：字从食从余，余本义为"剩下的"，"食"和"余"联合起来表示"用餐后剩下的食物"。指神态舒缓，心情畅快。

⑥"子在"二句：《论语·子罕》："子在川上，曰：'逝者如斯夫！不舍昼夜。'"意思是孔子在河边感叹道："时光像流水一样消逝，日夜不停。"时光如流水，一去不复返；往者不可追，来者犹可惜。

⑦风樯（qiáng）：樯，桅杆。风樯，指帆船。

⑧龟蛇：在词中实指龟山、蛇山。

⑨一桥飞架南北：指当时正在修建的武汉长江大桥。1958 年版《毛主席诗词十九首》和 1963 年版《毛主席诗词》，作者曾将此句改为"一桥飞架，南北天堑变通途"，后经作者同意恢复原句。

⑩天堑（qiàn）：堑，沟壕。古人把长江视为"天堑"。据《南史·孔范传》记载，隋伐陈，孔范向陈叔宝后主说："长江天堑，古来限隔，虏军岂能飞渡？"

⑪巫山：在重庆巫山县东南。"巫山云雨"，传楚宋玉《高唐赋·序》说，楚怀王在游云梦泽的高唐时曾梦与巫山神女遇，神女自称"旦为朝云，暮为行雨"，这里只是借用这个故事中的字面和人物。

🌴 阅读提示

水调歌头：词牌名。相传隋炀帝在开汴河时曾制《水调歌》。唐朝把它演变为宫廷乐舞的大曲。这些大曲由许多段乐曲组成，全部演奏很不容易，常取其中一段或三两段单独演唱，这就逐渐演化成为相对独立的词调。"水调"就是这种曲子。"歌头"指曲子的开头部分，相当于"序曲"。根据这个曲子开头部分的规律填写成的词，词牌就叫作"水调歌头"。

从中华人民共和国成立到1956年，中国共产党领导全国各族人民开展了有计划的经济建设，促进了生产力的发展，社会主义建设出现了突飞猛进的新局面。武汉长江大桥工程于1950年起开始勘测设计，1955年12月毛泽东视察了全部工程。1956年5月毛泽东巡视南方，又到达武汉，乘轮船视察了长江大桥的施工情况，并三次畅游长江。《水调歌头·游泳》即是此间作品，最早发表在1957年1月的《诗刊》杂志上。

毛主席终生热爱游泳，他对祖国山水独有所钟，独有其体会。他在年轻时代就写过："自信人生二百年，会当水击三千里"及"到中流击水，浪遏飞舟"等英迈之诗句。毛主席写此诗时，已是63岁了，但依然壮志不减当年。词的上阕描绘了祖国江山雄伟瑰丽的图景，抒发了诗人畅游长江的豪情逸兴。词的下阕通过满怀激情的联想，构设了中华人民共和国建设的宏伟蓝图，抒发了对社会主义祖国无限深厚的感情，充分表现了中国人民建设祖国、改变山河的豪迈气概。

全诗起伏跌宕，大气回旋。诗人发挥了惊人的艺术想象力，运用丰富奇特的联想，是本词突出的表现手法。

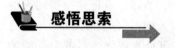

感悟思索

1. 请你说说本词巧妙的联想和丰富的想象表现在何处。
2. "子在川上曰：逝者如斯夫"在本词中的作用是什么？

春江花月夜①

张若虚

作品导读

张若虚（约660—约720年），扬州（今属江苏）人。曾官兖州兵曹。初唐诗人。《全唐诗》仅录存其诗2首，这首《春江花月夜》素享盛名。

春江潮水连海平，海上明月共潮生。
滟滟随波千万里②，何处春江无月明！
江流宛转绕芳甸③，月照花林皆似霰④；
空里流霜不觉飞，汀上白沙看不见⑤。
江天一色无纤尘，皎皎空中孤月轮。
江畔何人初见月？江月何年初照人？
人生代代无穷已⑥，江月年年望相似。
不知江月待何人⑦，但见长江送流水⑧。

　　白云一片去悠悠⑨，青枫浦上不胜愁⑩。

　　谁家今夜扁舟子？何处相思明月楼⑪。

　　可怜楼上月徘徊⑫，应照离人妆镜台⑬。

　　玉户帘中卷不去，捣衣砧上拂还来⑭。

　　此时相望不相闻，愿逐月华流照君⑮。

　　鸿雁长飞光不度，鱼龙潜跃水成文⑯。

　　昨夜闲潭梦落花⑰，可怜春半不还家⑱。

　　江水流春去欲尽，江潭落月复西斜。

　　斜月沉沉藏海雾，碣石潇湘无限路⑲。

　　不知乘月几人归，落月摇情满江树⑳。

【注释】

　　①《春江花月夜》：乐府旧题，属《清商曲辞·吴声歌曲》，相传创自南朝陈后主叔宝。

　　②滟滟：波光闪烁的样子。

　　③芳甸：花草丛生的原野。

　　④霰（xiàn）：细密的雪珠。

　　⑤"空里"二句：谓月光皎洁柔和如流霜暗中飞泻，江畔白茫茫一片空明。流霜：比喻月光悄悄泻满大地。汀：水中或水边平地，此指江畔沙滩。

　　⑥无穷已：没有止境。已，止，止息。

　　⑦待：一本作"照"。

　　⑧但：只，只是。

　　⑨白云：此喻指游子。去悠悠：形容白云缓缓飘逝。

　　⑩青枫浦：一名双枫浦，故址在今湖南浏阳境内。浦，原指大江、大河与其支流的交汇处。此指离别场所。不胜：禁不起，受不了。

　　⑪"谁家"二句：是说在此月夜，有许多游子舟行江中，在外漂泊；也有许多思妇伫立楼头，思念丈夫。"谁家""何处"，互文见义。扁（piān）舟：小船。

　　⑫月徘徊：指月影缓缓移动。

　　⑬妆镜台：梳妆台。

　　⑭"玉户"二句：说月光似乎故意与思妇为难，帘卷不去，手拂还来。玉户：此指思妇居室。捣衣砧（zhēn）：捣衣时的垫石。

　　⑮逐：追随。月华：月光。

　　⑯"鸿雁"二句：谓游子、思妇彼此之间难通音信。鸿雁：此指信使。《后汉·苏武传》记有鸿雁传递书信之事。长飞光不度：鸿雁飞得再远，也不能逾越月光。度，通"渡"。鱼龙：此指鲤鱼。《古诗·饮马长城窟行》："客从远方来，遗我双鲤鱼。呼儿烹鲤鱼，中有尺素书。"说鲤鱼也能传递书信。潜跃水成文：鲤鱼在水底潜游，水面上激起波纹。文，通"纹"，波纹。

　　⑰闲潭：平和、幽静的水潭。

　　⑱可怜：可惜。

　　⑲"碣石"句：说游子思妇分处天南地北，难以相见。碣石潇湘：此处借指天南地北。碣石，山名，故址在今河北省。一说，碣石山已沉入海中。潇湘，水名，在今湖南省。

⑳"落月"句：江边树林洒满了落月的余晖，轻轻摇曳，牵系着思妇的离情别绪。

 阅读提示

这首七言古诗描绘了春江花月夜的幽美景色，并由此生发出对宇宙与人生关系的思索、对游子思妇在明月今宵里天各一方的惋惜。尽管不无青春苦短的伤感，但叹息轻微，其中仍交织着对生命的留恋、对青春的珍惜、对"人生代代无穷已"的欣慰。尽管也有夫妇别离的哀愁，然而写来柔婉似水，笔致缠绵，悠悠相思中饱含着脉脉温情，含蕴着对重逢的美好企盼。

本诗绘景相当出色。作者以月光统摄群象，描绘了潮水、波光、花林、沙滩、夜空、白云、青枫、闺阁、镜台、海雾等一系列景象，如铺展开一幅春江花月夜的水墨长轴，画面清丽，意趣盎然。

在描绘景物的同时，作者还往往借此引发、渲染、暗示、寓托思妇的离怀别愁，融入诗人自己对美景常在而人生不再、明月长圆而人情难圆的感怀，使画意、诗情、哲理交相融会，令人思索不尽。

本诗语言优美自然，声韵和谐流荡，结构也很有特色。作者一面以明月初升到坠落的过程作为全诗起止的外在线索，一面又以月亮为景物描写的主体和抒写离情别绪的依托，使全诗显得神气凝聚，浑然一体。

感悟思索

1. 有人认为，这首诗的情感基调是"哀而不伤"，请谈谈你的感受和认识。
2. "月光"是否是全诗的灵魂？为什么？
3. 本诗哪些地方用了暗示手法？

西湖①七月半②

张 岱

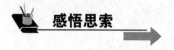 作品导读

张岱（1597—1679 年），字宗子、石公，晚号六休居士，号陶庵，浙江山阴（今浙江绍兴）人，出生于仕宦世家，精于茶艺鉴赏，明亡后不仕，入山著书以终。文笔清新，时杂诙谐，作品多写山水景物、日常琐事，不少作品表现其明亡后的怀旧感伤情绪。为明末清初文学家、史学家，其最擅长散文，著有《琅嬛文集》《陶庵梦忆》《西湖梦寻》《三不朽图赞》《夜航船》等文学名著。又有《石匮书》，现存《石匮书后集》。

西湖七月半，一无可看，止可看看七月半之人③。看七月半之人，以五类看之④。其一，楼船⑤箫鼓⑥，峨冠⑦盛筵⑧，灯火优傒⑨，声光相乱，名为看月而实不见月者，看之⑩。其

一，亦船亦楼，名娃⑪闺秀⑫，携及童娈⑬，笑啼杂之，环坐露台⑭，左右盼望⑮，身在月下而实不看月者，看之。其一，亦船亦声歌，名妓闲僧，浅斟⑯低唱⑰，弱管轻丝⑱，竹肉⑲相发，亦在月下，亦看月，而欲人看其看月者，看之。其一，不舟不车，不衫不帻⑳，酒醉饭饱，呼群三五㉑，跻㉒入人丛，昭庆㉓、断桥㉔，嚣㉕呼嘈杂，装假醉，唱无腔曲㉖，月亦看，看月者亦看，不看月者亦看，而实无一看者，看之。其一，小船轻幌㉗，净几暖炉，茶铛㉘旋㉙煮，素瓷静递㉚，好友佳人，邀月同坐，或匿影㉛树下，或逃嚣里湖，看月而人不见其看月之态，亦不作意㉜看月者，看之。

杭人㉝游湖，巳㉞出西㉟归，避月如仇。是夕好名㊱，逐队争出，多犒㊲门军㊳酒钱。轿夫擎㊴燎㊵，列俟㊶岸上。一入舟，速㊷舟子㊸急放㊹断桥，赶入胜会。以故二鼓㊺以前，人声鼓吹㊻，如沸如撼㊼，如魇㊽如呓㊾，如聋如哑㊿。大船小船一齐凑岸，一无所见，止见篙51击篙，舟触舟，肩摩52肩，面看面而已。少刻兴尽，官府席散，皂隶53喝道54去。轿夫叫船上人，怖以关门55，灯笼火把如列星56，一一簇拥而去。岸上人亦逐队赶门，渐稀渐薄，顷刻散尽矣。

吾辈始舣57舟近岸，断桥石磴58始凉，席其上59，呼客纵饮60。此时月如镜新磨61，山复整妆，湖复靧62面，向63之浅斟低唱者出，匿影树下者亦出。吾辈往通声气64，拉与同坐。韵友65来，名妓至，杯箸安66，竹肉发。月色苍凉，东方将白，客方散去。吾辈纵舟67，酣睡于十里荷花之中，香气拍68人，清梦甚惬69。

【注释】

①西湖：即今杭州西湖。

②七月半：农历七月十五，又称中元节。

③"止可看"句：谓只可看那些来看七月半景致的人。止，同"只"。

④以五类看之：把看七月半的人分作五类来看。

⑤楼船：指考究的有楼的大船。

⑥箫鼓：指吹打音乐。

⑦峨冠：头戴高冠，指士大夫。

⑧盛筵：摆着丰盛的酒筵。

⑨优傒（xī）：优伶和仆役。

⑩看之：谓要看这一类人。下四类叙述末尾的"看之"同。

⑪娃：美女。

⑫闺秀：有才德的女子。

⑬童娈（luán）：容貌美好的家僮。

⑭露台：船上露天的平台。

⑮盼望：都是看的意思。

⑯浅斟：慢慢地喝酒。

⑰低唱：轻声地吟哦。

⑱弱管轻丝：谓轻柔的管弦音乐。

⑲竹肉：指管乐和歌喉。

⑳"不舟"二句：不坐船，不乘车；不穿长衫，不戴头巾，指放荡随便。帻（zé），头巾。

㉑呼群三五：呼唤朋友，三五成群。

㉒跻（jǐ）：通"挤"。

㉓昭庆：寺名。

㉔断桥：西湖白堤的桥名。

㉕嚣：呼叫。

㉖无腔曲：没有腔调的歌曲，形容唱得乱七八糟。

㉗幌（huàng）：窗幔。

㉘铛（chēng）：温茶、酒的器具。

㉙旋（xuàn）：随时，随即。

㉚素瓷静递：雅洁的瓷杯无声地传递。

㉛匿影：藏身。

㉜作意：故意，作出某种姿态。

㉝杭人：杭州人。

㉞巳：巳时，为上午9—11时。

㉟酉：酉时，为下午5—7时。

㊱是夕好名：七月十五这天夜晚，人们喜欢这个名目。名，指"中元节"的名目，等于说"名堂"。

㊲犒（kào）：用酒食或财物慰劳。

㊳门军：守城门的军士。

㊴擎（qíng）：举。

㊵燎：火把。

㊶列俟（sì）：排着队等候。

㊷速：催促。

㊸舟子：船夫。

㊹放：开船。

㊺二鼓：二更，为夜里11时左右。

㊻鼓吹：指鼓、钲、箫、笛等打击乐器、管弦乐器奏出的乐曲。

㊼如沸如撼：像水沸腾，像物体震撼，形容喧嚷。

㊽魇（yǎn）：梦中惊叫。

㊾呓：说梦话。这句指在喧嚷中种种怪声。

㊿如聋如哑：指喧闹中震耳欲聋，自己说话别人听不见。

51篙：用竹竿或杉木做成的撑船的工具。

52摩：碰，触。

53皂隶：衙门的差役。

54喝道：官员出行，衙役在前边吆喝开道。

55怖以关门：用关城门恐吓。

56列星：分布在天空的星星。

57舣（yǐ）：移动船使船停靠岸边。

58石磴（dèng）：石头台阶。

59席其上：在石磴上摆设酒筵。

⑥纵饮：尽情喝。

⑥镜新磨：刚磨制成的镜子。古代以铜为镜，磨制而成。

⑥靧（huì）面：一作"頮面"，洗脸。

⑥向：方才，先前。

⑥往通声气：过去打招呼。

⑥韵友：风雅的朋友，诗友。

⑥箸（zhù）：筷子。安：放好。

⑥纵舟：放开船。

⑥拍：扑。

⑥惬（qiè）：快意。

阅读提示

《西湖七月半》是明代文学家张岱创作的一篇散文。作者先描绘了达官贵人、名娃闺秀、名妓闲僧、慵懒之徒四类看月之人；与这些附庸风雅的世俗之辈形成鲜明对比的是最后一类，即作者的好友及佳人，其观景赏月时行为的持重高雅、情态气度与西湖的优美风景和谐一致。作者对五类人的描述，字里行间不见褒贬之词，然孰优孰劣、孰雅孰俗则昭然若示。文章表面写人，又时时不离写月，看似无情又蕴情于其中，完美而含蓄地体现了作者抑浅俗、颂高雅的主旨。

此文写人物场景，极纷繁复杂，而又极有条理。五类人物，两种场景，写来如见其人，如临其境。其观察之深入细致，笔墨之精练老到，确实令人佩服。行文错综，富于变化，转接呼应，均极自然。开头奇警峭拔，结尾则韵味悠长，全篇运用对比映照，严于雅俗之分，而又妙在不作正面按断。

感悟思索

1. 细读文章思考：作者描绘了几类人？都是哪几类人？
2. 试分析本文的写作特点。

徐霞客传

钱谦益

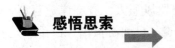

作品导读

钱谦益（1582-1664年），中国明末清初散文家，诗人。字受之，号牧斋，晚号蒙叟，东涧遗老。江苏常熟人。万历三十八年（1610）进士，授编修，参加过东林党的活动。钱谦益学问渊博，泛览子、史、文籍与佛藏。论文论诗，反对明代复古派的模拟、竟陵派的狭窄，不满公安派的肤浅。他一面倡"情真"、"情至"以反对模拟，一面倡学问以反对空疏。他的文章，常把铺陈学问与抒发思想性情糅合起来，纵横曲折，奔放恣肆，规模宏大，振作了明末清初的文风。著有《初学集》、《有学集》、《投笔集》、《苦海集》等，又有《列朝诗集》《杜诗笺注》等。

徐霞客（1587－1641年），明代地理学家、旅行家和文学家，他经30年考察撰成了60万字地理名著《徐霞客游记》，被称为"千古奇人"。徐霞客一生志在四方，足迹遍及今21个省、市、自治区，"达人所之未达，探人所之未知"，所到之处，探幽寻秘，并记录观察到的各种现象、人文、地理、动植物等状况。《徐霞客游记》开篇之日（5月19日）被定为中国旅游日。

徐霞客者，名弘祖，江阴梧塍里人也。高祖经，与唐寅同举，除名。寅尝以倪云林画卷偿博进①三千，手迹犹在其家。霞客生里社，奇情郁然，玄②对山水，力耕奉母。践更繇役③，蹙蹙如笼鸟之触隅，每思飏去。年三十，母遣之出游。每岁三时④出游，秋冬觐省，以为常。东南佳山水，如东西洞庭、阳羡、京口、金陵、吴兴、武林、浙西径山、天目、浙东五泄、四明、天台、雁宕、南海落迦，皆几案衣带间物耳。有再三至，有数至，无仅一至者。

其行也，从一奴或一僧、一仗、一襆被，不治装，不裹粮；能忍饥数日，能遇食即饱，能徒步走数百里，凌绝壁，冒丛箐，扳援下上，悬度绠汲⑤，捷如青猿，健如黄犊；以釜岩这床席，以溪涧为饮沐，以山魅、木客、王孙、夔父⑥为伴侣，儴儴粥粥⑦，口不能道；时与之论山经，辨水脉，搜讨形胜，则划然心开。居平未尝肇悦为古文辞⑧，行游约数百里，就破壁枯树，燃松拾穗，走笔为记，如甲乙之簿，如丹青之画，虽才笔之士，无以加也。

游台、宕还，过陈木叔小寒山⑨，木叔问："曾造雁山绝顶否？"霞客唯唯。质明已失其所在，十日而返。曰："吾取间道，扪萝上龙湫，三十里，有宕焉，雁所家也。扳绝磴上十数里，正德间白云、云外两僧团瓢尚在⑩。复上二十馀里，其颠罡风逼人，有麋鹿数百群，围绕而宿。三宿而始下。"其与人争奇逐胜，欲赌身命，皆此类也。已而游黄山、白岳、九华、匡庐⑪；入闽。登武夷，泛九鲤湖⑫；入楚，谒玄岳⑬；北游齐、鲁、燕、冀、嵩、雒；上华山，下青柯枰⑭，心动趣归，则其母正属疾，啮指相望也⑮。

母丧服阕，益放志远游。访黄石斋⑯於闽，穷闽山之胜，皆非闽人所知。登罗浮，谒曹溪，归而追及石斋於云阳。往复万里，如步武耳。繇终南背走峨眉，从野人采药，栖宿岩穴中，八日不火食，抵峨眉，属奢酋阻兵⑰，乃返。只身戴釜，访恒山於塞外，尽历九边厄塞⑱。归，过余山中，剧谈四游四极，九州九府⑲，经纬分合，历历如指掌。谓昔人志星官舆地⑳，多承袭傅会；江河二经㉑，山川两戒㉒，自纪载来，多囿於中国一隅。欲为昆仑海外之游，穷流沙而后返。小舟如叶，大雨淋湿，要之登陆，不肯，曰："譬如涧泉暴注，撞击肩背，良足快耳！"

丙子㉓九月，辞家西迈。僧静闻愿登鸡足礼迦叶㉔，请从焉。遇盗於湘江，静闻被创病死，函其骨，负之以行。泛洞庭，上衡岳，穷七十二峰。再登峨眉，北抵岷山，极於松潘。又南过大渡河，至黎、雅㉕，登瓦屋、晒经诸山㉖。复寻金沙江，极於犛牛徼外㉗。由金沙南泛澜沧，由澜沧北寻盘江㉘，大约在西南诸夷境，而贵竹㉙、滇南之观亦几尽矣。过丽江，憩点苍㉚、鸡足。瘗静闻骨於迦叶道场，从宿愿也。

由鸡足而西，出玉门关数千里，至昆仑山，穷星宿海^㉛，去中夏三万四千三百里。登半山，风吹衣欲堕，望见方外黄金宝塔。又数千里，至西番，参大宝法王^㉜。鸣沙以外，咸称胡国，如迷卢、阿耨诸名^㉝，由旬^㉞不能悉。《西域志》称沙河阻远，望人马积骨为标识，鬼魅热风，无得免者，玄奘法师受诸磨折，具载本传。霞客信宿往返，如适莽苍^㉟。还至峨眉山下，托估客附所得奇树虬根以归。并以《溯江纪源》一篇寓余，言《禹贡》岷山导江，乃氾滥中国之始，非发源也。中国入河之水为省五，入江之水为省十一，计其吐纳，江倍於河，按其发源，河自昆仑之北，江亦自昆仑之南，非江源短而河源长也。又辨三龙大势^㊱，北龙夹河之北，南龙抱江之南，中龙中界之，特短；北龙只南向半支入中国，惟南龙磅薄半宇内，其脉亦发於昆仑，与金沙江相并南出，环滇池以达五岭。龙长则源脉亦长，江之所以大於河也。其书数万言，皆订补桑《经》郦《注》^㊲及汉、宋诸儒疏解《禹贡》所未及，余撮其大略如此。

霞客还滇南，足不良行，修《鸡足山志》，三月而毕。丽江木太守偫餱粮^㊳，具笋舆以归。病甚，语问疾者曰："张骞凿空^㊴，未睹昆仑；唐玄奘、元耶律楚材^㊵衔人主之命，乃得西游。吾以老布衣，孤筇双屦，穷河沙，上昆仑，历西域，题名绝国，与三人而为四，死不恨矣。"余之识霞客也，因漳人刘履丁^㊶。履丁为余言："霞客西归，气息支缀^㊷，闻石斋下诏狱，遣其长子间关^㊸往视，三月而反，具述石斋颂系状^㊹，据床浩叹，不食而卒。"其为人若此。

梧下先生^㊺曰："昔柳公权记三峰事^㊻，有王玄冲者，访南坡僧义海，约登莲花峰，某日届山趾，计五千仞为一旬之程，既上，爇烟为信"。海如期宿桃林^㊼，平晓，岳色清明，伫立数息，有白烟一道起三峰之顶。归二旬而玄冲至，取玉井莲^㊽落叶数瓣，及池边铁船寸许遗海，负笈而去。玄冲初至，海谓之曰："兹山削成，自非驭风凭云，无有去理。"玄冲曰："贤人勿谓天不可登，但虑无其志尔。"霞客不欲以张骞诸人自命，以玄冲拟之，并为三清^㊾之奇士，殆庶几乎？霞客纪游之书，高可隐几。余属其从兄仲昭雠勘而艳情之，当为古今游记之最。霞客死时年五十有六。西游归以庚辰六月，卒以辛巳正月，葬江阴之马湾^㊿。亦履丁云。

【注释】

①博进：赌博所输的钱。《汉书·陈遵传》："官尊禄厚，可以偿博进矣。"颜师古注："进者，会礼之财也，谓博所赌也。"

②玄：默。

③践更：受钱代人服徭役。

④三时：指春、夏、秋三季。

⑤悬度缒汲：以悬索度山谷，攀绳登山，如缒之汲水。

⑥木客：传说中的山中怪兽，形体似人，爪长如鸟，巢於高树。王孙：猴子的别称，玃（jué 决）父：马猴。

⑦儚（méng 萌）儚：昏昧的样子。粥（yù 玉）粥：谦卑的样子。

⑧鞶帨（pánshuì 盘税）：大带与佩巾，比喻华丽的藻饰。扬雄《法言·寡见》："今之学者，非独为之华藻也，又从而绣其鞶帨。"故以鞶帨为雕章凿句。

⑨陈木叔：陈函辉，原名炜，字木叔。崇祯（明思宗年号，1628—1644）进士，授靖江知县，明亡後从鲁王航海，已而相失。入云峰山，作绝命词十章，投水死。小寒山：陈函辉所居之地，其自号小寒山子。

⑩正德：明武宗年号（1506—1521）。团瓢：圆形草屋。

⑪白岳：山名，在安徽休宁县西四十里。九华：安徽九华山。匡庐：即庐山。

⑫九鲤湖：在福建仙游县东北，相传有何姓兄弟九人炼丹於此，後各骑一鲤仙去，故称。

⑬玄岳：武当山之别名。

⑭青柯坪：在华山谷口内约十公里处。

⑮啮指：《搜神记》载：曾子从仲尼在楚万里而心动，辞归问母，母曰："思尔啮指。"后用以表达母亲对儿子的渴念。

⑯黄石斋：黄道明，明福建漳浦人。天启（明熹宗年号，1621—1627）进士，崇祯时官至少詹事，南明弘光朝任礼部尚书，后于福建拥立唐王，拜武英殿大学士，战败被俘至南京，不屈死。

⑰奢酋：奢崇明。本苗族，世居四川永宁，为宣抚司。明嘉宗时募川兵援辽，崇明等遂反，进围成都，国号大梁，后由朱燮元平定其乱。

⑱九边：明代北方的九处要镇，即包括辽东、宣府、大同、延绥、宁夏、甘肃、蓟州、山西、固原。

⑲四游：《太平御览》卷三六引纬书《尚书考灵异（曜）》："地有四游，冬至地上，北而西三万里；夏至地下，南至东复三万里；春秋分，则其中矣。"四极：四方极远之地。《尔雅·释地》："东至於泰远，西至於邠国，南至於濮铅，北至於祝栗，谓之四极。"按泰远至祝栗皆为古代传说中极远处国名。九州：《尔雅·释地》列举冀、豫、雍、荆、扬、兖、徐、幽、营等州为九州。九州州名，《尚书·禹贡》《周礼·夏官·职方氏》《吕氏春秋·有览始》《汉书·地理志》与《尔雅·释地》各书说法不一。後用以泛指中国。九府：谓九方的宝藏和特产。《尔雅·释地》列举东方、东南、南方、西南、西方、西北、北方、东北及中央出产之美者，是为九府。

⑳星官：星宿天象的总称，指天文。舆地：地理。

㉑江河二经：长江、黄河两条干流。徐霞客《溯江纪源》："江、河为南北二经流，以其特达於海也。"

㉒两戒：唐代一行和尚提出的我国地理现象特征。北戒相当於今青海、陕北、山西、河北、辽宁一线；南戒相当於四川、陕南、河南、湖北、湖南、江西、福建一线。

㉓丙子：1636年（崇祯九年）。

㉔鸡足：山名，在云南宾川西北。迦叶：摩诃迦叶，华言饮光胜尊。本事外道，后归佛教，释迦死后，传正法眼藏，为佛教长老。尝持僧伽梨衣人鸡足山。

㉕黎、雅：黎州（今四川汉源）、雅州（今四川雅安）。

㉖瓦屋：山名，在四川荣经县东南。晒经：山名，在四川越西县东北，山有广口，相传唐玄奘曾晒经於此，故名。

㉗氂牛徼外：出产氂牛的边远地区。

㉘盘江：有南盘江、北盘江，均发源於云南沾益。徐霞客著有《盘江考》。

㉙贵竹：即贵筑，县名，其地今入贵阳市。

㉚点苍：山名，一名大理山，在今云南大理白族自治州中部。

㉛星宿海：在青海省鄂陵湖以西，为黄河源散流地面而形成的浅湖群，罗列如星，故名。

㉜西番：即西藏。大宝法王：元世祖尊西藏喇嘛教萨迦派首领八思巴为大宝法王，明代因之。

㉝迷卢、阿耨：皆西域国名。

㉞由旬：梵语里程单位，约当军行一日的行程，或言四十里，或言三十里，或言十六里，因山川不同致行里不等。

㉟信宿：再宿。莽苍：空旷貌，此指郊野。语出《庄子·逍遥游》："适莽苍者三餐而返，腹犹果然。"

㊱龙：旧时指山形地势逶迤曲折似龙，故谓山脉曰龙。三龙之说，见徐霞客《溯江纪源》。

㊲桑《经》：相传《水经》为汉代桑钦所撰，故称。郦《注》：指郦道元所作《水经注》。

㊳木太守：明云南丽江府知府。洪武十六年，以木德为知府。木德从征有功，子孙世袭此职。偫（zhì 志）储备。餱（hou 猴）粮：乾粮。

㊴张骞：汉武帝时人，封博望侯，首先为汉沟通西域诸国。凿空：开通道路。

㊵耶律楚材：字晋卿，辽皇族，初仕金，后为元重臣，曾随元太祖出征西域。

㊶刘履丁：字渔仲，明末以诸生应辟召，擢郁林州知州。

㊷支缀：勉强支持连缀其气息。

㊸间关：展转跋涉。

㊹颂（róng 容）系：有罪入狱而不加刑具。颂，同"容"，谓宽容。

㊺梧下先生：作者自称。

㊻柳公权：字诚悬，唐著名书法家。三峰：指莲花峰、落雁峰、朝阳峰。其记王玄冲登莲花峰事，见《小说旧闻记》，载涵芬楼本《说郛》卷四九。又见于唐皇甫枚《三水小牍》，文字大同小异。

㊼桃林：桃林坪，在华山谷口以南五里。

㊽玉井莲：韩愈《古意》："太华峰头玉井莲，开花十丈藕如船。"《华山记》："山顶有池，生千叶莲花。"

㊾三清：道家以为人天两界之外，别有三清，即玉清、太清、上清，为神仙居住之地。

㊿庚辰：1640 年（明崇祯十三年）。辛巳：1641 年（崇祯十四年）。陈函辉《徐霞客墓志铭》："霞客生于万历丙戌（十四年，1586），卒於崇祯辛巳，年五十有六，以壬午（崇祯十五年，1642）春三月初九日，卜葬於马湾之新阡。

🌴 阅读提示

本文作者钱谦益与徐霞客相知甚深。史夏隆在《徐霞客游记序》中说："霞客徐子，畸人也。钱宗伯牧斋为之立传，传其人，因传其事。"道出了此文首先在于传写霞客其人，即展示出他的精神品格；其次才是记录他的生平事迹。而当我们通读此传记之后便更会领悟此文的旨趣之所在：游记之奇，首先出于其人品之奇。

本文并未对徐霞客的一生作详细的描述，而是主要记载徐霞客三十余年的游踪，并抓住最能体现传主性格与成就，也最能打动作者心灵的事件来记述。传记不吝笔墨地描述了徐霞客忍饥寒，凌绝壁，留连山水，百折不回的坚强意志，亦饱含感情地抒写了他淳朴忠义、孜孜不倦的精神品质，读来令人感叹扼腕。

本文作者善于提炼题材，剪裁布局，叙事简洁明朗，笔力畅达遒劲。如写徐霞客早期的出游，只是简略地交代了他的足迹所到之处，却较详细地记述了他如何去登雁宕绝顶之事，可谓详略得宜。本文的遣词造语也相当生动，作者力求以清新具体的描绘来代替抽象的叙述和议论，笔墨之间饱蘸着感情，时而议论风生，时而极尽形容，故使文章生动而富有情趣，人物的形象也便立体地浮现在读者眼前。

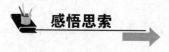

感悟思索

1. 本文的中心是写徐霞客的游历和著述，为什么还插上静闻与黄道明两人的故事？
2. 请对徐霞客的精神品质进行评述。

江南的冬景

郁达夫

作品导读

郁达夫（1896-1945年），男，原名郁文，字达夫，幼名阿凤，浙江富阳人，中国现代作家、革命烈士。曾留学日本，毕业于名古屋第八高等学校（现名古屋大学）和东京帝国大学（现东京大学）。郁达夫是新文学团体"创造社"的发起人之一，在文学创作的同时，他积极参加各种反帝抗日组织，先后在上海、武汉、福州等地从事抗日救国宣传活动。其文学代表作有《沉沦》《故都的秋》《春风沉醉的晚上》《过去》《迟桂花》《怀鲁迅》等。民国三十四年（1945年）九月十七日，郁达夫被日军杀害于苏门答腊岛丛林。1952年，中华人民共和国中央人民政府追认郁达夫为革命烈士。1983年6月20日，中华人民共和国民政部授予其革命烈士证书。

凡在北国过过冬天的人，总都道围炉煮茗，或吃煊羊肉、剥花生米、饮白干的滋味。而有地炉、暖炕等设备的人家，不管它门外面是雪深几尺，或风大若雷，而躲在屋里过活的两三个月的生活，却是一年之中最有劲的一段蛰居异境；老年人不必说，就是顶喜欢活动的小孩子们，总也是个个在怀恋的，因为当这中间，有的萝卜，雅儿梨等水果的闲食，还有大年夜，正月初一元宵等热闹的节期。

但在江南，可又不同；冬至过后，大江以南的树叶，也不至于脱尽。寒风—西北风间或吹来，至多也不过冷了一日两日。到得灰云扫尽，落叶满街，晨霜白得像黑女脸上的脂粉似的。清早，太阳一上屋檐，鸟雀便又在吱叫，泥地里便又放出水蒸气来，老翁小孩就又可以上门前的隙地里去坐着曝背谈天，营屋外的生涯了；这一种江南的冬景，岂不也可爱得很？

我生长在江南，儿时所受的江南冬日的印象，铭刻特深；虽则渐入中年，又爱上了晚秋，以为秋天正是读读书，写写字的人的最惠节季，但对于江南的冬景，总觉得是可以抵得过北方夏夜的一种特殊情调，说得摩登些，便是一种明朗的情调。

我也曾到过闽粤，在那里过冬天，和暖原极和暖，有时候到了阴历的年边，说不定还不得不拿出纱衫来着；走过野人的篱落，更还看得见许多杂七杂八的秋花！一番阵雨雷鸣过后，凉冷一点；至多也只好换上一件夹衣，在闽粤之间，皮袍棉袄是绝对用不着的；这一种极南的气候异状，并不是我所说的江南的冬景，只能叫它作南国的长春，是春或秋的延长。

江南的地质丰腴而润泽，所以含得住热气，养得住植物；因而长江一带，芦花可以到冬至而不败，红叶也有时候会保持住三个月以上的生命。像钱塘江两岸的乌柏树，则红叶落后，还有雪白的柏子着在枝头，一点一丛，用照相机照将出来，可以乱梅花之真。草色顶多成了赭色，根边总带点绿意，非但野火烧不尽，就是寒风也吹不倒的。若遇到风和日暖的午后，你一个人肯上冬郊去走走，则青天碧落之下，你不但感不到岁时的肃杀，并且还可以饱觉着一种莫名其妙的含蓄在那里的生气；"若是冬天来了，春天也总马上会来"的诗人的名句，只有在江南的山野里，最容易体会得出。

说起了寒郊的散步，实在是江南的冬日，所给与江南居住者的一种特异的恩惠；在北方的冰天雪地里生长的人，是终他的一生，也决不会有享受这一种清福的机会的。我不知道德国的冬天，比起我们江浙来如何，但从许多作家的喜欢以 Spaziergang① 一字来做他们的创造题目的一点看来，大约是德国南部地方，四季的变迁，总也和我们的江南差仿不多。譬如说十九世纪的那位乡土诗人洛在格（Peter Rosegger, 1843—1918）罢，他用这一个"散步"做题目的文章尤其写得多，而所写的情形，却又是大半可以拿到中国江浙的山区地方来适用的。

江南河港交流，且又地滨大海，湖沼特多，故空气里时含水分；到得冬天，不时也会下着微雨，而这微雨寒村里的冬霖景象，又是一种说不出的悠闲境界。你试想想，秋收过后，河流边三五家人家会聚在一道的一个小村子里，门对长桥，窗临远阜，这中间又多是树枝槎桠的杂木树林；在这一幅冬日农村的图上，再洒上一层细得同粉也似的白雨，加上一层淡得几不成墨的背景，你说还够不够悠闲？若再要点景致进去，则门前可以泊一只乌篷小船，茅屋里可以添几个喧哗的酒客，天垂暮了，还可以加一味红黄，在茅屋窗中画上一圈暗示着灯光的月晕。人到了这一个境界，自然会得胸襟洒脱起来，终至于得失俱亡，死生不问了；我们总该还记得唐朝那位诗人做的"暮雨潇潇江上村"的一首绝句罢？诗人到此，连对绿林豪客都客气起来了，这不是江南冬景的迷人又是什么？

一提到雨，也就必然的要想到雪："晚来天欲雪，能饮一杯无？"自然是江南日暮的雪景。"寒沙梅影路，微雪酒香村"，则雪月梅的冬宵三友，会合在一道，在调戏酒姑娘了。"柴门闻犬吠，风雪夜归人"，是江南雪夜，更深人静后的景况。"前村深雪里，昨夜一枝开"又到了第二天的早晨，和狗一样喜欢弄雪的村童来报告村景了。诗人的诗句，也许不尽是在江南所写，而做这几句诗的诗人，也许不尽是江南人，但假了这几句诗来描写江南的雪景，岂不直截了当，比我这一枝愚劣的笔所写的散文更美丽得多？

有几年，在江南，在江南也许会没有雨没有雪的过一个冬，到了春间阴历的正月底或二月初再冷一冷下一点春雪的；去年（一九三四）的冬天是如此，今年的冬天恐怕也不得不然，以节气推算起来，大约太冷的日子，将在一九三六年的二月尽头，最多也总不过是七八天的样子。象这样的冬天，乡下人叫作旱冬，对于麦的收成或者好些，但是人口却要受到损伤；旱得久了，白喉，流行性感冒等疾病自然容易上身，可是想恣意享受江南的冬景的人，在这一种冬天，倒只得到快活一点，因为晴和的日子多了，上郊外去闲步逍遥的机会自然也多；日本人叫作 Hi-king，德国人叫作 Spaziergang 狂者，所最欢迎的也就是这样的冬天。

窗外的天气晴朗得象晚秋一样；晴空的高爽，日光的洋溢，引诱得使你在房间里坐不住，空言不如实践，这一种无聊的杂文，我也不再想写下去了，还是拿起手杖，搁下纸笔，上湖上散散步罢！

一九三五年十二月一日

【注释】

①Spaziergang，德语，散步。

阅读提示

这篇散文作于 1935 年 12 月，通过北方冬景与江南冬景的对比，突出了江南冬景中的诗情画意。

全文可分为三部分。首部分通过和北国冬景的对比，侧面描写江南冬景的可爱。写北国的冬天是为了写江南的冬天，写北国的冬天的蛰居生活是为了突出江南冬天的"明朗"和"特殊"。一方水土养一方人，一方人爱一方水土，作家对江南的冬天的熟识和热爱可见一斑。第二部分分别从气温、寒郊散步、冬日微雨和江南雪景等几个方面落笔描写了江南的冬景。作者在把江南的冬天和北国的冬天做了一番比较之后便沉浸于江南冬景的美好回忆中去了，江南冬天的四幅画面全面而深刻地体现了江南冬天的特色，充满了诗情画意，令人心驰神往。最后一部分作者由对江南冬景的深情回忆，回到现实，因为再美的回忆都不如眼前窗外诱人的冬景更有吸引力，所以作者便索性"拿起手杖，搁下纸笔"，上湖上散步。

郁达夫用清新舒缓的语言引导我们走进了江南冬天的优美、闲适、温润、和煦的意境中。文章多次引用古诗，也为描写景致添加了韵味。文章采用的对比、点染等表现技巧，加强了艺术表现力。正可谓"情真景真、情景交融，意境相生，极富情韵之美。"（李晓明《郁达夫小说·散文》）

1. 作者写到江南的哪些冬景，表现了作者何种感情？
2. 赏析本文的艺术特色。

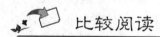

济南的秋天

下篇　应用文写作

　　几十年前，著名教育家叶圣陶先生就曾说过："大学毕业不一定能写小说、诗歌，但是一定要能写工作中、学习中、生活中经常需要的应用文，而且非写得既通顺又扎实不可。"在资讯高度发达、人们交际日益密切的现代社会，应用文写作能力变得更加重要，已经成为信息生产、储蓄、传递、交往必不可少的重要工具。应用写作这种突出的工具性质决定，不管什么专业的学生都要学好应用文、写好应用文。

　　1. 学好应用文是提升素质的需要：听、说、读、写能力使现代人才应该具备的四大基本素养，其中写作能力最能检测出一个人的综合素质，因此越来越多的用人单位将应用文写作能力作为评价人才的素质的重要内容之一。

　　2. 学好应用文是优化知识的需要：学习应用文写作，可以开阔学生的视野，拓展学生的知识面，使同学们的知识能力结构更合理，对将来的发展更有裨益。

　　3. 学好应用文是确立求职就业优势的需要：学习应用文写作，可以提高学习者在言语交际、语言表达、遣词造句、思维训练方面的能力，在就业形势日趋严峻的今天，同学们可以凭借这些优势在求职交际以及处理公司事务方面表现得更加出色。

第八章　应用文写作概述

第一节　应用文的发展

一、应用文的概念

社会是人的社会，有人就有事，有事就要处理。在处理事情的过程当中，为了联系和安排，往往要形成文字的东西，这就是我们所讲的应用文。

我们在日常工作、学习、生活中都离不开应用文。例如，开会要发通知，联系工作要开介绍信，互相协作要签合同，读书学习要记笔记，感情交流要写书信，生活起居往往事先要有计划，如果把这些行为加以文字表述，就是应用文。由此可见，应用文是一种密切服务于人类生活实际需要的文体，是国家机关、企事业单位、社会团体以及公民个人在日常生活中办理公务或个人事务时所使用的、具有某些惯用格式的文章的总称。它是国家进行统治管理，处理政务的手段，是人们开展学习和工作、参与社会活动、交流思想、传递信息、处理事务的工具。

在文章体裁中，应用文体与人们的关系最密切、最直接、使用频率最高、范围最广，其适用范围大到国家制定政策、法令，小到各个单位以及个人的日常事务。

二、应用文的发展

在我国，应用文的历史源远流长，3000 多年前出现的殷墟甲骨文字，即是以"记事"这种应用文原始形态出现的。应该说，应用文在我国是"古已有之"。甲骨卜辞、铜器铭文以及《周易》中的一些易卦爻辞和《尚书》中汇编的典、谟、训、诰、誓、命等上古帝王发布的文告，开创了我国应用文书的先河。《尚书》是我国现存最早、保存最完整的一部以应用文为主的文章总集；秦代李斯的《谏逐客书》是规劝秦王撤销逐客令的"建议书"；三国时代诸葛亮的《出师表》是出征前的"决心书"；宋代胡铨的《戊午上高宗封事》是上奏皇帝乞斩秦桧、王伦、孙近三人之首，并羁留金使、兴师问罪的机密"报告"。这些都是流传千古、脍炙人口的应用文书。

中华人民共和国成立以后，国务院接连制定并颁布了一系列的公文制度，仅行政公文处理办法，国务院就先后多次发文，不断完善。现行的《党政机关公文处理工作条例》（中办发〔2012〕14 号），是 2012 年 4 月 16 日，由中共中央办公厅、国务院办公厅印发的。

当前，随着信息技术的发展和"无纸化办公"等新理念的提出，应用文的写作和交流方式也必将发生具有深远意义的变革。

第二节　应用文的特点及其语言风格

一、应用文的特点

通常学生从小学到中学，写的大都是记叙文、议论文等文体，讲究语言的丰富多彩、情节的跌宕起伏、描写的生动形象等。但这些作文的写法，不能套用到应用文的写作中来。一个学生平时记叙文、议论文写得较好，但应用文不一定能写得好。只有在了解和掌握应用文写作的特点以后，勤写多练，才能写好应用文。

当然，应用文和一般文章相比有其共性，如应用文和一般文章一样都要用词造句，布局谋篇，使用标点符号，同样也要运用记叙、说明、议论的表达方式，都应具备准确、鲜明、生动的文风等。但是，学习应用文除了应掌握应用文的共性之外，重要的还是要掌握好应用文写作的个性特征。和其他文体相比，应用文有其鲜明的个性特点。

（一）实用性

实用性是应用文最重要的特点，因为它和具体的工作、具体的事务、人们的日常生活结合得最为紧密。应用文的实用性主要表现在：

在内容上，它以解决现实中存在的问题作为其写作目的，有的放矢，对象具体，要求明确，旨在应用。例如，条据、合同是双方约定的凭证；书信、广告用来传递信息；规章制度用来规范人们的行为、维护正常秩序；调查报告、总结，既反映情况，又交流经验；公文则是发布政策法令、处理公务的依据。

在形式上，有一套为内容服务的相应的体式，包括结构、格式、语言，都带有一定的法定性和惯用性。

内容上要求实用，不尚空谈，形式上要求得体，不求新奇，这就是应用文实用性的精髓。

（二）真实性

文学写作可以虚构，可以进行艺术加工，所写的人与事，不可能与生活中的原型一模一样，而是更富典型性、更具概括力，这样才能反映生活的本质。但应用文就不能这样，应用文中所涉及的人与事必须绝对真实，包括情节、数字、细节，绝不允许有半点虚构和夸张，否则，就不能达到解决现实生活中实际问题的目的，还会给工作造成很大损失。如公务文书中的发布法规、传达指示、作出决定，体现的是国家政权的权威性和法规政策的严肃性，决不能有任何的不真实之处。又如经济文书中的商品介绍、贸易商洽，也都要实事求是，否则，以虚假的情况骗取对方一时的信任，终究会带来不良后果。

（三）规范性

文学作品讲究独创性，力图摆脱模式的束缚，以适应不同读者的审美需要，而应用文为了达到实用目的，则要求按照一定的规范去写作，这样，作者写起来简便快捷，读者看起来一目了然，便于迅速作出判断和反应。可见，规范性是实用性在形式上的体现。

在应用文中，有些文体的模式是在漫长的历史发展过程中约定俗成的，如书信、条据、日记等，如不按约定俗成的模式写作，则会贻笑大方；有的则是由权力机关以法规的形式加以认定而形成的，如行政公文、司法文书，如不按规定格式写作，则会影响文件的传递和办理。写作应用文时必须了解这些规范和程式，不能随意更改和杜撰。

（四）时效性

应用文总是针对生活中具体事务工作而发的，问题不是已经摆在面前，亟待解决，就是即将出现，必须未雨绸缪，写作与实际处理紧密相关，当然非"席不暇暖"。古代诗人贾岛的"两句三年得，一吟双泪流"只能属于文学写作的范畴，而应用文具有"御前文书，不得留铺"的特点。这就要求应用行文要迅速、及时，否则给工作、生产、生活带来影响。另一方面，许多应用文都有一定的执行时效，有的在主要条款中就规定了执行时间，比如各种合同、协议书就是如此，按期执行、过期作废。有的应用文的内容虽没有明确规定执行时间，但一旦延误，亦毫无意义。比如，一个会议通知，必须在会议前的一些时日行文，一旦会议开过再行文或受文对象才接到，那就毫无意义了。商品广告也有时效性，因为商品广告的目的是唤起消费者的购买欲，所以一般应在该商品尚未普及或市场尚有消费潜力的情况下广而告之才有效果；如果是消费者已普及，市场已饱和的商品，就是广告做得再好，也是没有用的。

二、应用文的语言风格

（一）应用文的语言特点

语言是人类最重要的交际工具。不论任何体裁的文章，都离不开语言这个工具。应用文的性质、特征决定了应用文的语言具有不同于其他类文体的风格和特色。主要表现在词语使用上的"三多二少"。

（1）惯用词语多。在长期的写作实践中，不少文体在用语上形成了若干固定的习惯用语。比如，第一人称用"本×""我"：第二人称用"你""贵×"：第三人称用"该×""这"。又如，在公文中为了表示内容层次间总分、过渡、转折关系而使用的承接词，如"以下""如下""由此可见""总之""综上所述""因此"等；在函件、通知、通报、批复的结尾常用"特此通知（通报、函复、证明）""为盼""为要""为感""为荷"等。

（2）文言词语较多。应用文注重语言的庄重、典雅，这在客观上使它保留了某些带有文言语素或文言痕迹的词语，例如"兹""顷奉（闻）""业经""业已""届时""莅临""切勿""稽迟""函达""面洽"等。适当地保留一部分必要的文言词语，不仅能使语言简明、庄重，而且可以收到白话文所不能有的语言效果。

（3）模糊词语多。现实生活中许多对应概念之间还存在着过渡的、不确定的状态，反映这些状态的词语便是模糊词语。模糊词语的意义所概括的事物范围只有中心区域是清楚的，边缘部分则是模糊的。应用文中经常使用模糊词语，是为了准确地体现词语在特定语境中的客观状态，它和精确的词语相搭配使用，在文中各司其职，使语言表达更准确、更严密，有助于读者理解，如近年来、大量、基本、个别、较多的、显著的等具有明显模糊性的词语。这些词的使用，并不妨碍人们对问题的正确理解，在具体语言环境中，它比准确语言更富有客观表现力，具有准确语言不能替代的特殊表达功能。当然，在必须表述准确时，也应戒避模糊语言。

应用文的写作重在实用，语言上讲求简洁明了，便于阅读，易于办事，在写作时：

第一，尽量避免使用叹词和部分语气词。应用文不需要以情感人，一些为表达感情需要的叹词和部分语气助词很少使用。

第二，尽量避免使用口语。一般来说，口语通俗但欠庄重，而书面语在表意上比口语精确、规范。为了体现应用文严肃、庄重、准确的特点，写作时要用书面语。

（二）应用文的语言要求

应用文的语言要求表述准确、恰当，朴实无华。根据不同文体，须遵循以下要求：

1. 严谨、庄重

应用文中的公文代表机关发言，具有法定的权威性，其用语应当严谨、庄重，以体现出公文的严肃性，因此既不宜使用口语，也不宜运用文学语言。具体要求是：

（1）使用规范化的书面语言。规范化的书面语言词义严谨周密，正确使用可使读者准确理解公文、不产生歧义。首先，不要使用口语。如在文件用语中，使用"商榷""面洽""诞辰""不日""业经""拟"等书面语言，而不使用"商量""生日""没几天""早已经过""打算"等口语，以示庄重。其次，不使用生造的晦涩难懂的词语和不规范的行话、方言或简称。如称"少女"为"细妹子"，称"打击经济犯罪办公室"为"经打办"等。这不仅会费解，影响到公文传递信息的功能，而且会影响公文制发机关的尊严与文件的权威性。

（2）使用专用词语。长期以来，人们在公文中沿用一些使用频率较高的专用词语，这些词语虽非法定，但已约定俗成。尤其是公文中的专用词语，例如用于征询对方意见和反映的商洽词，有"妥否""当否""是否妥当"等，这些词语简洁明了，有针对性，有助于表达得简洁严谨，并富有节奏感，从而赋予庄重、严肃的色彩。

2. 恰当、准确

正确地记载与传递信息是撰写应用文的基本要求。遵循这一要求，应用文的语言表述必须符合客观实际，符合逻辑，即概念准确而恰当，还要符合语法修辞的规范。

在撰写公文和科技文章时，要避免使用词义不确定的词语。如"最近他表现不好"这句话，就难以给人准确的认识，"最近"是指什么时间？"表现不好"又缺乏明确而具体的衡量标准。在公文和科技文章中表述事物状态时，宜用含义单一、意义确定的数量词、名词、动词和代词，尽量不用或少用副词与形容词，如说明一项工作任务已"基本完成"，不如说"已完成80%"更为确定。

3. 朴实、得体

朴实，即文风要朴实无华，语言实在，强调直接叙述，不追求华丽辞藻，也不搞形象描写，更不用含蓄、虚构的写作技巧。得体，即指应用文语言应适应不同文体的需要，说话讲究分寸、适度。应用文的语言是为特定的需要服务的，要受明确的写作目的、专门的读者对象、一定的实用场合等条件的制约，因此语言使用一定要得体。例如撰写公文，其用语就应当符合公文的行文关系、使用范围与作者的职权范围（地位与身份）。对上行文，宜用语尊重、简要，体现出下级机关对上级机关负责的精神；平行机关之间行文，要体现出诚恳配合、自愿协作的态度，用语谦和礼貌；对下行文，要体现出领导机关的权威与政策水平，用语明确、具体，分寸得当。

4. 简明、生动

为了加快阅文办事的节奏，应用文用语必须简明精练，即用尽可能少的文字，浓缩大量的信息，做到言简意赅。如果是面对听众的报告、演说词，就需要语言生动一些，以加强文章的感染力。如解说词是供群众听的，读起来要上口，听起来要顺耳。又因为解说词是对实物和画面进行解说的，所以要用形象的文学语言描绘所解说的事物和形象，感情要充沛，还可综合使用记叙、描写、说明、议论、抒情等多种表达方式。

第三节　应用文的程式化及文面规范

一、应用文的程式化

应用文与一般文学作品最大的区别是程式化。所谓程式化，是指应用文在长期的使用过程中形成了自己固有的模式，从行文到文章的格式、语言都是约定俗成的。只有遵守这种约定俗成的规则，才能体现应用文的规范和权威。

（一）办文与行文的程式化

行政公文反映了发文和收文者之间的关系，如请求、报告等是下级给上级的上行文，是用来向上级请求或报告事项的，命令、指示、批复、通知等是下行文，而函是平行文。行文关系不同，文章的格式和用语也就有所不同。

不少行文、办文在程序上都有严格规定。例如起草、签订经济合同，要依据经济合同法；发布商品广告，要遵循广告法；党政机关的公文，要遵循《中国共产党机关公文处理条例》和《党政机关公文处理工作条例》。公文在行文书写、排印、行款式样、纸张尺寸等方面都有明确规定。

（二）格式的程式化

应用文写作与一般的文学作品不同。文学作品的写作没有固定的模式，写法比较灵活，而应用文在长期的使用过程中，格式已经约定俗成。如各种书信的格式是在长期使用过程中逐步形成的；合同、公文的格式除约定俗成外，国家有关行政部门还以法规形式予以规范；而为了体现公文的权威性和严肃性，一些公文的格式国家还有专门的规定。

应用文的格式一般包括标题、称谓（古时称抬头）、正文、结尾、署名等。

（三）语言的程式化

应用文语言的程式化主要表现在词语的定型化和位置的固定化。词语的定型化是指应用文的语言的使用有一定的语言环境，通常所说的谦敬词如"祈请""承蒙""谨致谢忱"应当属于这一类。位置的固定化是说有些词语的使用位置是固定的，如书信、函电，一般都用祝颂语。同一文种的公文，结尾时常用基本相同或相近的用语等。

应用文语言的程式化还表现在它具有惯用的语言。惯用语言通称习惯用语，它有两层意思：一层是因为各种应用文都是为处理和解决实际问题而撰写的，所以在语言的运用上一般是采用直叙，极少运用描写、抒情及不必要的修辞手段。语言总的要求是准确、朴实、简练，不求辞藻华丽，只求把事情说清楚即可，让人一看就懂，避免歧义与误解。另一层意思是习惯用语的运用，相同文种的应用文，其习惯用语相对固定，如报告、通知等公函类公文的结尾常用"特此……"。

二、应用文的文面规范

文面就是文章的外表，它是一篇文章在读者视觉印象上显示出的总体面貌，人们阅读文章最先看到的就是文面，它反映了作者的文字素养和写作基本功，因此，应用文写作要讲究文面的修饰，要遵守社会上约定俗成的文面规范。了解文面规范，遵守文面规范，是写好应用文的前提和基础。应用文写作的文面规范大体上包括行款格式、标点符号、文字书写等方面的内容。

（一）行款格式

1. 标题

一般情况下，标题要居中书写，上下至少空一行。如果标题是两三个字的，字与字中间应空开一两格。标题一般不要写在下半页，尤其不要写在最后一行。如果标题字数较多，可将部分文字移到下一行，但一般应上少下多、上短下长，并使上行"骑坐"于下行的正中位置，同时应注意断句的合理性。如果标题字数过多，可按三行安置。在三行中，第一、第三行字数较少，第二行字数较多，整体上要做到匀称、整齐。长标题的分句与分句之间不加标点，用空一格的方式表示"断句"。除少数应用文在标题末尾加问号、感叹号和省略号外，一般标题不用标点符号。如果需要使用副标题，则应紧接正题下一行书写，其前用占两格的破折号表示，破折号不能超过正题的第一个字。如果副标题较长，回行时要同上行副标题的第一个字对齐。标题写完后要空一行，以示醒目。

2. 署名

不同文种要求署名的位置往往是不同的。有的在文前署名，有的在文后落款。调查报告、经验总结、学术论文等文种常常是文前署名，其正确位置是在标题空一行的下一行的正中或稍偏右的位置上写作者姓名或单位名称。署名后要再空出一行或两行，然后开始写正文。如果姓名是两个字的，那么姓与名中间应空开一格。

3. 正文的结构层次

正文中的第一层次标题或序数（如一、二、三等），一般都单独占一行，空两格开始写，有时为了醒目则居中书写，上下各空一行。

正文中的第二层次标题，空两格写，如果下面还有第三层次则要单独占一行，一般不必居中，不必上下空行；如果下面没有第三层次可以单独占一行，也可以不单独占一行，空两格写完序数和小标题后，就接着写下文。

正文中的第三层次标题，书写格式同第二层次标题。

正文中如果有第四层次的标题或段落主句，一般不单独占行、空两格写序数，序数后写标题或段落主句，标题或段落主句后直接写下文。

正文的结构层次整体示意如下：

一、×××××××××（第一层次标题）

（一）××××××××（第二层次标题）

1.××××××××（第三层次标题）

（1）×××××××（第四层次标题小标题或段落主句）。×××（接写下文）。

为使层次清楚，序数的使用是非常重要的。使用序数，分条列项，是应用文结构上的一大特点。序数的标准规范是：如果正文只有一个层次，就标"一、二、三"；如果有两个层次，第一层标"一、二、三"，第二层标加圆括号的"（一）、（二）、（三）"；如果有三个层次，则第三层次标"1.、2.、3."；如果有四个层次，第四层则标加圆括号的"（1）、（2）、（3）"。需要注意的是："一、二、三"的后面要标顿号，"1.、2.、3."的后面标小点，加圆括号的序数后面不加标点。

4. 段落

段落的标志就是另起一行空两格。段与段之间不空行。现在，有些网络文章段与段之间空一行，这是为了电子阅读的方便，这种方式不可用在书面应用文中。

5. 引文

引文有段中随行引文和提行引文两种。较短的引文一般都是随行引用，如果引用的是原话，要核对准确，并在前后分别使用双引号。较长的或需要特别强调的引文，则须在冒号后单独设段，前后不必再用引号。为区别于正文，引文的两端应缩进两格（引文开头一行要缩进四格）。排版时，有的提行引文要改变字体，有的上下各空出一行，以示强调。

6. 落款

落款包括署名和标注写作时间两项。署名的位置应在正文结束后空若干行的右下方。写作时间的位置在署名之下，要写明具体的年、月、日。一般应用文用阿拉伯数字写年、月、日，但公文则要用中文数字写年、月、日。阿拉伯数字，一般两个数字占一格。

（二）文字书写

文字书写首先要合乎规范，符合国家公布的《印刷通用汉字字形表》和《汉字简化方案》的规定，不能随意改变字形，不能乱造简化字，也不要把简化字再写成繁体字。其次，绝对不能编造谁也看不懂的怪笔。最后，书写要美观大方，匀称协调，秀丽端庄，以增加美感。

（三）标点符号

标点符号是辅助文字记录语言的符号，是书面语的有机组成部分，用来表示停顿、语气以及词语的性质和作用，具有正确、精细地表达文章内容的重要作用。国家技术监督局 1996 年颁布实施的《标点符号用法》规定了标点符号的名称、形式和用法，对汉语书写规范有重要的辅助作用。该标准规定，常用的标点符号有 16 种，分点号和标号两大类。

点号的作用在于点段，主要表示说话时的停顿和语气。点号有逗号、顿号、分号、冒号、句号、问号、叹号 7 种。

标号的作用在于标明语句的性质和作用。常用的标号有 9 种，即引号、括号、破折号、省略号、着重号、连接号、间隔号、书名号和专名号。

标点符号的书写位置，要求如下：

（1）每个标点至少要占一格。其中破折号、连接号和省略号占两格正中。所有点号要写在一格的左下方，间隔号写在一格的正中。

（2）引号前后两部分分别写在一格的右上方与左上方。

（3）括号、书名号前后两部分要分别写在一格的右半正中与左半正中。

（4）着重号、专名号要写在字脚下，靠近格子。

（5）有转行情况时：

①点号、右引号、右括号、右书名号不能放在一行的开头，应该挤在末一格内，或连同最后一个字转移到另一行去写。

②左引号、左括号、左书名号不能放在一行的末尾，应该移到另一行的开头写。

③破折号、连接号和省略号不能分成两行写。

第四节 应用文写作的要素及要求

写作的基本要素包括主题、材料、结构、语言、表达方式、修辞等基本要素，而应用文写作是写作学的重要组成部分，它也包括内容和形式两方面的各基本要素要求。

一、材料

（一）材料的含义

材料是指为了某一写作动机所收集、选择及写入文章中的各种事实现象和理论根据，材料是应用文写作的基础条件，它的重要性如同盖房离不开砖瓦，做饭缺不了米面一样。在应用文的写作中，明确了写作主旨之后，就可以根据主旨的需要搜集材料，选择材料，没有材料，写作活动就无法展开。所以，无论写什么类型的文章，写作主体都必须从收集材料入手，在拥有众多材料的基础上进行选择，选择出优质材料，为创作出高质量的文章打下基础。

材料有两种类型，一种是直接材料，一种是间接材料。直接材料由作者亲身感受、亲自观察、调查而获得，称为第一手材料。间接材料，是指由阅读书报、检索文献资料而获得的，或由他人提供的，亦称为第二手材料。写作不同的应用文，获取材料的途径和方法不尽相同，但对搜集到的材料都应该认真地进行核实。

（二）材料的选择

应用文写作主体所收集积累的原始材料，必须经过一番查实、比较、鉴别、分析、筛选的工作，只有经过严格的选择才能写到文章里去，成为题材。应用文写作选择材料的原则是：

1. 材料要真实

真实是应用文体的生命，这是材料的可信性标准。在应用文体中，材料的真实是指生活的真实，原原本本不走样的真实，是一种客观的真实。选材的一个重要标准，就是真实、可靠。虚构的、胡编乱造的、未经核实的材料，不能用于应用文。正确的主旨来自真实的材料，因此，只有由真实、可靠的材料得出的结论才是牢固的。选材无论是"活材料"，还是"死材料"，最好不用"二手货"，更不能用道听途说的"小道消息"，要尽量选用"第一手"材料或摘引权威部门发布、权威报刊刊载的材料。

2. 材料要典型

所谓"典型"，是指选用的材料要最能表现主题、有代表性，典型材料最能反映事物的本质、主流和规律，它在形式上最富有特征，而在实质上最能反映一般规律。通过典型材料反映一般规律，能够使文章篇幅精悍、内容精练、观点精辟，所以，在应用文体写作过程中，我们必须善于从纷繁复杂的事实中，选择出最有典型意义的材料，以求正确、鲜明、深刻地表现主题。譬如，毛主席在《湖南农民运动考察报告》中，谈到农民运动时写道："女人和穷人不能进祠堂吃酒的老例，也被打破。衡山白果地方的女子们，结队进入祠堂，一屁股坐下便吃酒，族尊老爷们只好听她们的便。"这段文字很有典型性，其主旨是反封建，打破封建的枷锁。其表达形式具有个性特征，具体、形象、生动，把农村妇女无拘无束地进入祠堂的吃态，以及族尊老爷们在农民革命运动面前无可奈何的窘态，活灵活现地表现出来，给人以深刻的印象。

3. 材料要新颖

随着社会的飞速发展，各个领域的情况都在发生着深刻的变化，新事物、新情况、新思维、新典型、新矛盾和新问题不断出现，应用文写作就要善于从变化中的社会生活里，选择那些最具新鲜感的材料，这样才能更贴切地反映客观实际。新鲜的材料之所以有新意，主要是前人未曾发现、不曾使用过、或鲜为人知的材料。有时选材的新颖也表现为，材料虽然早已为人们所发现，但由于各种原因而尚未被科学地开发与利用，今天当我们发掘出其确实存在而又有现实意义的价值时，便可赋予这些材料完全崭新的生命。

4. 材料要具体

材料要有力就不能空泛，要有具体实在的内容。所谓"具体"，在应用文写作中就是指具体的单位、具体的人、具体的问题、具体的情况及具体的数据等，这一切都应当是确确实实的。如果要拟写一份请示文件，那么文中关于请示的缘由、背景应当是具体、令人信服的；请示中的要求，若是经费的申请下拨或追加，必须有具体的金额数目。如果要撰写一份年度工作报告，那么作为一个企业单位，这一年的结构、体制变化，这一年中经济总收入和利润都应当是具体的，常常为了体现这一变化，还要选用往年该企业的一些具体的材料来作纵向比较。

二、主题

从不同途径收集来的各种材料，只有经过筛选、改造、加工、确立方能正式写入文章中，材料作为第二层面上的写作客体正式被写入文章中，完成由素材变成题材的发展过程的关键取决于文章的主题。

因为题材必须是围绕文章主题展开的具体内容，所以主题是写作客体的"灵魂"。

（一）主题的概念和作用

主题是写作主体在一篇文章中，在记叙事物、说明情况、论证问题时所表达的基本观点、中心思想。这一概念有两大特点：一是体现了应用文的特点。应用文是为了实现某种目的而写作的，比如"请示""报告""计划""总结""申请书"等应用文，都具有明显的目的性这一特点。所谓"主要意图"，就是作者希望达到某种目的的打算，它对应用文主旨的性质概括是恰当的。二是适用于对应用文各类文种主旨的阐述。不论是简单的只有几十个字的请假条，还是鸿篇巨制的会议报告，其主旨均可用"行文意图"来概括。比如，某县关于开展植树造林的通知，其主旨就是通过阐明开展植树造林的意义、任务、要求、方法和注意事项等，为某县的植树造林工作作出部署和安排。清代刘熙载说："凡作一篇文，其用意俱要可以一言蔽之。扩之则为千万言，约之则为一言，所谓主脑者是也。"这里的"主脑"就是主题，这句话的意思是说，主题，就是能够概括作文用意的一句话。刘熙载这句话讲得很通俗，也很深刻。以上对应用文主题的阐释，也正是"一言蔽之"之意。

在应用文写作中主题往往就集中体现在写作的目的之中，动笔之前必须有十分明确的写作目的，在写作过程中也必须时刻牢记这一目的，充分体现这一目的，才能使自己的写作既省时省力，更增效添益。

有了明确的写作目的，写作主体心中确立了主题，便可果断决定材料的取舍繁简、合理支配文章结构的次序安排、恰当运用文章中的表达方式、准确运用文章中的语言词汇。

（二）主题确立的原则、要求

1. 主题确立的原则

（1）按政策法令规定或领导意图来确立主题。在公务交往、商务交往活动中大量的应用文体写作，必然涉及许多政治、经济和其他各种事务，往往需要根据现时的方针、政策、法令、条规和领导的明确意图、具体指示、要求办法去执行、去体现。自说自话、自作主张、随心所欲去写，肯定会影响到文章主题的确立。

（2）按工作具体需要去确立主题。工作中许多具体事务也常常需要执笔为文，这些应用文体的主题，只有在掌握了具体工作的总体目标、具体步骤、行动环节等才能形成该文本的主题。主观臆想、道听途说是无法确立行之有效的文本主题的。

（3）按社会实际需要去确立主题。在千变万化的社会生活中，特定的时期、特定的环境、特定的关系、特定的对象、特定的问题等都可能作为写作主体确立应用文写作主题的前提、基础。社会实际的迫切需要往往就成为某一应用文体的价值取向，从当前实际出发去确立文章的主题也是应用文写作的基本特质之一。

（4）生活积累经触发而确立主题。写作主体在自己的生活历程中必然会接触许许多多的人、事、物态。经纬纵横的大千世界必然会在人的大脑中留下无数的印象、感受、体验、思索……长期积累，偶然经触发就会使写作主体的理性、感知产生升华、豁然贯通，一个创新的应用文写作主题也会从中诞生出来。

2. 主题确立的要求

（1）正确。主题的正确性就是指文章所表达出来的观点和看法，所提出的见解和意见，必须具有正确的政治方向，符合客观实际。每一位写作主体都必须以党和国家的方针政策为依据，从实际出发，对实际工作中需要解决的问题作出正确的判断，得出正确的结论。

（2）鲜明。应用文的主题要明确，写作主体的态度、立场要明朗，自己是什么观点，一定要清清楚楚、不含糊、不模棱两可，这是由应用文体的写作目的、内容所决定的，也是其交流、传播的必然要求。不少应用文体是由国家机关或政府部门制发的，它往往具有行政效应或法律效力，有些应用文体还被国家明确立法规定（如《广告法》《经济合同法》等），因此主题的鲜明，对于应用文来说就显得尤为重要了。应用文写作从根本上说，是为了办好事情，所以，哪些事情该办、哪些事情不该办；事情该这样办，或者该那样办；哪些方面应当表扬提倡，哪些方面应当批评制止，在应用文中都应当有十分鲜明的立场观点。

（3）专一。应用文的一篇文章往往只能有一个中心，解决一个问题，主题力求专一。写作主体要努力将笔墨集中，把一个问题谈透、把一个中心讲明。目标始终如一，动笔便能牢牢把握重心，紧紧围绕中心思想展开材料。这样能使材料所蕴含的力量都"贯摄"于主题，可防止主题转移、中心偏离。有些应用文体（如法定公文中的诸多文体）就明确规定了"一文一事"的原则。

三、结构

结构指文章各个组成部分的搭配和排列，应用文文本结构由外在的格式和内在的要素模式组成。外在的格式和内在的要素模式又因不同类文体而有所差别，比如，法定行政公文的外在格式是由眉首、正文、版记组成，而内在的模式则是"凭"—"事"—"断"，即发文的依据、发文的事由、发文的要求。而诉状文书的外在格式由首部、正文、落款和附项组成，内在模式则是"断"—"事"—"析"式，即诉讼请求、诉讼事实、诉讼依据等，应用文的结构与文学文本的结构显然是有不同规范的。

（一）根据文种选择结构

应用文结构选择的重要依据是符合文种需求，也就是说作者要根据某种文体的规范选择结构、安排材料。比如合同的写作，签订合同的主体、合同的标的、标的数量和质量、履行的期限、地点等内容要素可能会不同，但是写作时并不是根据内容选择结构，而是根据合同这一文种的格式规范来选择结构的。应用文在长期的写作实践中，基本上形成了外在格式和内在要素序列的规范，文种标志明确，因此，作者只要熟知所写文体的结构模式，就能按式撰写。

（二）结构要素排列顺序化

应用文结构在排列上要依循人们的顺畅的思维逻辑展开，一般不宜用倒叙的结构，也无须用插叙结构，而是按照事物、思维的过程进行叙述，或按照事项来安排结构，外在结构上一目了然，内在模式上各要素排列有序。顺序化的结构让读者在一个轻松的阅读状态下接受，不存在任何阅读障碍，使读者能迅速领会作者的意图。

（三）注重结构的外在衔接

文章分成若干段落，段落之间靠内在的内容逻辑勾连和外在形式衔接。应用文在外在形态上经常用序码标示内容的序列，还用小标题和过渡词来衔接，使得应用文在结构层次上一目了然，如经常用首先、其次、再次，第一、第二、第三，一、二、三等来标示层次和段落。

第五节 学习应用文写作的意义和方法

叶圣陶先生说："大学毕业不一定能写小说诗歌，但是一定要写工作和学习实际中的文章，而且非写得既通顺又扎实不可。"时隔数十年，在资讯高度发达，人们交际日益密切的现代社会，应用文写作更是成了信息生产、储蓄、传递、交往必不可少的重要工具。应用文写作这种突出的工具性质，决定了不管什么专业的学生都要学好应用文、写好应用文。

一、学习应用文的意义

（1）提升素质。听、说、读、写能力是现代人才应该具备的四大基本素养，其中写作能力最能检测出一个人的综合素质，因此越来越多的用人单位将应用文写作作为接纳人才的重要素质之一。

（2）优化知识。学习应用文写作，可以开阔学生的视野，拓展学生的知识面，使学生的知识能力结构更合理，对将来的发展更有裨益。

（3）增添优势。学习应用文写作，可以提高学习者在言语交际、语言表达、遣词造句、思维训练方面的能力，因而在就业形势日趋严峻的今天，学生可以凭借其优势在求职交际以及处理公私事务方面表现得更加出色。

二、学习应用文写作的方法

（1）以理论为指导。应用文写作理论对应用文写作实践有直接的、具体的指导作用，掌握理论，正确认识各类应用文的特点和写法，无疑会帮助人们进行写作实践。但是有的人存有一种偏见，认为实践性强的课程就不必学习理论，只要苦练，就能练出真功夫。事实证明，不学习理论，就不会有理性的提高，做起事来，容易走弯路，事倍功半。有的人学习理论，不与实践相结合，就把它束之高阁，想都不去想它，那么理论就什么作用也不起。有的人上课，记完笔记，下课再也不想看，也属于这类问题。要把知识化为己有，需要认真掌握基本概念，理解本门课程的理论框架，熟悉重要的例文，把握其中的规律，这样，知识才能转化为能力，在实践中才能应用。

（2）以例文为借鉴。应用文写作的学习需要经历模仿、熟悉、自如三个阶段。尤其在各类文种的体式训练中，阅读例文、模仿例文写作是第一步；熟悉应用文的格式，领悟各类文种的写作思路是第二步；反复练习，最终达到写作自如是第三步。因此，对例文的分析和模仿是学习应用文写作的重要途径。例文分析可以使人们从中领悟具体的写作规律，典型例文可以帮人们开拓思想、掌握技法。

（3）以训练为中心。将应用文写作知识转化为写作能力，写作能力是各种知识的综合性体现，主要依靠有目的、有计划的写作训练。有重点地针对各文种特点进行训练，对于掌握其基本写作方法是十分有效的。因此，学习本门课程必须重视训练，不要怕麻烦，也不要怕吃苦。那种只想听听课，不想动笔的人，永远也不会有真正的提高。

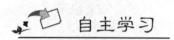
自主学习

知识拓展与自主学习一

第九章　生活事务文书

第一节　生活事务文书概述

生活事务文书是人们在日常工作、学习和生活中，办理公务、处理私事时所使用的一种实用性文体。

一、生活事务文书的特点

（一）有特定的对象和行文目的

文学作品的对象模糊不清，作家在写作时确立的读者对象是泛泛的，并没特定的读者。而生活事务文书则不同，它的对象是十分明确的，写给谁看的，行文者一清二楚。一般的书信类自不必说，就是海报启事也是以其特定的读者为写作对象的。就写作目的而言，生活事务文书也是明确的，它就某一个事件为其主要内容，发文希望达到什么样的结果也是明确的。因此生活事务文书写给谁、写些什么、达到怎样的效果，事先是已知道的。

（二）有较为固定的写作格式

写作格式的固定是应用文的显著特点。它是历史留传、人们习以为常、约定俗成的，任何人不可随意违反它的固定的格式，否则就是不伦不类的，就达不到应用文的写作目的。当然随着社会的发展和进步，一些陈旧的约束人们的精神甚至是反映封建尊卑压迫关系的繁文缛节的格式，我们要敢于突破，敢于创新。

（三）有较强的时效性

生活事务文书总是针对工作学习或生活中所出现的具体事情而写的。往往是问题已摆在眼前或即将发生，必须想办法处理或解决时才使用的。如开会要先写通知，请假要先写请假条，入党入团要先写申请书等。强调这种及时性是日常应用文的基本特征。

（四）语言要朴实、简明、准确、严谨

1. 平实

应用文的文风要朴实自然，所讲事情要符合实际情况，数字要确实无误，办法要切实可行。实事求是是应用文的起码要求。不能为了达到某种目的而夸大或缩小一些真实情况。一句话，应用文要做到文实相符、文如其事，来不得半点虚假。

要做到实事求是，就必须深入生活，亲自调查，不闭门造车。同时还要熟悉本行业务，学习有关知识，避免由于"外行"而抓不住重点，说不到要害。

2. 准确

准确同平实是相统一的，应用文要做到实事求是，就必须在准确上下功夫。而要做到准确就必须注意以下几点。

（1）所写内容要准确。写日常应用文时，必须准确，不能走样。一则"启事"是什么就写什么，不可随意地歪曲内容；一则招生广告也要将各种要求、条件如实列出，不可为了

吸引生源，而发布虚假的信息。写生活事务文书，不能凭主观臆想，凭一时的热情，而要靠客观的、实事求是的态度。如果偏离了内容准确这一原则，无论说得如何头头是道，也会给工作带来某些不必要的损失。

（2）所用语句要准确。生活事务文书要做到语言准确。具体来讲，可从词语的选用，句子的组合，修辞格的使用等方面来说明。

3. 简洁

简洁是应用文写作的基本要求。

应用文的写作目的可以说是以传递信息为主，因此应用文行文务必简洁。文字要简练，篇幅要短小精悍，应用文写作要惜墨如金，要选用简洁的词语，要删去可有可无的段落。要实话实说，不穿靴戴帽，冗长的文章往往淹没了主题，同时也浪费了阅读时间，降低了办事效率。要扫除套话、空话、废话。文字是用来表情达意、传递信息的，如果为写作而写作就会废话连篇。生活事务文书更是要避免说不中用的话，读者希望得到的是你提供给他的信息，"言之无文，行而不远"。

二、生活事务文书的种类

根据各种生活事务文书本身的特点，可将生活事务文书分为以下几类。

（一）便条契据类

这是由当事人双方在事务交流中出具给对方的作为凭证或说明某些问题的一种常见应用文。这类应用文短小精悍，可随时使用。

便条契据类应用文一般又可分为以下几种：借据、欠条、收条、领条、请假条、便条、托事条、催托条、馈赠条、留言条等。随着各种正规票据的推广和使用，这类应用文形式将会逐渐减少。

（二）海报启事类

海报启事类生活事务文书是指那些可以公开张贴在公共场合或通过媒介公开播放、刊登的广而告之的一类事务性应用文。这类应用文使用广泛，几乎大街小巷、工厂、学校等公开的场合，都可以见到它们。

海报启事类生活事务文书一般包括征稿启事、征婚启事、征订启事、婚姻启事、开业启事、寻人启事、寻物启事、招聘启事、招生启事、海报等。

（三）书信类

1. 家书情书类

在人们的各种交往中，人们之间的书信来往应该是最频繁的交流方式。自古至今，无论朋友之间的互致问候、表达关心，或者情人之间互致相思、表达爱慕均使用书信这种形式。伟人名士的家书、情书也往往会给别人或后人许多启迪和帮助，所以这类书信为我们留下了丰富的文化遗产，有些甚至堪称文学作品的典范。因此，我们就将家书情书专归为一类，以飨读者。

这类书信主要包括以下几种：写给长辈的信、写给晚辈的信、写给兄弟姐妹的信、写给亲朋的信、初恋情书、求爱情书、热恋情书等。

2. 专用书信类

专用书信类是具有书信的格式，发文的对象或者使用的目的又是特定的一类应用文。一般来讲，这类书信可以分许多种，如咨询信、介绍信、证明信、推荐信、求职信、聘书、履历、说明书、报捷书、保证书、倡议书、建议书、悔过书等。

3. 申请书类

申请书类应用文应属于专用书信类的一个分支，但由于其使用较为特殊，具有其自身非常突出的特点，即请乞性，所以这里专列为一类。

申请书类的日常应用文一般可以包括入学申请书、入党入团申请书、住房申请书、困难补助申请书、辞职申请书等几种。

（四）社交礼仪类

这是一类适用于社交场合的应用文，它的存在完全是为了促进双方之间关系的发展，同时它又是人们文明交流的一种体现。人与人之间亲疏有别、长幼有序，礼仪就是在社会交往中把握好分寸，恰如其分地把握双方的关系。礼仪类应用文是人们在互相平等、相互尊重的基础上形成的一种日常应用文。

礼仪类日常应用文主要包括以下一些常用的文体：请柬、欢迎词、祝词、欢送词、邀请信、题词、慰问信、表扬信、感谢信、贺信、贺电、赠言等。

（五）宣传类

这类应用文包括消息、通讯、特写、速写（有的将速写纳入特写之列），等等。

（六）讣告悼词类

这是以致悼死者为主的一类日常应用文。其中，有些文体只适用于特殊的人物和特定的场合，有些则广泛地应用于民间。了解其写作的基本格式也十分必要。一般来讲，这类应用文包括讣告、唁电、追悼会仪式、治丧名单、悼词、碑文等几种。

（七）对联类

对联是人们在婚丧嫁娶、宴飨寿诞、季节变换时使用的一种具有较浓的文化传统气息的应用文样式。它有较为严格的行文要求，一般来讲，它并不适于平民百姓们使用。但由于每逢一些必要的场合，它又是必不可少的，所以我们也对对联类作了介绍。

对联类常见应用文包括节令联、祝寿联、婚联、喜联、挽联、名胜联等几种。

第二节 条据类

知识导航

一、条据的性质及分类

人们在日常生活、学习、工作中，借到、领到、收到或归还钱物时，一般要写张条子交给对方，作为凭证，有时还要对某件事作以简单说明以求达到彼此沟通情况的目的，这张作凭证的或进行说明的条子，就是条据。

条据有多种，基本上可分为两大类，即凭证式条据（如借条、欠条、领条、收条）和说明式条据（如请假条、留言条、托事条）。

二、条据的格式写法

（一）作凭证的条据

（1）一般在上方中间写上条据的名称，来表明条据的性质，如"收条""借条""欠条""领条"。

（2）正文开头空两格，写对方的名字或名称，以及涉及的钱物的数量，有的还要在数量后，或正文写完后空两格另起一行，写上"此据"二字（如例文1）。

（3）右下方写出条人的名字或单位名称（盖章），再下一行写开条的年、月、日。

（二）作说明的条据

（1）一般不写名称，有的要写名称则写在第一行中间（如请假条）。

（2）正文开头空两格，简明扼要地写明要说明的事情。交代清楚写给谁、什么事。

（3）右下方署名，注明日期。

三、条据写作的注意事项

（1）对外单位使用的条据，单位名称要写全称。

（2）款项、物件的数字一定要大写（如壹、贰、叁、肆……），数字前不留空白，后面写上计量单位名称（如元、台、架等），然后写上"整"字（有的后面还要写"此据"二字），以防添加或篡改。

（3）不可涂改，写错可重写一张。如果不得不涂改，改正后必须加盖图章。

（4）文字简明。一般只写明事实即可，不用讲道理。

（5）书写时不要用铅笔、易褪色的墨水或红墨水，最好用钢笔或毛笔，字迹工整、端正、清楚，不要用草书，以防误认。

条据种类较多，因内容不同，在写法要求上也略有区别。

收条是收到东西时给对方开的凭条，要求写明什么时间收到何人什么钱物，数量多少，有的还标明原因或用途。与收条相近的还有领条，领条是到单位仓库或财务部门领东西时用的，要求写明从何处领取到什么物件及其数量、质量，其格式写法要求与收条相同；如果单位有印制好的空白领条，则只要按项目要求填写即可。借条是向他人或单位借钱物时留给对方作凭据的条子，欠条是欠了他人钱物留下的作凭据用的条子，这两种条子的格式写法基本相同，都应标明归还时间，但欠条一般要将欠的原因略加说明。在借、欠财物还清之后，应将借、欠条收回，如果一时找不到或失落，则应由对方开具收条，以明责任。

请假条是因故不能按时上班或上课，需要给单位负责人或学校老师写的条子，主要说明请假的原因和时间，要简明扼要，要注意"请假条"是"请求准假的条子"，用语一定要有礼貌，宜用"请……准假"的字样，而忌讳使用"望……准假"之类的字句。

留言条大多在联系工作、交代任务或访问不遇时使用，要注意交代清楚自己的意图和需求，但语言要简洁，具体问题一般待面谈。具名和时间比较随便，熟悉的写个姓加上"即日"就可以了，不大熟悉的则应写出全名乃至单位和具体日期，在车站、码头等地留言板上的留言一般也要写全名、单位和具体日期，以免因重名而误事。

此外，还有代收条（当事人不在，他人代收财物所开的条子）、托事条、意见条等，它们的格式、要求同一般条据相同，在此就不一一说明了。

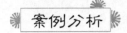 案例分析

案例一：收条

赵明收到他人钱款，给对方出具一张收条。

例文1	点评
收 条 　　今收到罗迪人民币陆仟肆佰元（6 400 元）整。系付给××工程劳务费。此据。 　　　　　　　　　　收款人：赵明（盖章） 　　　　　　　　　　　　2018 年 10 月 11 日	居中写明条据名称（若是单注给个人写的，则称"收据"） 正文具体写明所收钱物数额（大写）、用途 署名 时间

案例二：借条1

王卫国在财务科借款，写一张借条。

例文2	点评
借 条 　　今借到财务科人民币叁万伍仟元（35 000 元）整，是到广东省广州市参加学术会议差旅费的预借款。 　　　　　　　　　　借款人：王卫国 　　　　　　　　　　　2019 年 6 月 10 日	居中写明条据名称 具体写明借款数额（大写）、用途 署名 时间

案例三：借条2

刘云借书时，写一张借条。

例文3	点评
今借到 　　厂资料室《电工技术手册》壹本，4 月 30 日前送还。 　　　　　　　　　　借书人：刘云 　　　　　　　　　　2020 年 4 月 5 日	开头偏左直接写"今借到"，省略标题。正文写明所借物品，拟归还时间 署名 时间

案例四：欠条

王杰因钱款不够，欠他人钱款，写一张欠条。

例文4	点评
欠　条 　　因购货所带钱款不足，尚欠天龙电机公司人民币伍万陆仟元（56 000 元）整。准于一周后，即 5 月 20 日送还。 　　　　　　　　　腾达机械厂：王杰 　　　　　　　　　2020 年 5 月 13 日	开头正中写明名称 正文写明所欠款项原因、数额（大写）、归还日期 署名 时间

案例五：请假条

阎明东因病不能上学，写一张请假条给老师。

例文5	点评
请假条 宋老师： 　　我因昨晚感冒发烧，现在体温仍达 39℃，所以今天不能来上学，请假一天，请老师准假。 　　此致 敬礼 　　　　　　　　　学生：阎明东 　　　　　　　　　2000 年 5 月 10 日	题目 顶格写称谓 正文写明请假原因和时间，语言简洁。用"请……准假"，有礼貌，符合身份 署名 时间

案例六：留言条 1

王岩宾到某公司找人办事，该人不在，留一张留言条给对方。

例文6	点评
张扬先生： 　　今到贵公司有要事相商，不巧您外出。明日早上 8 时我准备再来，请等我。如您没空，请打电话告诉我。我的电话：13×××××××××。 　　　　　　　　　和丰公司：王岩宾 　　　　　　　　　×日下午×时	称谓顶格写起 正文写明留言原因、相关事情，简单、明了、准确 署名 时间

案例七：留言条2

王强到车站接人，未接到，在车站留言板上给对方贴一张留言条。

例文7	点评
同义公司的罗东民先生： 　请您抵沪后到南京路××号××酒店503房间找我。 　　　　　　　　　深银公司：王强 　　　　　　　　　×月×日	这是旅客在车站、码头给别人在留言板上贴的留言条，无标题，称谓写全称，甚至将对方的单位写上，以免与他人混淆，语言简洁 　署名写明单位、姓名、注明日期

案例八：留言条3

侯志强外出开会，在办公室门上贴一张留言条。

例文8	点评
本人今日上午外出开会，下午照常办公。 　　　　　　　　　　　　　侯志强 　　　　　　　　　　　　　4月7日	这是贴于办公室门上的留言条，写明回来时间即可 　署名、日期如常

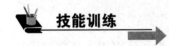 **技能训练**

一、判断题

1. 写条据不仅要写明事实，还应讲清道理。（　　　）

2. 请假条只需写明请假的时间即可，不必说明理由（　　　）

二、改错题

阅读下面这篇贴于学校宣传栏的启事，在格式、内容、语言方面均有问题，请作修改。

　　　　　　　　　找手机

本人不小心丢了一部手机，现生活很不方便，拾获者快交还给我。

　　　　　　　　　　　　　　　　　　　　　　　江宁

三、写作题

1. 吴迪向张玉佩借了人民币1 000元，答应张2000年5月1日前还。借款时间是2022年2月10日。2022年4月27日，吴将钱款如数还清，请代吴迪、张玉佩分别打一张借条、收条。

2. 林玉杰欠学校伙食科人民币伍佰元，请代林玉杰打一张欠条。

3. 请根据下面要点写一则借书便条。

借书人——李瑞；

对方——池虹；

书名——《绝代双骄》；

借书日期——3月5日；

还书日期——30天后。

第三节　启事类

知识导航

一、启事、声明和海报的适用范围

个人或团体有事要提请公众注意，或者需要大家协助解决，就需要使用公启类的文书。这类文书很多，如启事、声明、海报、通告、布告等。其中，启事、声明和海报三种文体在日常生活和工作中使用频率较高。

启，即"启告"；事，"事情"之意。"启事"的意思就是有事要启告于人。

声明用于公开表示态度或说明真相，主要用于较重要、严肃的事情。

海报属于一种宣传广告，大多用于向群众发布有电影、戏剧、报告会等消息，有的还加以美术设计。大多在放映或表演场所、公共场所张贴，个别的也在报刊上刊登，因此格式一般不特别固定。

二、启事

（一）启事的格式写法

（1）标题：首行居中写标题。

（2）正文：写明启告事情的原因和特征，如请求帮助寻人找物，就要把人或物的特征写清楚。寻人启事还时常附该人照片以便寻找，还要把要求写清楚，即希望别人做什么，怎么做，必要时可分段写明。

（3）结尾：最后写明启事者的名称、地址和联系办法。

（二）启事的写作要求

（1）要有醒目的标题，通过标题反映启事的主要内容与性质。

（2）语言要简练准确，对原因不宜过详，一两句话带过即可，而对特征、要求等重点则应准确清晰。

（3）团体企事业单位的启事一般要署名，而个体的启事大多不署名。

（4）启事有的可以贴在路边等公共场所（如寻人、物启事），有的可以根据需要贴在特定地点（如迁址启事可以贴在原址、招领启事可以贴在失物招领处），但大多数启事必须刊登于报刊（如遗失启事、征稿启事等）。

三、声明

（一）声明的格式写法

（1）标题：位于首行居中，有的反映声明的性质与内容，有的则用"严正声明"或"重要声明"这些表明情感态度的标题，也有特殊的无标题，使用哪种标题，视具体情况而定，但以第一种最多。

（2）正文：写清所声明事情的真相和对该事情的态度观点，用语要恰当，观点要鲜明。

（3）署名和日期：有的声明必须署名（如断交声明），有的署名以示郑重，有的不言自

明，一般不署名（如遗失声明）。声明要刊登在报刊上或在广播电视上发表，故一般不标日期。

（二）启事的写作要求

声明的事情都是重要而严肃的，不是对任何事情表态都使用声明这种文体，写作时要注意。另外，声明的写作态度要严肃、认真，一般不可使用幽默诙谐的语气。

四、海报

标题一般只写"海报"或"好消息"之类的几个大字，有的也写"球讯""舞迷佳音"等一些有提示性的标题，而且还使用美术字或用醒目的色彩以引人注意，位置也不一定在首行居中（如有的海报标题就写在左上角，而且自左下向右上倾斜），有的干脆省略标题，直接突出电影名、晚会名。

正文内容要写得具体明白，如例文 11，写明书法家的名字、讲学时间、地点。正文如果已有明确时间和主办单位，署名和时间也可省略，但较正式的仍不可以省略。

案例分析

案例一

深圳市海达集团需招聘经警 30 名，特发出招聘启事。

例文 1	点评
招聘启事 深圳市海达集团是以房产开发为主业，集建筑安装、机械运输、餐饮娱乐等为一体的大型企业集团。现根据发展需要，经市人事局人才中心同意，招聘经警 30 名。 要求：男性，25 周岁以下，高中以上学历，身高 1.75 米以上，品貌端正。警校毕业生、退伍军人、党员优先。一经录用，待遇从优。 报名手续：身份证、毕业证原件及复印件，2 张一寸照片。 报名时间：12 月 26—30 日 报名地点：市人才市场 203 室 联系电话：××××××× 联系人：王明晨	首行居中写标题 正文另起一行空两格写起，分项简明写清招聘者身份、目的、招聘对象、要求、手续、联系地点、电话、联系人。因是在当地报纸上发表的启事，所以招聘时间省略了年份，但起止日期准确

案例二

华溪电器行因拆房屋需迁址，登出了搬迁启事。

例文 2	点评
搬迁启事 因房屋拆建，我行于 7 月 20 日起迁到××路××号（××中学对面）照常营业。 华溪电器行 2020 年 7 月 5 日	首行居中写标题 正文简洁交代搬迁原因、时间、新地址详细位置 署名、日期

案例三

经济与管理学部成立十周年的日子，面向师生征文。

例文3	点评
经济与管理学部十周年创新与发展主题 **征 文 启 事** 亲爱的师生、校友： 　　近十年内，您曾或正在经济与管理学部（原工商管理系、财务与人力资源管理系、国际贸易专业）读书、工作。您青春的剪影，或许就在这个大学十年的某个瞬间，留下历史印迹。 　　今年，我们已迎来了学部成立十周年的日子，现征集您和这所大学之间的故事，让那不曾走远的往事、无法忘却的情感，成为温暖心灵的感动。期待您，翻阅记忆，并且拿起笔，用您的文字，让更多人触摸学院历史的承载，记载您亲身参与体验学部创新和发展的历程，您就是学院的见证，她的过去和现在，她的传统、精神、内涵和贡献，将促进学院、学部的发展更上一层楼。 　　一、征稿对象 　　凡曾经和正在学校工作、学习的校友、师生员工。 　　二、征稿内容 　　1. "我们的大学"：在您的大学生活记忆中，姹紫嫣红、生机蓬勃的校园活动……哪段历程在您的生命中留下印迹？ 　　2. "我们的老师"：讲台上、实验室、图书馆……还记得那些春风化雨的谆谆教导吗？白发先生的音容笑貌是否记忆依然？像严父慈母一样关爱过您的人，又在你的记忆中留下多少情深谊长的故事。 　　3. "我们的同学（校友）"：当我们怀揣拳拳赤诚，踏上征程，昔日睡在我上铺的兄弟，形影不离的姐妹，今日或成就辉煌，成为行业翘楚；或扎根基层，数十年如一日，兢兢业业造福一方。成就经济与管理学部朴实却又动人的传奇。 　　4. "我们的校园"：……那些沉默的建筑，那些变化的景点，陪伴着我们的成长，身处其间有多少生活经历、情怀和感悟，今天还在悠远地回忆不已？ 　　三、稿件要求 　　1. 征文体裁风格不限，诗歌除外，字数在1 000～2 000字。写人要有人物神采，记事要生动感人，状物要有文化气息，抒情要有真情实感。 　　2. 同时欢迎您投递珍藏或摄制的相关照片及其他相关材料。 　　3. 请在文后注明姓名、性别、年龄或出生年份、毕业年度、专业名称等。 　　4. 来稿文责自负。经济与管理学部可对来稿作文字修改、删节。所征稿件将用于学校宣传使用，稿件刊登后，使用权归本部门所有。 　　5. 投稿截止于2018年6月30日。 　　四、投稿方式 　　1. 邮寄、通信地址：武汉科技大学城市学院经济与管理学部李儒永老师收，邮编：430000。	回眸往事，定格青春的瞬间 　给今天的你和十年前的自己一次心灵对话，重温昔日的快意与奋发，倍增豪情 　泛起从前你生活的层层涟漪，无限感慨 珍惜母校的情怀 感恩母校点点滴滴 体裁多样不拘形式 投递方式多样

续表

2. 发送电子邮件, 电子邮箱地址: ××××@ qq. com。 五、评选与奖励 　　1. 经济与管理学部将组织评委对稿件进行评选, 其中, 优秀稿件将在校园网、校报, 以及相关出版物中选登。 　　2. 本次征稿将评选出特等奖 4 名, 一等奖 10 名, 二等奖 30 名, 三等奖 40 名, 优秀奖若干, 并将给予一定的奖励。 　　　　　　　　　　　　　　　　　　学院经济与管理学部 　　　　　　　　　　　　　　　　　　2018 年 2 月 10 日	刊登是落脚点 奖励更能激发斗志

案例四

　　北京玉华股份有限公司由于企业发展需要, 更名为金立股份有限公司, 经批准后, 登出了更名启事。

例文 4	点评
更名启事 　　由于企业发展的需要, 经国家工商行政管理局企业注册局批准, 原北京玉华股份有限公司改名为金立股份有限公司。从 11 月 1 日起启用新公章。原北京玉华股份有限公司公章、财务专用章、合同专用章及各分公司、项目经理部公章、财务专用章同时停止使用。 　　公司地址: 北京市丰台区北路××号 　　电　　话: 010—××××××× 　　传　　真: 010—××××××× 　　　　　　　　　　　　　　　　　金立股份有限公司	首行居中写标题 正文写批准机关、原名、更改后的新名、启用公章时间, 并注明原公司各种公章同时停止使用 结尾注明公司地址、电话、传真 署名用新名, 在报纸上刊发, 所以未署启事时间

案例五

　　天马电子仪器厂已聘正本律师事务所的二位律师为本厂常年法律顾问, 登出聘请启事, 以达周知。

例文 5	点评
聘请常年法律顾问启事 　　因业务需要, 本厂已聘正本律师事务所贾波和周长江律师为常年法律顾问, 今后本公司有关法律事务, 委托法律顾问办理。特发启事。 　　法律顾问办公地址: ××市××路××号 　　法律顾问电话: ×××××× 　　　　　　　　　　　　　　　　　天马电子仪器厂 　　　　　　　　　　　　　　　　　2018 年 12 月 30 日	首行居中写标题 正文写明聘谁、任何职、职责范围, 语言简明扼要。 注明律师办公地址及电话, 便于工作联系 (也可不注) 署名 时间

案例六

75 岁老人张明礼走失，其家人在报上登载了一则寻人启事。

例文6	点评
寻人启事 　　张明礼，男，75 岁，2017 年 6 月 4 日去海滨公园未归。头戴黑色呢礼帽，身穿蓝色中山装，深灰色尼龙袜，方口布鞋，拿一藤制拐杖，但不常用。操天津口音。身高 1.70 米左右，微胖。背略驼，短发，头发全白。有见到者，请打电话：××××××。有酬谢。	首行居中写标题 　　正文写明被寻者具体外貌特征，衣着打扮、年龄及口音等特征。最后写明联系方式并注明"有酬谢"

案例七

潘刚的桑塔纳汽车丢失。为找寻汽车，他登载了一则寻车启事。

例文7	点评
寻车启事 　　辽××××××号红色桑塔纳出租车于 2020 年 12 月 13 日晚在××区×××附近丢失，发动机号是 1234567，车架号为 123456。有知情者，请打手机：139××××××××，有重谢。	首行居中写标题 　　正文具体写明所丢车辆的品牌、车牌号、发动机号等特征以及丢车日期、地点，便于辨认。 　　结尾写明联系方式并注明"有重谢"

案例八

梵蒂冈于 2000 年 10 月 1 日举行"封圣"仪式，为殖民主义和帝国主义侵略中国的历史翻案，这是对中国人民的公然挑衅。为维护民族尊严，我国外交部发表严正声明。

例文8	点评
中华人民共和国外交部声明 　　梵蒂冈不顾中方的强烈反对，于 10 月 1 日举行"封圣"仪式，把曾经在中国犯下丑恶罪行的一些外国传教士及其追随者册封为"圣人"。中国政府和人民及天主教会对此表示极大愤慨和强烈抗议。 　　众所周知，在近代史上，天主教的一些外国传教士曾经是殖民主义、帝国主义侵略中国的直接参与者和帮凶。这次被梵蒂冈册封的一些人更是在中国土地上奸淫抢掠、为非作歹，对中国人民犯下了不可饶恕的罪行。对此，梵蒂冈不仅不表示忏悔，反而要把这些作恶多端的罪人册封为"圣人"，这是对中国人民的公然挑衅，是为殖民主义和帝国主义侵略中国的历史翻案，是对中国人民反抗外来侵略和压迫的爱国行动的极大侮辱。梵蒂冈的这一行径严重伤害了中国人民的感情和中华民族的尊严。	原文无标题，标题为编者所加 　　正文首先表明对梵蒂冈"封圣"一事的态度——"极大愤慨和强烈抗议"。"丑恶罪行"一词准确得当。具体阐明这些被梵蒂冈封为"圣人"的传教士的本来面目——"殖民主义、帝国主义侵略中国的直接参与者和帮凶"，"在中国土地上奸淫抢掠、为非作歹"的罪人，册封这些人，是为历史翻案，是对中国人民的挑衅、

续表

梵蒂冈口头上表示愿意与中国改善关系，但在实际行动中却一再违背其不干涉中国内政和台湾问题的承诺，现在又一意孤行，坚持"封圣"，严重破坏了中梵关系正常化的基础。这必然对中梵关系正常化进程产生严重消极影响，造成这种局面的责任应完全由梵蒂冈承担。 　　（资料来源：2000 年 10 月 2 日《人民日报》，略有删改）	侮辱与伤害，指明梵蒂冈对这些历史罪人"封圣"的实质。最后回顾梵蒂冈的言行不一的做法和"封圣"的危害。严正声明："封圣"的后果完全由梵蒂冈承担责任，态度坚决、明确

案例九

　　华中企业集团有限公司近年来被一些单位侵犯了商标权。为此，该公司提出严正声明。

例文 9	点评
<div align="center">**严正声明**</div>　　华中企业集团是"国家二级企业"，属"中华老字号"；华中商标是国家注册商标，受国家法律保护。近年来发现一些单位冒用该商标从事经营活动，给我公司造成严重的名誉和经济损失。对于任何单位或个人对我公司的侵权行为，我公司将保留追究其法律及经济责任的权利。 　　举报电话：010—××××××× <div align="right">华中企业集团有限公司</div>	首行居中写标题 　　正文阐明声明的事由和内容，表明态度："对于……的侵权行为，我公司将保留追究其法律及经济责任的权利" 　　写明举报电话，便于联系 署名

案例十

　　南海市丰达信用社为丢失现金支票一事登出遗失声明，以防冒领。

例文 10	点评
遗失声明　　南海市丰达城市信用合作社丢失现金支票一张，票号为×××××××，声明作废。	首行居中写标题 　　具体写遗失物的显著特征——票号，并"声明作废"

案例十一

　　育仁技术学院书法学会邀请了书法家来校讲学，贴出海报邀请爱好者参加。

例文 11	点评
<div align="center">**海报**</div>　　为进一步提高我校同学的书法水平和学习热情，校书法协会特邀请我市著名书法家、省书法协会副秘书长姚书义先生来我校讲学。欢迎广大书法爱好者踊跃参加。 　　时间：10 月 20 日，下午 2 点 30 分 　　地点：校礼堂 <div align="right">育仁技术学院书法协会</div>	首行写标题 　　正文写明告诉大家的事情——邀请书法名家来校讲学，欢迎大家参加学习，注明时间，校内海报，地点只写"校礼堂"，简洁清楚 署名

案例十二

海南技术学院体育部组织篮球比赛，发出球讯邀观众助兴。

例文 12	点评
球讯	首行写标题
今天下午 2 点 30 分，我校和光明校篮球队在本校篮球场进行友谊比赛。欢迎大家参观助兴。	正文写明告诉大家的事情——欢迎大家参观球赛，并写明时间、地点
海南技术学院体育部 12 月 10 日	署名、日期

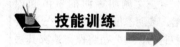 **技能训练**

一、判断题

1. 启事是一种陈述、说明、知照请求性的文书。（　　）

2. "启示"和"启事"可以混用。（　　）

3. 启事的写作，一般包括标题、正文、落款三个部分。（　　）

4. 声明是单位或个人在日常生活、工作中遇到一些重大的或紧要的事情，需要郑重其事地告知有关人员时所用的一种应用文体。（　　）

5. 声明是非常庄重、严肃的一种文体。（　　）

二、改错题

×××大学百年校庆启事

今年 10 月 2 日，将是中国近代名校即我校的百年诞生日。

为迎接百年校庆，百年校庆筹备委员会，恭请全世界凡在华旦大学、天宇大学学习和工作过的师生员工回母校活动，同时学校拟编《校史资料集》《优秀论文集》，请各届校友踊跃支持。热烈欢迎海内外校友为母校的发展作出贡献。

邮政编码：（略）

联系电话：（略）

电子邮箱：（略）

三、写作题

1. 请根据下面要点，写一份启事。

李女士 6 月 21 日在人民大学附近购物时，拾到手包一个，内有李兰驾驶证和金额 23 000 元的支票一张，包内还有现金 4 000 元及信用卡一张。支票票号 01022030，请为李女士写一则招领启事。

2. 请根据下面要点，制作一份海报。

为学校的文体或学术活动拟一份海报，并把它设计在纸上，制作好之后，学生之间互相品评，看谁设计得更醒目、清楚，更具吸引力。

第四节　求职信

知识导航

一、求职信的性质

在日常学习和工作中，人们往往借助自我推荐的文书，以抓住机遇、赢得岗位。在现代竞争激烈的社会里，要找到如意的工作，写好求职信十分重要。写好求职信可以在很大层面上，争取到自己心仪职位的面试机会。如何使对方对自己产生好感，一份地道的求职信十分重要，从某种意义上而言，求职信也是推销自己的商业行为。

求职信具有三方面特点：

（1）个人化。求职信是为谋求职业而作的文书，因此求职人的自身素养、专业知识、工作能力、求职信的格式设计等都应体现个性化特征。

（2）自荐性。求职信必须直截了当将自己的职业取向表达清楚，便于用人单位掌握人力资源的核心信息，得以科学取用人才。要让一个对你一无所知的人或组织，凭一封求职信就了解你、信任你，乃至录用你，难度是很大的。要实事求是地自我推荐，把自己的长处和优势客观地、清晰地、充分地表达出来，既不夸大，也不过分谦让，让用人单位受到你的自信的感染，获得一个良好的印象。

（3）礼仪性。求职信终究是求人的一种文书，因此在言辞上一定要注意礼貌，杜绝使用时髦酷语或陈词滥调，以免别人反感。同时，文字简洁、明了，节省别人了解你的职业才能的时间，也是现今用人单位欢迎的求职文书的写作要求，这体现了求职人的礼仪修养。

二、求职信的种类

求职信根据需要有自荐书、求职信和简历三种。自荐信是有目的地针对不同用人单位的一种书面自我介绍，求职信请侧重对具体岗位的求职，简历通常是指学习经历和工作经历的介绍，通常附在自荐书、求职信后面。

三、求职信写作方法

求职信有教育管理机构编制的就业推荐表和毕业生自己编撰的自荐材料两大类型。

（一）教育管理机构编制的推荐表

这样的推荐表通常分封面、背面、正文、附文四个部分。只需按条目要求填写，注意文字工整、简洁。

（1）封面。封面通常包括三个内容，即《全国普通高等学校毕业生就业协议书》的名称，毕业生、系别及专业、用人单位和学校名称四栏填写空格，以及制表单位和印发单位、年月日。

（2）背面。封面的背面通常是一个简单协议，由学校、用人单位和择业学生共为当事人，须各自履行自己的义务。

（3）正文。正文包括本人简历、家庭主要成员、在校主要成绩情况、在校期间奖惩情况、学生自荐书和毕业生情况及意见六个部分。写作时必须实事求是地进行填写。

（4）附文。附文部分填写系部学校意见、用人单位情况和意见以及通信地址、联系人、联系电话、邮政编码等。

（二）学生自己编写的自荐材料

这样的自荐材料灵活多样，通常包括五个部分，即标题、导语、正文、附文和附件。

（1）标题。标题在封面上占有显著的位置，起着主导的作用，它和直接表明材料内容及材料所属情况的文字一起构成统一的封面格式。

（2）导语。导语即自荐材料正文之前的导引部分，表明求职意向。

（3）正文。正文要写明毕业生基本情况、学业成绩与知识结构、科研成果、社会工作与实践活动、获奖情况、自荐信等项目。既可用表格形式来反映，也可用叙述形式来表现。一般可以使用叙述方式，某些项目用表格形式罗列。

（4）附文。附文通常是陈述班主任意见、系组织意见、院（校）组织意见，以及通信地址、联系电话、联系人姓名、邮政编码等。

（5）附件。附件通常是各种奖励证书的原件或复印件，发表的各种论文、文章的剪报的原件或复印件，各种实物性图片、影像资料等，便于向用人单位表明自己的各种能力和水平。

四、求职信写作要领与要求

（1）不能流露出盛气凌人、非我莫属、目空一切的口气，如"完全有能力胜任这份工作""如被录用定能大大地扩展公司业务"等语句，这些会引起招聘者的反感，不利于求职。

（2）不要表现出过分的谦虚，说一些贬低自己的话，这不但与现实潮流不符，反而会被用人单位认为虚伪、世故，不足取。

（3）避免讲废话或者阿谀之词，要注意用词造句体现的是实质性的内容，而非空话，浪费别人时间。

（4）不要随意使用简写词语，这样一是显得不够庄重，可能会引起读信人的反感；二是这些简称只有在特定的地方、特定的交往范围才能被准确地理解，否则容易引起歧义和误解。

（5）格式上遵从普通书信的格式，语气上要严谨庄重。

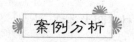

案例分析

案例一

应聘网页兼职编辑的求职信。

例文1	点评
求职信 尊敬的总经理先生： 　　您好！我从报纸上看到贵公司的招聘信息，并对网页兼职编辑一职很感兴趣。 　　我现在是出版社的在职编辑，从2008年获得硕士学位后至今，一直在出版社担任编辑工作。两年以来，对出版社编辑的工作已经相当了解和熟悉。经过出版者工作协会的正规培训和两年的工作经验，我相信我有能力担当贵公司所要求的网页编辑任务。 　　我对计算机有着非常浓厚的兴趣。我能熟练使用FrontPage和DreamWeaver、PhotoShop等网页制作工具。本人自己做了一个个人主页，日访问量已经达到了100人左右。通过互联网，我不仅学到了很多在日常生活中学不到的东西，而且坐在电脑前轻点鼠标就能尽晓天下事的快乐更是别的任何活动所不及的。 　　由于编辑业务的性质，决定了我拥有灵活的工作时间安排和方便的办公条件，这一切也在客观上为我的兼职编辑的工作提供了必要的帮助。基于对互联网和编辑事务的精通和喜好，以及我自身的客观条件和贵公司的要求，我相信贵公司能给我提供施展才能的另一片天空，而且我也相信我的努力能让贵公司的事业更上一层楼。 　　随信附上我的简历，如有机会与您面谈，我将十分感谢。即使贵公司认为我还不符合你们的条件，我也将一如既往地关注贵公司的发展，并在此致以最诚挚的祝愿。 　　此致 敬礼 　　　　　　　　　　　　　　　　　　××× 　　　　　　　　　　　　　　　×××年×月×日 （资料来源：应届毕业生网，http://yjbys.com）	开门见山，写出求职目标以及求职信息来源，这是求职信开头比较常见的写法 　　紧紧围绕求职目标来写自己的应聘条件，有的放矢，针对性强；语言简洁，条理清楚 　　结尾表达了自己的愿望和决心，语言诚恳有礼

案例二

参加校园招聘的求职信。

例文2	点评
求职信 尊敬的招聘主管： 　　您好！ 　　我叫×××，是×××职业技术学院商贸分院会计电算化专业的一名应届毕业生。从贵公司网站获悉正在进行校园招聘，结合自身条件，特向您呈上我的求职信。 　　真诚细致、努力进取是我的信念，勇于接受挑战、开朗乐观、乐于钻研、有毅力、爱交际是我的特点。 　　大学三年，我既注重基础知识的学习，又注重个人能力的培养。在学校严格的教育和个人的努力下，我具备了扎实的专业基础知识，全	从贵公司网站获悉，关注公司，拉近距离

续表

面系统地完成了包括财务会计、预算会计、成本会计、管理会计、会计信息系统在内的一系列会计专业课程的学习；具备一定的英语听、说、读、写、译能力；熟悉计算机的基本操作和常用软件的操作；了解对外工作的基本礼仪。同时，利用课余时间广泛阅读各类书籍，开拓视野，增长见识，充实自己，培养自己多方面的技能，让自己可以紧跟时代的步伐。	简明地介绍自己，第一印象很重要
此外，我还多次利用寒暑假时间走出校门体验社会，做会计师事务所、超市的兼职工作，让自己近距离接触社会，感受生活，学习与人沟通相处，为能真正走进社会后尽快适应社会新环境做好准备。	
在校期间，曾担任院组织部部长、班团支书等职务，繁忙的工作让我学会如何更好地为人服务，让我懂得如何高效优质地完成工作，让我得到宝贵的组织管理策划经验，让自己的口才与胆识得到良好的锻炼，我还在学院举办的辩论赛中获得冠军。	学到的知识和成果，重点突出
我热爱我所选择的会计专业，殷切地希望能够在你们的带领和指导下，不断提升自我，发挥专长，实现人生价值。机会留给有准备的头脑，而我已经做好准备。	
请各位领导给我一个机会，我会用行动来证明自己。最后，衷心祝愿贵公司事业发达、蒸蒸日上。	在实践中提升自我
<div align="right">×××职业技术学院 商贸分院：××× ×××年×月</div>	今后抱负及努力方向
附件： 1. 简历； 2. 在校期间成绩一览表； 3. 获得的各种证书； 4. 联系方式：×××××××××。	诚意加敬意

案例三

应聘市场部业务员求职信。

例文3	点评
求职信 尊敬的领导： 　　您好！ 　　我从《人才市场报》上获得贵公司的招聘信息。首先，非常感谢您给我这次难得的机遇：您在百忙之中抽出一点时间来阅读我的求职信。	表明求职信息来源，明确求职意向
我是××职业技术学院市场营销专业的学生，现在离开母校，即将踏入社会大学，心情是那样地兴奋又彷徨。我渴望一个新生活的舞台，欲应聘贵公司市场部业务员一职。	

续表

在老师的严格教育及个人的努力下，我具备了扎实的专业基础知识，更重要的是，严谨的学风和端正的学习态度，学校的生活塑造了我朴实、稳重、创新的性格特点。我系统地掌握了有关的市场营销理论；熟悉涉外工作常用礼仪；能熟练开展市场业务；同时，也在不断地培养自己多方面的能力。 　　在激烈的人才竞争中，虽然我只是一名大专生，没有本科学生的知识渊博，但我有一颗真挚的心和拼搏进取的精神，进入大专以后，我抓紧每一天进行专业知识的积累和营销基本功的培养，不断充实自己，让自己成为有信心、有责任感的人。 　　在校期间，我积极参加社会实践活动，积累了丰富的实践经验，参与过许多公司的市场销售工作，学会了吃苦耐劳，培养了强烈的集体责任感，业务能力、社交能力都有一定的提高。 　　过去并不代表未来，勤奋才是真实的内涵。对于实际工作，我相信，我能够很快适应工作环境，熟悉业务，并且在实际工作中不断学习，不断完善自己，做好本职工作。再次感谢您阅读我的求职信。期盼与您的面谈！相信您的信任和我的勤奋将会为我们带来共同的成功。谨祝工作顺利！ 　　此致 敬礼 　　　　　　　　　　　　　　　　　　××× 　　　　　　　　　　　　　　　　　×××年×月×日 　　附件： 　　1. 毕业证书； 　　2. 三好学生证书； 　　3. 计算机等级证书； 　　4. 联系电话：××××××××。	突出自身较扎实的专业知识与较强的敬业精神 明确求职目标

案例四

生物技术及应用专业应届毕业生自荐信。

例文 4	点评
自荐信	标题醒目
尊敬的领导： 　　您好！ 　　我是××职业技术学院食品与生物工程分院生物技术及应用专业的一名学生，即将毕业。 　　××职业技术学院是高职高专国家级百所示范校之一，素以治学严谨、铸成精艺、育人有方而著称；食品与生物工程分院则是全国食品及药品职业技能鉴定基地及吉林省教学改革试点基地之一。在这样的学习环境下，无论是在知识能力，还是在个人素质修养方面，我都受益匪浅。	品牌院校试点专业

续表

三年来，在师友的严格教益及个人的努力下，我具备了扎实的专业基础知识和实践技能，系统地掌握了啤酒生产与操作、品控与管理等有关理论知识与技能；熟悉工作常用礼仪；具备较好的英语听、说、读、写、译等能力；能熟练操作计算机办公软件。同时，我利用课余时间广泛地涉猎了大量书籍，不但充实了自己，也培养了自己多方面的技能。更重要的是，严谨的学风和端正的学习态度塑造了我朴实、稳重、创新的性格特点。	储备的知识和技能 特长和个性
此外，我还积极地参加各种社会活动，抓住每一个机会，锻炼自己。大学三年，我深深地感受到，与优秀学生共事，使我在竞争中获益；向实际困难挑战，让我在挫折中成长。祖辈们教我勤奋、尽责、善良、正直；××职业技术学院培养了我实事求是、开拓进取的作风。我热爱贵单位所从事的事业，殷切地期望能够在您的领导下，为这一光荣的事业添砖加瓦；并且在实践中不断学习、进步。	顺应时代要求迎接各种挑战 诚意加敬意 给对方以办事认真、考虑周详的印象
收笔之际，郑重地提一个小小的要求：无论您是否选择我，尊敬的领导，希望您能够接受我诚恳的谢意！ 祝愿贵单位事业蒸蒸日上！ ××职业技术学院 食品与生物技术分院：×× ×××年×月 附件： 1. 简历； 2. 在校期间成绩一览表； 3. 获得的各种证书； 4. 联系方式：××××××××。	附上自己在校学业经历证明

  技能训练

一、判断题

1. 面向社会的求职信可以公开登在报纸杂志上。（　　）

2. 求职信内容的末尾，要写出求职人的求职动机。（　　）

3. 写求职信也可以附带有关求职者的证件，例如户口本、个人影集及往来信函等。（　　）

4. 为了证明求职信中所介绍的内容，应尽量在附件中罗列有说服力的材料。（　　）

5. 写好求职信能给用人单位留下良好的第一印象，有利于达到谋求职位的目的。（　　）

6. 求职信与应聘信是一回事。（　　）

7. 大中专学生与在职人员求职信的内容应是一样的。（　　）

8. 求职信言简意赅，不仅能反映自己的写作水平，还会给人以精明练达的好印象。（　　）

二、选择题

1. 求职信一定要写明求职者的（　　　　）。

A. 家庭背景及个人专长等

B. 年龄、学历、工作资历及能力等

C. 工作业绩和交际范围等

D. 个人性格及喜怒哀乐

2. 面向社会求职，求职信开头（　　　　）

A. 在称呼前写修饰语　　　　B. 可以直接称呼对方的职务

C. 写出领导人的姓名　　　　D. 称谓可以免写

三、改错题

病文一

求职信

我于2006年3月从部队复员，25岁，大专学历，住在永定街2号，联系电话×××××××。我有吃苦耐劳的好作风，在部队获得射击第三名。我的计算机技术在女兵里是最好的。

因此，我请求担任贵公司的打字员。

病文二

尊敬的各位领导：

众所周知，您们招聘人才的时候，从自身的长远发展考虑，往往把眼光锁定在本科生，对本科生寄予厚望，我不反对，也没有权利和资格反对。但是却不幸地忽略了专科生的长处！为什么您们就那么坚信：只不过多在学校读了一年书的本科生们，就一定会比我们这些专科生，高明很多呢？

就拿我来说吧，是一个很有自信的人（不然也没有必要给各位领导先生们写这种自荐信了）！学历低已经是无可奈何命中注定的事了！能力再低就未免太说不过去了（这是我进专科大门后的第一个反应）抱着这种态度，我努力地提高着自己的能力，在学校里除了学好专业课以外，还积极地参加各种社团活动，培养并提高了自己的交际能力，进了院报，当了名学生记者，实现了"记者"的心愿。

主要还是对专业技能的钻研。毋庸讳言，计算机在我们陶瓷学院众多专业中，的确算不上主流。然而放眼整个学院，无疑也算是给我们营造了一个良好的学习氛围，齐全的图书资料，充足的自学空间。才得以让我可以在简历中的主学课程栏里，尽情书写！啰唆了这么久，无非只是想告诉您们：三年的时间，要想学好一门谋生的技能，并非不可能！

我不敢自夸自己的专业学得非常的好，毕竟对计算机的应用，在这个时代和社会太普遍了，人的精力非常有限，很难做到一网打尽，全部都学会。而我开始又偏偏没有看透这点，趁着年轻力盛，血气方刚，拼命地自学了许多内容，以致太杂，辜负了专科的"专"字了！

但无论如何，现在能在毕业的时候，觉得自己居然会为读了专科而没有脸红，甚至还能自觉问心无愧，相当难得了！

本人素知像我这样一个经验不足的应届毛头小伙子，仅凭三言两语，是很难打动你们的心。所幸的是，你们给了我一个月的试用期作缓和阶段。由此，可以促进我们彼此之间的相互了解，加大进一步合作可能。至于待遇，不是关键，我只是希望它能切实地同我的实际能力紧密地联系起来。同时，为了安全起见，我也殷切地希望，您们能帮我解决一下住宿问题！不胜感谢保证的话全是徒劳，没什么好大的必要，看我试用期的表现吧！！！

——一个纯粹的求职者

四、写作题

在报刊上找一则招聘启事或广告，针对它的要求写一封应聘信（500 字左右）。

第五节　祝词、欢迎词、欢送词

 知识导航

一、祝词、欢迎词、欢送词的含义

祝词，也可写作祝辞，泛指对人对事表示良好祝愿和庆贺的言辞或礼仪文书。祝词常用于开工典礼、剪彩仪式、开业、会议开幕等场合，也常用于国际交往中。

欢迎词是在迎接宾客的仪式、集会、宴会上主人对宾客的光临表示热烈欢迎的一种礼仪文书。

欢送词是在欢送宾客的仪式、集会、宴会上主人对宾客即将离去表示热烈欢送的一种礼仪文书。

祝词、欢迎词和欢送词都属于礼节性社交活动的讲话稿。

二、祝词、欢迎词和欢送词的结构和写法

祝词、欢迎词和欢送词的写法基本一样。欢迎词和欢送词的格式都一样，只是内容有迎和送的区别，在欢迎的宴会上所致的祝词（祝酒词）实际上就是欢迎词，在欢送宴会上所致的祝词（祝酒词）实际上就是欢送词，只是祝酒词的结尾要比前两者的结尾多一个祝酒辞令。

（一）标题

可直接以文种"祝词""欢迎词"或"欢送词"为题，也可以以场合和文种为题，如"在开学典礼上的欢迎词"等；还可以以主人的名称、被欢迎或欢送的宾客和文种为题，如"周恩来总理在欢迎美国总统尼克松的宴会上的祝酒词"。

（二）称谓

对被欢迎、欢送、祝愿、祝贺的对象的称呼，称呼前可加修饰语"尊敬的""敬爱的"之类，称呼后可加头衔，也可加"先生""女士""夫人"等。

（三）正文

欢迎词的正文，一般先写表示欢迎的话；接着写宾客来访的目的、意义、作用；继而回顾双方交往的历史与友情，赞扬宾客在某些方面的贡献及双方友好合作的成果，表示继续加强合作的意愿、希望；结尾写祝颂语，对宾客的光临再次表示热情的欢迎和良好的祝愿。

欢送词的基本格式及写法与欢迎词大致相同。它的正文一般应包括这样的内容：对宾客的离去表示热烈欢送；有关欢送的具体内容，如宾客逗留的时间及离别的日程，叙述访问的

行程及收获，对宾客的希望及要求，表示继续加强交往的意愿；结语常需再次对宾客的即将离去表示热烈的欢送。

不同类型的祝词正文有不同的写法：会议祝词突出祝贺会议的内容及寄予希望；事业祝词突出祝贺事业的内容并祝愿其取得更大的成功；庆祝宴会或庆功祝词，则概括地回顾总结前段工作所投入的力量和所取得的成就或变化、发展。社交性祝词大致可分为以下几种：

（1）祝寿。既祝愿对方幸福长寿，也赞颂其已经取得的成绩和作出的贡献。

（2）祝新婚。主要祝愿夫妻恩爱、生活幸福、携手并肩搞好工作等。

此外，社交性祝词还有祝贺晋级提职、生男添女和工作、学习中取得成果等。

祝酒词，一般用于宴会上举酒祝愿，用得较多的是公关场合，尤其是外交场合。一般是先对宾客或来访者表示热烈欢迎；接着回顾双方的友好交往，盛赞友情，提出祝愿和希望；结语一般句式为"为……而干杯！"

（四）落款

即在正文下面右下方写明致祝词、欢迎词和欢送词的机关、人物的名称和日期。如果在标题中已经写明，则此处不必再落款。

三、祝词、欢迎词和欢送词写作的注意事项

（1）感情须亲切、真挚、诚恳，要符合当时情况，能适当引导出席者的情绪，以创造一种友好的气氛，密切关系以推动双边合作。

（2）注意礼貌，又有分寸，既尊重对方，又不卑不亢。

（3）有分歧的问题、意见不一致的问题不在言辞中表露。

（4）语言要便于交际场合朗读、演说，即上口、好读。

（5）动笔之前，要了解对象的基本情况，比如已取得的成就及影响、大会的宗旨、工程建设的目的等。这样，才能切合实际，有的放矢，言之有物。

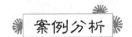 案例分析

案例一：祝词

在毕业典礼上的致词。

例文1	点评
在毕业典礼上的致词 尊敬的各位老师，亲爱的同学们： 　大家早上好！ 　在今天这个隆重而热烈的庆典上，我非常荣幸代表软件学院××××届全体毕业生在这里发言，向西电道别，向师长道别，向朝夕相处的同窗们道别，也向这段不能忘怀的年轻岁月道别！ 　四年前，我们手捧大学录取通知书，带着向往，怀揣梦想，从祖国的大江南北来到了西电的莘莘校园。四年时光，如白驹过隙！小花园的串串紫藤花倾听了我们的琅琅诵读，图书馆的盏盏日光灯照应了我们的孜孜求知，机房的只只键盘见证了我们收获的喜悦。西电四年，我们更进一步学会了分析与思考，学会了丰富与凝练，学会了合作与竞争，学会了继承与创新，也学会了如何不断超越自己、突破自己而	称谓得当 本文是毕业典礼上的祝词，开篇即感情充沛地表达道别之情，点题 回顾四年的大学生活中，母校的培养和教育让我们有了丰硕的收获。一系列以"学会了"开头的句子使语势得到增强，感情得到加深

续表

成长。西电以她特有的深厚底蕴教我们如何去面对逆境，如何去面对挑战！四年后的今天，当我们手捧毕业文凭，即将别离这方校园之时，不由思绪万千——如今识得愁滋味，相见时难别亦难！ 在此请允许我代表在座的所有毕业生向四年来辛勤劳作、给予我们启迪、授予我们智慧、赋予我们关怀的老师们表示最诚挚的感谢！我们将永远感激和尊敬您们！ 同学们，摘去了那枚校徽，也就摘去了社会对我们的宽容。毕业既是一个终点又是一个新的起点。"宝剑锋从磨砺出，梅花香自苦寒来。"四年里所有的酸甜苦辣都凝聚成今日的成果，我们的本科生活也即将画上一个圆满的句号，这句号也将是我们迈向更高层次追求的号角。 宋代大儒张载曾经说："为天地立心，为生民立命，为往圣继绝学，为万世开太平！"这是古代志士仁人的理想，更是而今我辈的抱负。我们的前方也许有阴霾，未来或许有泥泞，但我们一定要做智慧与激情并重的人，做胸怀大志并脚踏实地的人，做德才兼备并勇于创新的人，做富有责任并敢挑重担的人！我们的时代，我们的祖国，还有我们热切等待的事业，都是指引我们脚步和方向的恢宏力量。 "今日我以西电为荣，明天西电以我为荣"。同学们，让我们牢记西电领导、老师们对我们的殷切期望；让我们牢记母校"厚德求真砺学笃行"的校训，带着在这个美丽校园里耕耘四年的收获奔赴祖国的四面八方，在软件事业的征程中昂首奋进，谱写新的篇章！ "雄关漫道真如铁，而今迈步从头越。"请母校放心，我们将在母校的注视下，以西电人、软院人特有的风格，去投身社会，服务社会，奉献青春，实现自我。我们一定会踏踏实实做人，认认真真做事，无愧于西电对我们多年的培养，为母校争光！ 最后，衷心祝愿我们的母校负重奋进，再书华章！ 祝愿西电的领导、老师们万事如意，身体健康！ 祝愿所有的××××届软院毕业生一帆风顺、事业辉煌！ 谢谢大家！ ××× ××××年×月×日 （资料来源：中国教育资源网，http://www.chinesejy.com/）	承上启下的过渡段，文中点题，表达对母校惜别之情 引用诗文具有画龙点睛之效，启人心智、升华主题，增加了文学色彩；排比句的运用加强了语势、增强了感染力，把感情抒发得淋漓尽致 展望未来，表达立业乐业、为母校争光的雄心壮志。感情充沛，现场感强 结尾表达对母校、老师及同学的祝福之情，深化主题

案例二：祝酒词

杨洁篪部长在外交部新年招待会上的祝酒词。

例文2	点评
杨洁篪部长在外交部 **新年招待会上的祝酒词** 尊敬的戴秉国国务委员， 尊敬的各位使节、代表和夫人， 各位同事、女士们、先生们、朋友们： 在这辞旧迎新之际，很高兴与各位新老朋友再次聚集一堂，共迎新的一年。首先，我要特别欢迎和感谢戴秉国国务委员和有关部门负责人拨冗出席今天的招待会，与各位使节和朋友们见面交流。一年来，	

续表

各位驻华使节、代表以及驻华外交官们为促进中国同各国及国际组织的友好合作关系付出了辛勤的努力，作出了积极的贡献。我谨代表外交部，向你们及各位来宾致以最美好的新年祝福，向所有关心和支持中国外交的朋友们表示衷心的感谢！

内容分为三部分，首先对与会者的到来表示欢迎和感谢，并对各位来宾致以最美好的新年祝福

2012 年，国际形势继续发生复杂深刻变化。世界多极化、经济全球化深入发展，文化多样化、社会信息化持续推进，全球合作向多层次全方位拓展，保持国际形势总体稳定具备更多有利条件。同时，世界仍然很不安宁。面对纷繁复杂的国际形势，国与国相互交流与合作日趋活跃，在友好交往中厚植友谊、在对话协商中化解矛盾、在互利合作中实现共赢，越来越成为各方的共识与追求。

其次回首 2012 年，中国在外交上取得了新的积极进展，在国际地位和影响上也有了显著的提高

今年是中国发展进程中十分重要的一年，中国共产党第十八次全国代表大会胜利召开，确立了全面建成小康社会和全面深化改革开放的目标，对新的时代条件下推进中国特色社会主义事业作出了全面部署。十八大报告强调，中国将继续高举和平、发展、合作、共赢的旗帜，在国际关系中弘扬平等互信、包容互鉴、合作共赢的精神，坚定奉行独立自主的和平外交政策，始终不渝走和平发展道路，坚持在和平共处五项原则基础上全面发展同各国的友好合作。

回首 2012 年，中国外交取得新的积极进展，中国国际地位和影响进一步提高。我国领导人成功出席金砖国家领导人第四次会晤、二十国集团领导人第七次峰会、亚太经合组织第二十次领导人非正式会议等一系列重大多边活动，与各国领导人就推动解决国际和地区重大问题深入交换意见。我国领导人重要出访 19 起，外国领导人来华访问 59 起，有利促进了中外友好合作关系。我们推动与各国关系进一步发展，同周边国家睦邻友好合作不断深化。我们在处理国际和地区热点问题上进一步发挥负责任、建设性的大国作用，积极推动和平解决有关争端和问题，维护不干涉内政等国际关系基本准则。我们积极开展公共外交和人文交流，推动中国人民与世界人民加深了解和友谊。

即将到来的 2013 年是我们贯彻落实十八大精神的开局之年，中国将在全面建成小康社会、加快推进社会主义现代化方面取得新进展。中国外交将在保持稳定性、连续性的基础上，积极适应国际国内形势的新变化新要求，与时俱进，开拓创新，为全面建成小康社会和社会主义现代化建设营造更为有利的国际环境。我们将同各国一道，共享机遇、共迎挑战，为促进人类和平与发展的崇高事业作出新的更大贡献！

再次展望 2013 年，中国将一如既往同各国一道，共享机遇、共迎挑战，为人类和平与发展作出贡献力量

在新的一年里，我们期待着继续与各位使节、代表和朋友们保持良好合作，同各有关部门加强相互支持与配合，为推进中国与世界各国的友好事业作出不懈努力！

现在，我提议：

为世界和平和各国人民福祉，

为中国与各国的友好关系，

为各位来宾、朋友的健康幸福，

干杯！

最后为祝酒词令

全文既有针对性，又合乎历史现实以及共迎新年的场景，感情真挚诚恳，不卑不亢，表现了大国外交部长的风度

2012 年 12 月 10 日

（资料来源：中华人民共和国外交部网，略有删改）

案例三：祝寿词

奶奶八十大寿祝寿词。

例文3	点评
祝寿词 尊敬的各位来宾，各位亲朋好友： 　　岁月轮回，春去秋来，今天是我尊敬的奶奶的八十大寿。在这里，我首先代表所有亲朋好友向奶奶送上最真诚、最温馨的祝福，祝奶奶福如东海，寿比南山，健康如意，笑口常开，益寿延年！ 　　风风雨雨八十年，奶奶阅尽人间沧桑，她一生中积累的最大财富是她那勤劳善良的朴素品格，她那宽厚待人的处世之道。这一切，伴随她经历了坎坷的岁月，更伴随她迎来了今天晚年的幸福生活，儿孙们感谢奶奶为我们付出的辛苦，以及养育之恩。 　　最后让我们献上最衷心的祝愿，祝福老人家生活之树常绿，生命之水长流，祝福在座的所有来宾身体健康、工作顺利、合家欢乐、万事如意！ 　　谢谢大家！ 　　　　　　　　　　　　　　　　　　　　　孙女 　　　　　　　　　　　　　　　　×××× 年 × 月 × 日	写作目的，所祝之人、所祝之事，表达强烈的祝福之情 　　回顾奶奶风雨人生，提升宴会祝福的气氛 　　结尾再次表达的祝福，全文感情真挚，语言亲切

案例四：贺词

教师节贺词。

例文4	点评
教师节贺词 尊敬的各位领导、全体老师： 　　大家好！ 　　又是一年枫叶红！ 　　共和国第二十二个教师节已信步走来，在此我代表学校党委行政，并以个人的名义向各位老师真诚地道一声：教师节快乐！诚挚地问候一句：辛苦了！ 　　教师，神圣而平凡，他是人类灵魂的工程师，职业倍显高贵与神圣；他无权无势，三尺讲台，默默耕耘，只能用普通平凡来描述。教师，复杂而简单，人间万象，浩瀚知识，都由他掌握并传承；不断地探索，不断地补充，无法形容其复杂和奥秘，但她能深入浅出，把高深的道理用朴素、简单的逻辑演绎出来。更重要的是教师为人透亮，光明坦荡，无私而洒脱，分明是告诉世人和学子，有多少"存货"，毫无保留地供应多少"顾客"，燃烧自己，照亮别人！ 　　古人云，三人行，必有我师，是指各有所长，相互为师；又曰，一日为师，终身为父，是指教师与学生之间的亲近关系和永恒哲理。德高为师，学高为师，身正为范，是说教师是标杆，是旗帜……我说，人一辈子离不开教师，是教师陪伴了人的一生。他的影响无处不在，无	如花如画般 　　引出祝福 　　精雕细刻工程师形象，并赋予其高尚的灵魂 　　让人们可观可感他的精神品质

所不及，无论是牙牙学语童年，懵懂青涩少年，还是风华正茂、激扬文字的青壮年，甚至是自诩学富五车，颇有成就的中老年；因为学无止境，学而知不足是世界上永恒的定律。这只说明了一个道理：教师，塑造了人类，拓宽了时空！同理，黄师人牢记"二十字"办学理念，坚定不移地实施"攀层次、上水平、创特色"的宏伟大业。黄师正处于发展的关键时期，但无可争议而且必将被证明的是：书写这段辉煌历史的无疑是我们尊敬的教师和这些教师培育的桃李们！ 　　最后祝教师们好梦成真！ 　　　　　　　　　　　　　　　　　2016 年 9 月 9 日 　　（资料来源：百度文库，http://wenku.baidu.com/view/d2be1712552 70722192ef7c4.html）	师表传承文化，育桃李香满园 寄予希望 达成心愿

案例五：欢迎词

例文 5	评析
欢迎词 2020 届新学友们： 　　你们好！我以大姐姐的身份，真挚地欢迎你们荣幸地跨入燕山大学，并预祝你们四年大学生活和谐愉快！ 　　新学友们，当你们还沉浸在金榜题名的喜悦中时，大学生活就要开始了，我相信，此时此刻，你们的心里正涌动着一种无法抑制的激情，不约而同地呼唤着同一种声音："燕大，我们经过长途跋涉，终于投入了您的怀抱"。这里有自由、新鲜的空气，有湖光山色，有书香鸟语，有新同窗，有新生活……没错，燕大钟灵毓秀，是造就栋梁之材的理想之地。新学友们，你们准备好了吗？你们对四年的大学生活有何打算？这是新学友们首先面对的大问题。进入大学以后，新生们除了兴奋和激动外，还会有一种适应新生活的忐忑和迷茫，更会遇到这样或那样的新问题，大学四年的生活会怎么度过？四年后的前途又会怎么样？其实，这种担心、疑惑和迷茫，这种对大学生活的不适应，是新学友步入新生活的通病。但是，请相信，它们必定会伴随着你们的成长而逐渐消失。作为一名大二的学生，一名"学长"，在此给新生们提些建议，也希望能够给大家些许启迪。 一、平常之心看待大学生活 　　人的期望，构成努力的动机。理想和现实之间往往存在某种差异，正是这种差异使我们有兴奋与失落之感，跨入燕大，无疑是你长久努力的结果，但燕大或许与你心仪的大学有些差距，这就使同学们有了兴奋与失落之感。但是，我想说的是："大学是用来珍惜的，不是用来惋惜的"。你只有把抱怨环境的心情，化为上进的力量，才是成功的保证。而这时你需要用一颗平常之心去面对过去你所作的努力和现实之间的差距，不可因现实的成功而过度兴奋，以至演变成自恋和目空一切；更不可因努力与现实所存在的差距而过分低落，灰心生失望，失望生动摇，动摇生失败，人生切不可在这样的怪圈中徘徊。因此，当我们进入大学之初，必须适当地调节自己的情绪，不以物喜，不以己悲，以一颗平常之心面对即将开始的大学新生活。毕竟大学只是一个	学姐真挚祝福 自由的空气 秀美的景色 海纳百川 兴奋、激动 忐忑、迷茫 我也感同身受过 树立目标 达成愿望 珍惜生活 理性对待得失 正视自我 调节情绪

续表

平台、一个台阶，大学生活如何，取决于自己的作为，而不是大学学校本身。努力！不要让自己的大学生活回忆太过苍白。	让自己的生活更精彩
二、适应环境，独立生活	
步入大学的新生可能都会面临第一个问题，那就是环境和角色的转变了。首先便是生活的独立。进入了大学，父母亲友都不在身边，这种生活的独立可能迫使新生们必须在短时间内掌握一些"照顾自己"的技巧。	角色转变适应环境 掌握生活技巧
当然，更大的问题是如何正视"情感的独立"。作为成年人，大学需要真正地像一个成年人一样来处理事情，不能任由过去的一些小脾气、小性子来左右自己，坎坷挫折都必须由自己勇敢地面对，一个人只有真正经历痛苦、坎坷，才会明白，一切美化痛苦、坎坷的言辞是多么浮夸，一切炫耀痛苦、坎坷的姿态是多么做作。其次便是学习的独立。大学与高中最大的区别在于它的自由，不管是学习上还是生活上，在没有人监督和敦促的情况下，大部分时间靠自己的自觉和自律。在这里，今天的懈怠与纵容，可能直接影响今后的人生。	情感独立 学习独立 生活独立 自觉、自律、自强
很多学生入学后都抱怨"大学完全不像传说中的那么轻松，课业压力远胜于高中"。我相信，能这么抱怨的人，一定是对自己负责的人。上大学不是用来享受的，而是为未来奠定基础的，任何辛苦付出必将成为一种投资，学习正是最有效的一种。	勤奋耕耘收获才情
三、有理想，有抱负，力行之	条理清晰内容丰富
"志不立，如无舵之舟，无衔之马，飘荡奔逸，终亦何所底乎。"大学生，必有理想，人若无志，便如迷途盲人，更何况我们处于智力黄金阶段，面对大学这样一片能提供知识、提供导师、提供益友、提供实现自己抱负的"机会天堂"，怎能不心生激情，心生澎湃！所以，请认真问问自己，"我的抱负是什么""我需要怎样规划四年的大学生活""怎样充分利用学校提供的各种有利条件"……这样才能减少入学阶段的迷茫，这样才不至于被外界的诱惑影响，大学生活也将更加充实，有意义。	利用燕大的教育资源，实现自己的梦想
判断一个人，不是根据他自己的表白或对自己的看法，而是根据他的行动，如果我们自己有理想，有抱负，就应该马上行动，力行之方能求其实。但是我们在行动之前也应该理性看待事物的成败，不以成败论英雄，不急功近利，应抱着拼命精神去争取成功，去为我们的理想奋斗。	身体力行追逐梦想，理性看待成败
即使面临挫折、面临厄运也不应该气馁。"好的运气令人羡慕，而战胜厄运则更令人惊叹。"这是塞涅卡得之于斯多葛派哲学的名言。确实如此，没有浪漫气息的悲剧是我们最本质的悲剧，不具有英雄色彩的勇气是我们最真实的勇气。因此，在挫折绝望中我们要挺住。我们挺立在那里，没有观众、没有证人，也没有期待，没有援军。我们不倒下，仅仅是因为我们不肯让自己倒下。我们从此维护了人的最高的也是最后的尊严——人在大自然面前的尊严。	挫折中坚强成长，保留最高尊严
在转瞬即逝的大学四年中，我希望你能好好珍惜它，当回忆起的时候，多一分珍惜，少一分遗憾。让大学生活成为我们记忆中永不消逝的伊甸园。	多珍惜少遗憾，守住记忆中的伊甸园

2019 级全体同学
2020 年 9 月 7 日

（资料来源：百度文库，http://wenku.baidu.com/view/5185e76baf1ffc4ffe47acbb.html，有改动）

技能训练

1. 2013 年 9 月 10 日，×××职业技术学院举行新生开学典礼大会，请你代表老同学对新同学的到来致欢迎词。

2. 开明汽车零部件公司代表在一汽四环有限责任公司考察了三天，即将离开。时间虽短，但双方关系融洽，交流愉快，已经相约长期合作。请你为明天的欢送会拟写一份简短的欢送词。

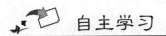

自主学习

知识拓展与自主学习二

第十章 办公事务文书

第一节 办公事务文书概述

一、概念及特点

办公事务文书是党政机关、社会团体、企事业单位内部处理日常事务时经常使用的一类业务文书。其中个别文种（如计划、总结）也适用于个人。

办公事务文书用于处理单位事务，属公务文书，它与行政公文有所不同。其一，它一般在本单位内部制发、传送，不需要写收文机关；而行政公文则常用于上下级之间、单位和单位之间，必须写明收文单位。其二，它不能像行政公文那样单独行文，如果要制成文件，必须通过公文的形式来行文（如录用通知等），而它自身则成了该公文的一个附件。

办公事务文书应用广泛，可用来布置和指导工作、总结和交流经验、研究问题、反映情况、规范行为等，在行政管理事务上具有重要作用，所以常被称为"准公文"。

办公事务文书的基本特点可概括为：

（1）对象的明确性。办公事务文书的写作有明确的对象、特定的读者，对于受文对象有明确的指导性和约束力，一般来说，受文对象是一定要看的。

（2）内容的实效性。办公事务文书是直接用来处理事务工作的，因此注重实用，讲求效率。从主旨的确立到材料的使用都必须切合实际，讲求效率，写作形式也要服从文书内容的落实和处理的需要。

（3）制作的程式性。办公事务文书一般都有约定俗成的格式。虽然它不像行政公文那样严格，但在长期的应用中，已逐渐形成了较为稳定的结构方式和用语习惯。虽然格式上有一定的灵活性，但总体上是相对固定的。

（4）较强的时限性。办公事务文书一般是针对工作、生活中的具体事务而撰写的，而一件事情的报道、一项工作的完成、一个问题的解决，都有一定的时间要求，故而办公事务文书的撰写、传送都必须及时，否则不能发挥其作用。

二、办公事务文书的种类联系及其区别

常用的办公事务文书有计划、总结、简报、调查报告和规章制度等。

计划和总结是一组有着密切联系的办公事务文书。计划制作于事前，总结拟写于事后。计划是总结的依据，总结是计划的检验和提高。它们对于指导今后工作都有非常重要的意义，但前者的目的在于对未来的设计安排，后者的目的在于找出对未来有指导意义的经验规律。表达上计划以说明为主，总结的重点则在分析议论上。

简报和调查报告都有沟通情况、宣传和交流经验、指导和推动工作的作用。不同的是，简报偏重单位动态信息的报道，重在及时、准确，表达上叙议结合，以叙为主；调查报告偏

重研究分析问题，重在抓住问题的实质，表达上以分析议论为经络，以事实叙述为血肉。

规章制度主要用于规范人们行为，建立正常工作学习的秩序，表达上的说明性和语言上的严密性是其基本特征。

三、格式及写作要求

（一）格式

办公事务文书在沿用过程中形成了它们各自的格式，我们将在后面的分节说明中作具体介绍。

（二）写作要求

办公事务文书的写作虽各有特点，写法不一，但都遵循以下一些基本要求：

（1）观点明确，主题鲜明。办公事务文书为事而作，讲求效率，想表达什么，必须明确具体，否则，难以提高办事效率。因此要从材料出发，提炼观点，用观点驾驭材料，反映事物的本质规律，做到观点明确，主题鲜明。

（2）材料真实，概括准确。办公事务文书大多要以事实为依据，从事实出发，提出主张，做出打算，表达观点。离开真实可靠的事实材料，或事实材料概括不准，都可能导致认识的错误和偏颇，影响办事效率。因此材料必须核实无误，概括一定要严谨准确。

（3）简明生动，交代清楚。办公事务文书以办事为目的，使用事务语体。事务语体最基本的特点就是简明准确。所以办公事务文书的用语忌空泛冗长、华而不实，忌含混不清、模棱两可，尽可能地选用群众喜闻乐见的富有表现力的语句。

（4）成文及时，合规合范。不论办什么事都有一个时限问题。办公事务文书的写作必须及时，否则就不能达到办事的目的。所谓合规合范，是指各种办公事务文书均有其具体的格式规范，不合规范就不能很好地起到办事的作用。

第二节　计 划

知识导航

一、计划的含义和作用

（一）计划的含义

计划是单位或个人为了在一定时限内完成某项任务而预先对目标、措施和步骤作出设计安排的办公事务文书。

计划是计划类文书的统称，也是各种计划最常用的名称。这类文书由于时限不等，详略有别，成熟度不同，因此还使用规划、方案、要点、设想、打算、意见和安排等名称。

（二）计划的作用

（1）激励和推进作用。有了计划就有了奋斗目标，可以激励、鼓舞人们为实现目标而勤奋工作。

（2）指导和约束作用。有了计划就有了步骤，可以指导人们各司其职、有条不紊地完成工作任务。

（3）保证和监督作用。有了计划就有了措施，可以使任务的完成得到保证；有了计划就有了标准，便于督促和检查工作。

二、计划的种类

计划的种类有多种划分方法，常见的分类方法有以下几种：

（1）按性质划分，有综合性计划、专题性计划。

（2）按内容划分，有工作计划、生产计划、军事计划、教学计划、科研计划和学习计划等。

（3）按时限划分，有跨年度计划、年度计划、季度计划、月份计划、旬计划和周计划；又可以把它们归并为短期计划、中期计划和长期规划。

（4）按范围划分，有国家计划、地区计划、部门计划、单位计划、班组计划和个人计划等。

（5）按形式划分，有条文式计划、表格式计划和条文与表格相结合式计划。

三、计划格式结构

计划的结构一般包括标题、正文、署名和日期三部分。

（一）标题

计划的标题一般有两种形式。

（1）完整式标题。一般包含单位名称、时限、内容和计划名称，如《××市工商局2022年财务工作计划》，"××市工商局"是制订计划的单位名称，"2007年"是计划的时限，"财务工作"是计划的内容，"计划"是计划类文书常用的名称。再如《××大学2022年思想政治工作要点》《××市2020—2030年城市绿化工作规划》，都是四项具备的完整式标题。

（2）省略式标题。指对完整式有所省略的标题，共有三种。

①省略时限。如《飞熊公司实行经营责任制计划》《跃华机械厂纪念"五四"活动安排》。

②省略单位。如《2022年工会工作要点》。

③省略单位和时限。如《公债和钞票的发行计划》。

所拟计划如还需要讨论定稿或经上级批准，就应在标题的后面或下方用括号加注"草案"或"初稿"或"征求意见稿"等字样，如《××市2022年再就业工程实施方案（讨论稿）》。

（二）正文

计划正文的形式有条文式、表格式、综合式三种，内容一般由前言、主体和结尾三部分构成。

（1）前言。计划通常有一个"引言"段落，主要点明制订计划的指导思想（即回答"为什么做"）和对基本情况的说明分析。前言文字力求简明，以讲清制订本计划的必要性和执行计划的可行性。前言与主体之间，通常用"为此，制订如下计划"或"为此，做好以下几方面的工作"等过渡句。

（2）主体。要回答"做什么""怎么做""何时做"等问题，即计划的三要素：目标任务、措施方法和步骤时限。

①目标任务。首先要明确指出总目标和基本任务，随后应根据实际内容进一步详细、具体地写出任务的数量、质量指标。

②措施方法。用什么措施方法确保完成任务、实现目标，这是有关计划可操作性的关键一环。所谓有方法、有措施就是对完成计划必须动员的力量、创造的条件、采取的手段、通过的途径等逐一列出。

③步骤时限。工作有先后、主次、缓急之分，进程又有一定的阶段性，为此在计划中针对具体情况应事先规划好操作的步骤、各项工作的完成时限及责任人。

（3）结尾。结束语可以展望计划实现的情景给人以鼓舞，也可以提出总的希望或者号召，还可以省略不写。

正文结构框架如图 10 – 1 所示。

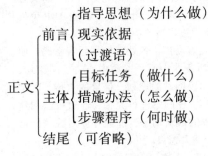

图 10 – 1　正文结构框架

（三）署名和日期

在正文的右下方写明制订计划的单位和日期。如果标题中已写明单位名称，这里写上日期即可。

四、计划写作要求

（1）注重依据。制订计划要有依据。一是政策依据，指党和国家在一定时期内的方针政策、法令法规，以及上级部门的指示、意见和要求；二是客观依据，指本地区、本部门、本单位或个人的实际情况。

（2）量力而行。制订计划要坚持实事求是的原则，量力而行。确定的目标，应该是经过努力能够达到的最高目标，既不保守，也不盲目。

（3）留有余地。计划是对未来的规划，难免有预测不到的地方，如果在制订时留有一定的余地，就可以在遇到新情况、新问题时及时进行修正、补充和调整。

（4）具体明确。计划的整体设想要清晰，内容要具体明确，任务措施要分项列出，使人一目了然，有利于实施检查。

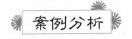

案例一

网络管理处 2012 年度工作计划。

例文 1	点评
网络管理处 2012 年度工作计划	四要素式标题：行文单位＋时限＋内容＋文种

一、指导思想

围绕"数字化校园"建设的总目标（现代化、数字化、生态化），以提高我校数字化校园建设水平为宗旨，加强学校网络硬件和软件建设。不断提高校园数字化管理水平，为学校教学、科研和管理工作提供一流的网络技术保障，为广大师生提供一流的网络平台服务，为学校跨越式发展作出更大的贡献。

（点评：前言提出制订工作计划的目的和依据）

二、具体工作任务和措施

（一）校园网硬件和软件环境建设

1. 校园网建设。规范现有网络，校园网络总带宽为 50M，购买万兆级交换机和路由器，所有主干线路均采用光纤通信。具备 ARP 免疫和病毒免疫的安全防护功能，具备视频广播的功能。

2. 校园网站建设。力求达到美观易用，各处室均有后台密码，便于各处室自主更新资源，具备教师备课中心、资源中心、校园论坛、留言簿等二级网站的功能。做好学校网站的规划，信息的上传，网站的更新、维护与管理。本学年将对学校网站进行完善，通过校园网建设，加强教学校貌，及时发布我校的最新动态，加强外界对我校的认识，使其成为我校对外宣传的一个重要窗口。

3. 监控系统。采用网络摄像机，具备 3G 网络监控和电脑监控，提供用户名和密码，向全校教师和家长开放，有利于家长及时了解学校的动态，了解子女在学校的情况，进一步起到教育宣传的积极作用。

4. 逐步建立网络视频会议系统、增加网络广告版面，逐步做到以网养网。

5. 配合有关部门，引进、开发出能够满足我校用户需求的实用信息平台或应用系统，为各个部门的数字化、信息化建设提供强有力的网络技术服务。

（点评：任务目标和方法措施采用的是结合起来的写法。即每列出一个工作任务，就围绕这一工作任务制定出实现这一任务目标相应的具体方法和措施）

（二）网络管理处内部管理和规章制度建设

1. 建立健全岗位责任制度，加强校园网络维护队伍管理。倡导工作人员爱岗敬业、刻苦钻研、无私奉献，努力打造一支专业技术过硬、服务意识强的工作队伍，做到各项业务工作均有专人负责，职责分明，责任到人。同时着力培养学生网络建设的能力，充分发挥学生在校园网建设中的作用，不断提高网络管理处用户服务工作质量，为学校用户提供最大方便。

2. 加强规章制度建设。结合校园网评估要求，加强校园网管理规章制度建设，切实督促落实，使网络管理处的各项业务及工作流程进一步走向规范化和制度化。

3. 培训和学习。有计划地选派网络管理处人员参加有关专业技术培训和交流学习，争取年均 1 次/人，通过培训和自学不断提升技术水平和业务素质。

（点评：信息的交流，呈现校风）

（三）加强网络管理，提升网络服务水平，协助有关部门共同推进我校数字化校园网建设	
1. 协助有关部门积极推进校园办公自动化，逐步实现网上办公、网上公文传输（逐步取消纸质公文），推进学校内部办公无纸化进程。	
2. 加强网络安全运行管理，完善校园网入侵检测体系的建设，加强网络病毒攻击的防范，形成一个安全高效的校园网络环境。	
3. 协助招生就业办做好网上招生工作。	"具体工作任务和措施"这一部分采用分条列项的写法，具体明确，条分缕析，文字表述言简意赅
4. 加强学校网站日常维护，做好各处室资源更新的监管指导工作；加强网络服务设备的日常维护，确保设备安全有效运行。	
5. 做好节假日值班工作，及时处置网络安全突发事件。	
6. 处理好校园网站上的政治性敏感话题和投诉意见，及时地向相关部门反馈信息。	
（四）用户教育和培训	
1. 利用多种渠道大力开展网络安全教育，积极宣传网络安全法规。	
2. 网络管理处将采取多种形式，分别组织各级管理人员、兼职网管、学科教师和学生进行网络基础知识等相关培训。	
3. 计划在本年度开展三次培训活动："网络管理及应用培训讲座""校园网使用培训讲座""计算机病毒防治培训讲座"。	
（五）其他常规性工作	
1. 严格执行网络的各项审批制度。	
2. 加强网络管理处固定资产的管理。中心固定资产员统一建账、报账，不定期抽查设备使用、保管情况，专人专管，责任到人，确保设备正常运行。	
3. 除了日常工作外，对领导临时安排的各项工作任务，应及时有效完成。	
4. 做好各计算机房的管理、使用、维修与维护工作。	
（资料来源：百度文库，http://wenku.baidu.com/view/91a2ea1014791711cc7917b3.html）	

案例二

2019—2020 年学年第一学期晨曦文学社活动计划。

例文 2	点评
2019—2020 学年第一学期 **晨曦文学社活动计划** **一、指导思想** 　　为进一步推动校园文化建设，展现我校师生的良好精神风貌，积极搭建学习交流平台，让同学们学习知识，展示才华，锻炼能力，提高素质，使文学社真正成为增强校园文化氛围、提高校园文化品位的舞台。	计划的目的具体明确

续表

二、活动计划

（一）活动设想

1. 招新

本学期初，文学社将开展一年一度的招新活动，为社团注入新的活力。聚集来自不同地方的文学爱好者，以不同的风格及表达方式展现个性化文学，借团队的力量提高自我，壮大校园文学阵地。

2. 军训征文

展现新一届大学生的军训风采和青春活力，表达现新一届大学生对军训生活的体会和对人生的思考。用你最真实的语言，表达你最真挚的情感，挥洒青春，表现自我，丰富《晨曦》社刊内容。

3. 秋游

为促进文学社社内人员的交流与合作，丰富社员的文化生活，我们将会在这学期11月份社员组织社员外出游玩。

4. 文学演讲

为提升本社成员的文学素养，将于11月份举办以"我喜爱的文学"为主题的讲演活动。讲讲你对文学的追求与热爱，以选拔优秀的文学青年，参与本学期大学生文学社团的联谊活动，共同构建社团文化新的气象。

（二）活动安排

时间	内容
9月	1. 宣传文学社，招收新成员 2. 召开全社大会，制订新学期的活动计划，布置任务
10月	1. 举办军训征文比赛 2. 军训征文比赛收集作品及评审 3. 制作社卡以及通信录
11月	1. 参加社团风采展 2. 举办"我爱邮院"大型签名活动 3. "绿营杯"演讲比赛 4. 文学社秋游活动
12月	1. 出版《晨曦》报刊 2. 召开总结大会，回顾本学期的发展，制定新目标

以上是我社初步拟定的这学期工作计划，可能有些不妥之处，还望指出，当然这些计划的实施还依赖于学生会各部门的支持和院领导的支持。

总之，我社的全体成员将以高度的热情投入文学社的工作中，努力完成本学期的工作计划。

晨曦文学社

2019年9月16日

其次是本学期的主要任务，并说明"为什么"

再次是具体安排。说明"做什么"

最后是完成计划的保证，即措施

案例三

食品与生物工程系"以心相约"迎新晚会方案

例文 3	点评
食品与生物工程系 **"以心相约"迎新晚会方案** 一、**活动主题**：以"以心相约"主题迎新晚会 二、**活动形式**：以 2021 级新生为单位，进行趣味游戏节目的主题迎新晚会 三、**活动地点**：206 教室 四、**活动目的**：为了使入学的新生能够感受到大学生活的精彩，丰富同学们的课余娱乐生活，促进同学间的感情交流 五、**活动时间**：11 月 13 日（星期日）晚 7 点 六、**活动对象**：全体 2021 级新生 七、**活动流程** （一）任务 前期：部门上交活动游戏——各部门准备节目； 中期：主持人培训——活动场地规划——所需物品采购； 后期：活动彩排所需设备的租借——安排新生晚会座次——开始晚会。 （二）具体流程 前期：宣传部出好宣传海报，在新生中进行宣传，提高同学参与活动的积极性。 中期：对场地进行规划，确保活动正常有序地进行。主持人进行前期的培训，购买所需的食品及装饰物品以及制作活动当天的宣传海报。 后期：彩排晚会当天流程，安排同学在会场中的位置等，贴出晚会当晚宣传海报等。 （三）活动当天节目 1. 文体部：开场舞； 2. 主持人开场； 3. 社团部：健美操；晚会当天布置好会场，打扫会场卫生，安排接待人员； 4. 实践部：音乐剧《学习》； 5. 保卫部：小品《保卫部的故事》； 6. 游戏"我唱的歌你懂的"； 7. 生活部：手语《阳光总在风雨后》； 8. 文体部：小品《恶搞琼瑶》； 9. 新老生交流； 10. 主持人致闭幕词，晚会结束。 八、**活动经费** 话筒：30 元； 水果、花生、瓜子：100 元； 水：30 元； 布置彩带、气球：30 元； 总计：190 元。	主题明确，方案具体 育人宗旨 精彩生活 增进了解 团队合作 各环节紧凑，流程细致，可行性强

续表

九、注意事项 1. 活动当天提前 15 分钟到场，并在各自位置上安静等待活动开始； 2. 人员在游戏中注意安全问题，避免出现事故； 3. 话筒等设备提前试音，避免现场出现意外。 **十、人员分工表** 组织策划：文体部； 话筒器材及教室租借：秘书部； 拉赞助：实践部； 所需的物品采购：生活部； 活动现场拍照：社团部、文体部； 现场道具准备：实践部； 会场道具制作、布置：保卫部、宣传部； 海报的制作、PPT 制作：宣传部； 活动后台操作：宣传部； 维持现场秩序：学习部； 搬桌椅、会场后勤工作：全体干事。	具有可操作性 调动学生策划积极性，培养组织管理协调能力，培养动手能力和思维缜密的做事态度

食品与生物工程系学生会

2021 年 9 月 8 日

（资料来源：百度文库，http://wenku.baidu.com/view/fb1dd5e85ef7ba0d4a733b90.html，有改动）

技能训练

一、填空题

1. 计划的标题包括_____、_____、_____和_____。

2. 填上恰当的计划名称。

（1）《××市城市建设总体_____》

（2）《××公司 10 月份政治学习_____》

（3）《××市住房制度改革_____》

（4）《××市××局 2022 年工作_____》

（5）《国家科委关于科技人员业余兼职若干问题的_____》

（6）《××市两个文明建设工作的_____》

3. 计划就是为实现某一_____，作出具体_____时所使用的办公事务文书。

二、判断题

1. 计划除了有明确的目标，还必须指出为完成目标所采取的措施步骤，且措施要切实可行。（　　）

2. 计划主要是靠制订者独立思考、发挥想象、反复推敲制订出来的。（　　）

3. 计划的主体内容概括起来是做什么、怎么做、要做到什么程度。（　　）

4. 计划一经制订就成为该时期或该方面工作的指导和依据，所以不能作任何调整和改动。（　　）

5. "任务要求"是计划正文的主要内容之一，主要是解决"怎么做"的问题。（　　）

6. 计划中的"怎样做"部分，一般要写出确定实施的步骤、措施、办法等。（　　）

三、选择题

1. 计划的主要内容包括（　　）。

A. 事前的安排和打算

B. 做了什么，怎样做的，有什么效果

C. 做什么，怎样做，完成时间

D. 工作中的心得和体会以及办法和措施

2. 下列标题不属于计划类的是（　　）。

A. 2021 年××市文化市场发展纲要

B. ××城镇住房制度改革实施方案

C. 崇川区人民政府 2022 年精神文明建设工作要点

D. 2012—2013 学年上学期工作情况汇总

四、改错题

计　划

我将于 2022 年 3 月 1 日起到 5 月 31 日止，加入体育系武术队，学习两个月的武术。因为自己体质较弱，要强身健体。从早晨 5 点起床，参加训练，6 点训练完毕，自己再巩固半小时技术要领。每天下午 5 点至 6 点，各用 1 小时，向武术队长学习打太极拳。两个月后，确保身体得到锻炼，并学会打太极拳。

2022 年 2 月 28 日

五、参照例文，根据你的实际情况写一份个人年度读书计划

2023 年度学习计划

为了不断更新自己的知识层次也为了响应党中央打造"学习型社会"的要求，与时俱进努力提高自己的综合素质，有计划地完成自己的目标，服务社会，特制订 2023 年度学习计划如下：

（一）学习目标

1. 通过电大本年度所有考试，顺利毕业。

2. 熟读××课程，完善自己的知识结构。

（二）学习步骤

1. 把闭卷考试的科目题库背熟。

2. 熟悉其他科目考题并反复看。

3. 到图书馆借阅中级相关资料书。

（三）学习措施

1. 个人自学。通过书本、电视、报纸、网络学习。

2. 向他人请教。向比自己懂的人多学多问，自己多练。

3. 每周坚持上网学习2个小时以上，及时解决学习中遇到的困难。

4. 制订学习时间表，张贴在办公室和家中，让同事和家人见证、监督自己的学习。

（四）学习时间

1. 每天读报，每月读一份文学类杂志，每年至少读一本名著。

2. 周一至周五每天晚上7：30—9：00学习一个半小时。

3. 周六、周日学习6个小时。

4. 每天用半小时到一小时的时间阅读当天报纸、杂志，了解国内外的重大新闻、政策形势，提高自己的政策理论水平。

（五）学习原则

1. 循序渐进，持之以恒，不能"三天打鱼两天晒网"。

2. 统筹兼顾科学安排。处理好学习与工作的关系，做到学习与工作有机统一，努力使学习工作化、工作学习化。

3. 融会贯通学以致用。通过不断学习各种知识来提高自身的理论业务水平，通过不断实践来丰富工作经验，把知识和经验的积累升华为思维模式的更新，进而转化为工作创新的源泉和动力。

4. 学习和实践相结合。用学习来提高实践能力，用实践来验证学习效果。

×××

××××年×月×日

第三节　总结

知识导航

一、总结的含义和作用

总结是单位或个人对过去一个时期内的工作、生产、学习等实践活动进行系统的回顾、检查、分析和研究，从中找出经验教训，获得规律性的认识，以指导今后工作的事务性文书。

总结类文书最常用的名称是总结，有时还称为小结、回顾、体会、经验和做法等。总结可以使单位或个人的某一项实践活动由感性认识上升到理性认识，以便发扬成绩，克服缺点，吸取经验教训，使今后的工作少走弯路，总结的主要作用有三个方面：看到成绩和问题，增强信心，防止自满；找出经验和教训，成为做好今后工作的宝贵财富；推广和传播先进经验，推动工作。

二、总结的种类

总结的种类划分与计划类似，主要有以下几种划分方法：

（1）按性质划分，有综合性总结和专题性总结两大类。

综合性总结是指对本地区、本部门、本单位一段时间内各方面工作所做的全面总结，所以又称全面总结，如"××厂2021年工作总结"。专题性总结是指对某项工作或某方面的工作所做的专门总结，如"××大学2021年基建工作总结"。

（2）按内容划分，有工作总结、学习总结、生产总结、思想总结、劳动总结和会议总结等。

（3）按范围划分，有个人总结和单位总结。

（4）按时间分，有月份总结、季度总结、年度总结和多年总结等。

三、总结的写作方法

公文写作由标题、正文、署名和日期构成。

（一）标题

总结的标题有两种写法。

（1）公文式标题。有完整式和省略式两种。完整式由单位名称、时限、内容、名称四个项目构成，如"××医院2021年度工作总结""××省2022年稻谷生产总结"。省略式即省略时限的标题，如"××机床厂推行满负荷工作法总结"；省略单位名称的，如"2008年工会工作总结"；省略单位和时限的，如"防疫工作总结"。

（2）通讯式标题。类似新闻通讯的标题，有单式和双式两种写法。

单式标题是指用一句话或一两个短语概括总结的主题或提出总结要回答的问题，如"实行优化劳动组合，调动职工积极性""我们是怎样开展学雷锋树新风活动的"。

双式标题是指由正副标题组成，正题是概括总结的主题或要回答的问题，副题标明单位、时限、内容和总结名称（也可以有所省略）。如：

把德才兼备的年轻人推上领导岗位

——××市2021年人事工作总结

（二）正文

总结的正文一般由前言、主体、结尾三部分组成。

前言即正文的开头部分，一般简要介绍工作背景、基本情况等，有的还对主要成绩和经验作出概括，以取得开门见山的效果。总之前言部分应力求简洁，开宗明义。

主体是总结的核心部分，要回答"做了什么""做得怎么样"的问题，一般包括以下几个方面：

（1）成绩和经验、体会。主要成绩是指工作中取得的成果，体会、经验是指取得这些成绩的原因、方法等，重在分析概括，升华为规律性的理性认识，是总结的核心所在。也就是要写明做了哪些工作，采取了哪些措施，取得了哪些成绩；要求材料翔实，言之有物，条理清楚，可以按材料的逻辑顺序安排层次，也可以时间为顺序安排层次。

（2）存在问题和教训。写出工作中存在的问题，并分析其主客观原因，由此得出教训。能发现问题，接受教训，总结才有意义。

（3）今后工作和努力方向。这部分内容是在总结经验教训的基础上，针对工作中的实际情况，提出改进措施，今后打算和努力方向，或者说明工作发展趋势，提出新的目标。

总结的结尾可以归纳呼应主题、指出努力方向、表示决心信心等。

（三）署名和日期

一般在正文右下方署名署时。如是报纸、杂志或简报刊用的交流经验的专题总结，应在标题下方居中署名。

四、应用文写作要求

（1）真实性。总结是人们自身实践活动的真实反映，应当完全忠实于客观事实。它所用的材料必须是实际情况，它的观点应该是从自身实践活动中恰当地抽象出来的认识和规律，不能强扭角度，任意拔高。

（2）理论性。总结不只是反映已经做过的工作的过程和情况，更重要的是，通过对情况的分析和研究，从感性认识上升到理性认识，即找出规律性的东西，达到理论高度。

（3）本体性。总结是对本地区、本部门、本单位或本人实践活动的反映和概括，因此都用第一人称（单位总结用"我们"，个人总结用"我"）；要用自身活动中的材料。

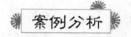 案例分析

案例一

2011 年信息系统安全工作总结

例文 1	点评
2011 年信息系统安全工作总结 　　为确保公司信息系统持续安全稳定运行，我中心把此项工作列入重要议事日程，明确主管领导、责任部门和相关人员，制定相应规章制度，确保了我公司信息系统持续安全稳定运行。现将 2011 年工作汇报如下： 　　**一、基本工作总结** 　　（一）安全管理制度落实情况 　　1. 成立了信息安全管理机构。明确信息安全工作由中心信息安全领导小组负责，该领导小组由中心工会主席××任组长，由中心安全部××为信息专责，各系统使用人员为成员。明确由信息中心负责公司信息系统安全维护工作。健全的机构、明晰的人员分工为公司信息系统安全运行奠定了坚实的基础。 　　2. 建立了信息安全责任制。按责任规定：中心信息安全领导小组对信息安全负首责，主管领导负总责，管理人员负主责，具体使用人员负主责。 　　3. 制定了计算机外网和公司网分离使用的相关保密管理制度。规定外网使用人员负责本台计算机信息管护工作，公司网使用人员负责内网保密管理，规定双网间不得相互搭接，严禁泄密。	公文式标题，标题省略单位名称，由时限、内容和文种组成 　　开篇概述基本情况，用"现将 2011 年工作汇报如下"引出主体内容，这是工作总结常用的形式 　　基本工作总结部分从五个方面概述一年来工作的基本情况、做法和成绩，主要突出做法 　　整个部分语言简洁，分条列项，条分缕析

（二）安全防范措施落实情况

1. 公司网计算机按照公司管理规定，经过了保密技术检查，没有同互联网相连接，并安装了防火墙，实行了物理隔离。同时安装了金山杀毒软件，具备防攻击、防瘫痪、防泄密等方面的功能。

2. 检测信息系统无安全漏洞，载有涉密内容的移动存储设备（包括软盘、硬盘、光盘等）没有带离办公地点，没有出现涉密内容在 Internet 相连的计算机系统中存储、处理、传输。

（三）应急响应机制建设情况

1. 按照要求制定了应急机构及应急预案等，做到了责任落实、人员到位、措施得力，并在中心内进行了广泛的宣传贯彻和培训，明确了应急技术支援队伍。

2. 坚持和涉密计算机系统定点维修单位取得密切联系，并商定在中心涉密计算机出现问题等应急技术时给予最大程度的支持。

3. 严格文件的收发，完善了清点、编号、签收制度，并要求办公室文员在每天下班前进行系统检查维护。

（四）信息技术产品和服务国产化情况

计算机的保密系统、公文处理软件、信息安全产品、服务器、路由器、交换机等皆符合相关技术要求。

（五）安全教育培训情况

1. 派专人参加了公司组织的网络系统安全和保密知识培训、安全技能培训等，并安排专人负责本中心的网络安全管理和信息安全工作。

2. 中心信息安全领导小组多次组织全中心职工学习计算机的基本操作技能和信息安全常识等内容。

总之，在 2011 年里我单位没有出现违反规定行为和造成泄密事故、安全事故的情况发生。

二、工作当中存在的不足

1. 对信息安全投入力量有限。由于办公费用紧张，对信息系统安全投入不足，硬件措施不能完全达到标准。

2. 人员培训力度需要进一步加强。2011 年在人员培训上也下了不少功夫，使用内网职工对于信息安全重要性的认识需要进一步提升，特别是岗位发生变化后，需要进行上岗前的培训，合格后方能开展相关工作，以进一步确保信息安全。

三、今后的整改措施

1. 针对信息安全意识需进一步提升问题，加大对计算机安全知识的培训教育力度，提高做好安全工作的主动性和自觉性。

2. 针对设备维护、及时更新问题，加大对线路、系统等及时维护和保养，同时针对信息技术的快速发展的特点，加大更新力度。

3. 针对信息安全工作水平不高问题，继续努力，在落实责任制上下功夫，坚持执行"谁主管谁负责，谁分管谁负责，谁维护谁负责，谁使用谁负责"的责任制方针，将上级的信息安全精神落到实处，力争把信息安全的管护提高到现代化水平，促进中心计算机信息系统安全的防范和保密工作的顺利开展。

4. 针对工作机制不够完善问题。要坚持以制度为根本，在进一步完善信息安全制度的同时，安排专人，完善设施，密切监测，加大奖

对本年度的工作成绩进行小结

从两个方面简述工作当中存在的不足

从四个方面提出下一步工作计划

惩力度，随时随地解决可能发生的信息系统安全事故，确保此项工作稳定运行。 ××××公司网络信息中心 2011 年 11 月 30 日 （资料来源：百度文库，http://wenku.baidu.com/view/202544faf705cc17552709fc.html，有改动）	标题省略单位名称，落款则必须出现单位名称

案例二

应用电子技术 2009－1 班综合实训总结

例文 2	点评
应用电子技术 2009－1 班综合实训总结 　　根据 2009 级应用电子技术专业人才培养目标的计划要求，应用电子技术 2009－1 班于本学期第 14 周进行为期一周的专业综合实训。 　　鉴于单片机应用的综合性、实用性和广泛性，以及考虑到为全国大学生电子设计竞赛培养后备力量，经教研会议集体研究决定，本次实训的任务为以单片机最小系统为核心，综合运用各门专业课程知识，设计一个单片机应用系统，并提交设计报告（纸质）。 　　本次实训教学，指导老师认真负责，采用集中指导与个别指导的方法进行实训教学；学生克服了时间紧、任务重、场地及设备条件不足的困难，努力完成了实训教学任务。本次实训达到了如下效果： 　　1. 使学生得到一次实战锻炼，培养了学生理论联系实际的学风，更加懂得理论与实际相结合、知识与技能相结合在实际工作中的重要性。他们在总结中普遍体会到：理论知识和实践技能同等重要，只有将所掌握的知识与技能结合起来，才能在实际工作中更好地为社会服务。认识到：本次实训的任务有难度、时间紧，由此也发现了自身的不足之处，对以前学过的知识掌握不够全面、牢固。但通过这次设计单片机应用系统的实训，受益匪浅，不仅巩固了专业知识，进一步提高了实际动手的能力和解决问题的能力，还增强了产品设计与创新的理念。 　　2. 增强了学生的自主学习意识。同学们在解决实际问题的过程中，发现很多新的问题，碰到许多未曾面临的困难，通过自行查阅学习资料，加之老师的指导，不断克服困难。 　　3. 本次实训锻炼了学生的学习迁够能力。不少小组的同学采用了新器件、新工艺，比如采用 PQFP 封装的单片机、STC 各种型号的单片机、贴片元件等，虽然这些新器件、新工艺可能以前上课没有讲过，但这些器件的基本原理与我们课上讲过的原理是相通的，他们举一反三，完成设计任务。 　　当然，本次实训也表现出一些不足，比如学生的团队意识还有待提高，项目缺乏计划性等。但总体来看，成绩比较突出，在动手能力、理论联系实际的学风、自主学习意识、灵活应用知识的能力等方面都得到了一定程度的提高和增强。希望通过我们的努力，不断完善该阶段的实训教学。	前言概述基本情况，交代综合实训内容、要求和完成情况 用"本次实训达到了如下效果"作过渡，引出主体，这是工作总结的常用形式 主体分三个方面对一周实训工作进行了总结 一是得到了实战锻炼 二是增强了学生的自主学习意识 三是学会了举一反三 结尾一分为二概述全文，指出今后努力的方向

应用电子技术教研室 2011 年 12 月 10 日	

案例三

××公司创优争先活动总结

例文 3	点评
××公司创优争先活动总结 　　自 2010 年以来,我公司按照局党委的统一部署和安排,紧紧围绕"学习实践科学发展观,建设服务型基层党组织"的宗旨,夯实活动基层,创新活动载体,立足公司实际,深入开展创先争优活动,并取得了一些成效。现就开展创先争优活动工作总结如下: 　　**一、深化认识,强化宣传** 　　(一)高度重视,强化领导 　　自局开展创先争优活动动员会后,我公司党支部高度重视,马上组织落实。召开支部班子会议,传达贯彻局会议精神,并对创先争优活动的开展进行专题研究,成立了专门的活动领导小组。 　　(二)认真部署,落实有力 　　根据单位实际情况,制定了主题鲜明,切实可行的活动方案,把围绕创先争优开展各项活动摆在突出位置。为落实公司活动方案,调动广大党员干部参与活动的积极性,使方案有落实,公司召开了党员和中层干部动员会议,传达公司班子会议精神,学习公司开展活动方案,并对活动的一些重点工作进行了强调分析。广大党员干部积极参与活动。 　　(三)营造氛围、强化宣传 　　在公开栏内开辟创先争优活动专栏,及时宣传创先争优活动开展情况,以及党员创先争优公开承诺书,以党员向支部和群众作出承诺,同时支部也向党委和党员群众作出承诺加大了活动力度,为我公司活动顺利开展营造了良好氛围。 　　**二、形式多样,明确目标** 　　(一)紧密结合工作实际,实施公开承诺 　　根据开展创先争优活动的总体要求和主要内容,每年年初每个党员结合自身岗位和工作实际作出承诺,并公开张贴,接受群众监督,并在每季度对自己的承诺进行总结。 　　(二)推行廉洁文化,积极营造反腐倡廉的氛围 　　公司深入开展廉洁文化教育、党性党风教育和警示教育活动,营造了反腐倡廉的浓厚氛围,推动了各项工作的深入开展。推行廉政风险防控机制建设活动。7 月公司专门成立领导小组,并召开动员部署大会,全体干部职工各自围绕自身的岗位职责,及可能存在廉政风险点进行查找排查,并对发生风险概率高的地方作出了应对措施。 　　(三)以"一岗双队"先锋引领行动为抓手,积极开展创特色争双强活动 　　三年来,为更好地发挥党组织战斗堡垒和党员先锋模范作用,公	开篇高度概括了所取得的成绩,然后过渡到总结的正文 　　分四个方面对所要做的工作予以总结。包括所取得的成绩、存在的不足。对其他单位有借鉴、学习的作用

司开展"一岗双队"先锋引领攻坚争创活动，形成了党员示范岗、服务队、突击队进行争先创优。活动中，广大党员创佳绩，争先进。

一是对一些市场开发难度大的任务，形成了党员突击队，党员干部化压力为动力，抢雨天，战晴天加班加点地攻项目，确保重点工作正常顺利进展。二是建立党员服务队。

（四）以解放思想大讨论活动为载体，力求突破公司经营瓶颈

按照市局要求，公司深入开展部署了解放思想主题实践活动动员会，形成了"求生存、谋发展"主题，并专门成立领导小组。为转变作风找对策。

通过分析公司现状，明确职责，引导职工爱岗尽责，让全体职工自觉和积极融入公司主题实践活动中来，立足本职共谋发展和生存。个人、团队分别制定新的市场研发方案。争取在销售业绩方面有新的突破。此举行之有效，大大提了工作效率，业绩增长明显。

三、以活动为契机，争当"研发明星"

进一步深化了学习型党建活动，开展了"多读书，读好书"活动，在公司中掀起学习热潮，鼓励一线研发人员积极参与读书选拔赛。学先进、学事迹。三年来公司开展了无数次学先进学事迹活动，如向杨善洲、郭明义等新时代英雄同志学习。在每年的3月都会开展"学雷锋"活动。积极做好五上墙活动。将销售业绩、市场研发动态等公布于众，形成了"比学赶帮"的热潮。

四、存在的问题与不足

公司在创先争优活动中虽然取得了一定的成绩，但也存在不足，一是学习时间不能保证，由于公司工作特殊性，难聚集，难组织，在学习上投入时间精力不足。二是部分党员对活动重要性认识不足，加上创先争优活动周期长、任务重，容易产生疲软心态，热情不高。三是部分争创目标难达成，由于公司工作特点的局限性，导致一些活动难开展，达不成效果。

虽然创先争优活动已结束，但是公司仍然继续把创先争优这一主题延续下去。加强党建工作，深入开展党员先锋队争优活动。继续做好"五个好"党组织，"五表率"共产党员，把科学发展落到实处，为公司拥有良好的业绩再创辉煌而努力。

×××××公司
2012年11月

案例四

生物医药系红色"1+1"活动总结

例文4	点评
志愿农村　服务基层 **专业互补　科学共建** **生物医药系红色"1+1"活动总结** 在接到"中共北京市教工委关于继续深入开展红色1+1主题教育活动"的相关文件精神以及"我院学工部关于开展红色1+1活动"的	

相关要求后，生物医药系学生党支部认真领会、精心策划、周密部署，与北京市门头沟区斋堂镇黄岭西村党支部友好共建，圆满地完成了主题为"志愿农村 服务基层 专业互补 科学共建"的红色"1＋1"活动。	领会精神落实行动 学以致用科学共建 有的放矢开展活动
生物医药系学生党支部两名辅导员老师、全部学生党员和部分入党积极分子 30 余人加入活动阵营，在红色"1＋1"活动中吃苦耐劳、积极奉献，为活动的圆满成功发挥了积极作用。学生党支部分别于2010 年 7 月 17 日、7 月 18 日到黄岭西村开展活动，于 8 月中旬接待了黄岭西村党支部两位村官的回访，于 9 月底完成了红色"1＋1"计划内的实践活动："在黄岭西村作一次民情调研，参加一次与村支书和村官的座谈会，开展一次科普宣传活动，为村图书阅览室赠送了图书，并协助黄岭西村民办企业进行技术研讨和包装设计"。活动中同学们充分发挥大学生党员志愿服务社会、服务新农村建设的积极性，锐意创新又脚踏实地，结合专业且深入思考，得到了共建单位的肯定和好评。	主题突出 具体落到实处 走基层察民情 解决问题送实惠 开阔视野锐意创新 用自己所学服务社会
现将我支部开展红色"1＋1"活动的实际情况，总结如下：	目的达成 受到肯定与好评
一、前期准备，周密部署 　　生物医药系学生党支部平时课业任务较重，空闲时间不多，所以支部决定利用暑假开展此次红色"1＋1"活动。2010 年 6—7 月中旬为前期准备阶段，支部召开支部大会，讨论拟定了此次活动的相关事项。前期支部与系党总支、院学工部和团委等部门进行了交流，确定了活动形式，争取各种资源支持；与黄岭西村党支部书记王克进以及大学生村官刘婷玮反复交流沟通，了解当地的基本情况和实际存在的问题，确定活动行程和相关事宜；之后支部制定了一份切实可行的活动策划，搜集整理了大量资料，采购了活动中所需物品，制作了横幅、海报以及宣传页。此外，我支部还组织同学将自己不常用的书捐出来，连同院团委在历次捐书活动中募捐到的部分图书一起，带到了黄岭西村村委会图书阅览室。	总结条理清晰 活动计划周密 领导座谈策划 活动准备充分
支部成员通过网络、书籍报刊等途径搜集关于黄岭西村的相关资料，并组织支部内部学习，共建村的基本情况进行了解学习。黄岭西一村三涧，现有 138 户、370 人，村落面积 6 万平方米，村域面积 9.74平方公里，黄岭西村曾是斋堂镇的重点产煤村之一，煤炭开采业是村中的主导产业。2000 年贯彻国务院关闭乡镇小煤矿精神，黄岭西村关闭了村里所有煤矿，以煤矿开采业为主导产业的链条被打破，全体村民的生产和生活问题亟待解决。黄岭西村紧依中国历史文化名村——爨底下村，与民俗旅游村柏峪村、双石头村同属斋堂西北沟旅游带。黄岭西村抓住契机，紧紧把握旅游发展趋势，开发了独具特色的地质、村落、民俗旅游项目，发展涵盖生态旅游、休闲度假、户外运动、红色旅游等于一体的复合型旅游经济。	网上了解情况 掌握存在的问题，可开发的潜在资源
二、活动开展，紧贴实际，有声有色 　　2010 年 7 月 17 日、7 月 18 日两天，在支部书记王晓蕾老师、组织委员周杰老师的带领下，支部成员座谈，结合专业开展了"食品安全""药品安全""中医药保健"科普知识宣传宣讲，新农村建设调研，与村里面的小朋友进行团队拓展训练等一系列活动。从黄岭西村回来后，应邀协助黄岭西村民办企业进行技术研讨和产品包装设计，8 月中旬接待了黄岭西村党支部两位村官的回访，对交流合作内容、模式进行了深入探讨。	贴近生活开展活动

（一）支部交流座谈会——对话大学生村官

支部交流座谈会在村委会会议室举行，村党支部书记王克进、村里的两位大学生村官及我支部一行人参加了座谈会。首先，村党支部书记王克进热烈欢迎前来的老师和同学们，简要介绍了黄岭西村的基本状况、近年来经济发展和新农村建设等情况，并表示会一如既往地支持和配合活动，希望支部成员为黄岭西村的发展建言献策。生物医药系学生党支部书记王晓蕾代表参加共建的同学们，感谢村党支部的热情接待，感谢村党支部为共建活动顺利开展提供的大力支持。并将此次红色"1＋1"活动开展的目的、意义进行了简要说明。之后双方进行了座谈，支部成员畅所欲言，并认真地作了笔记，针对如何依托当地资源拓宽农民增收渠道、村官的学习工作现状、农村环境保护、食品和药品安全等问题进行了广泛交流。村支部成员向我们进行了具体的阐述和耐心的解答，座谈气氛十分融洽。

座谈会畅所欲言、融洽，拓宽致富渠道

为了使大学生党员了解大学生村官工作情况，我们对大学生村官刘婷玮和小周进行了采访交流。小周向我们讲述了2年来其扎根农村、服务农村的成长历程。小周说，自己是黄岭西村培养出来的大学生，现在学成归来，报效家乡，感到无比自豪。黄岭西村给了他施展才华的空间和舞台，他愿意在这里一直待下去，为黄岭西村奉献自己的青春。一席话感动了在场的每一个人。刘婷玮是我院2005级毕业生，作为校友的我们倍感亲切。她向我们讲述了她做村官1年多来的酸甜苦辣。她说，作为一名大学生村官，他们担负着村民的信任和期冀。只有不断加强自己各方面的素质，加深对农村政策的理解和运用，利用自己的各方面积极因素为老百姓谋实事，才能够成为一名合格的大学生村官，才能够不辜负大家的嘱托和信任。虽然工作很辛苦，事情很琐碎，但是我们在刘婷玮的脸上没有看到一丝退缩，我们看到的是积极和热情。难怪刘婷玮得到了村民、镇领导的认可和表扬。

大学生村官爱岗乐业

最后，我们将带来的图书捐赠给了村图书阅览室。

（二）"食品安全、药品安全和中医药保健"科普知识宣讲

7月17日下午，我支部成员在村里的小空地上搭起了台子，挂起了展板，摆好了礼品，进行了科普知识宣讲活动，获得了村民们的积极参与和广泛好评。几位同学为村民们讲解了他们精心准备的关于药品安全、食品安全和中医药保健的知识，为村民们提供了一些在日常生活中必不可少的生活小常识。例如药品的选择与安全，食物之间的禁忌，等等。为了提高村民参与的积极性，同学们还设置了有奖互动的环节，让村民们在回答问题的过程中学习到一些知识。这个环节使整个宣讲活动达到了一个高潮，连70多岁的大爷大妈也披挂上阵，争相回答问题。

为百姓做实事得到信任，工作做到百姓心里

给村民送文化普科学

此外，细心的同学们还为和大人们一起来参加活动的小朋友们准备了一些团队拓展活动和小游戏，如"翻报纸""打绳结"等，使得小朋友在玩闹嬉戏的过程中学到了如何用自己的智慧、团队的力量去赢得游戏。

送孩子智慧游戏

（三）调研新农村建设

7月18日，大学生村官和同学们一起来到了与黄岭西村近邻的，著名的中国传统民俗文化教育和红色教育基地——爨底下村。同学们深入村民中，调研了当地新农村建设情况，向有关负责人和村民们询

问了当地的历史、经济、旅游、农业等方面的信息。现在的爨底下村长住居民仅 40 余人，至今保存着 500 间、70 余套明清时代的四合院民居，是中国首次发现的保留比较完整的山村古建筑群。爨底下村曾是北京连接边关的古驿道，是军事重地，后来修建的国道没有经过这个村子，村子变成闭塞地域，古老的民宅因此完整保存下来。	向邻村学经验 利用现有资源发展旅游业致富
我们还了解到，在抗日战争中，爨底下村曾是抗日根据地。现在，村中还保留着日军烧房的遗址。爨底下这个当时仅 100 余户人家的小村子就有 80 人参军和参加革命工作，有 34 人为国捐躯，4 人致残。	
（四）为黄岭西村办工厂项目提供支持	
在与村党支部的交流中，我们了解到，村里面正在策划一个村办工厂的项目，主要由两位大学生村官来负责，希望生化学院能提供一些相关的服务和支持。我支部即刻表示，作为共建单位和大学生村官的母校，我们回去后一定动员各种力量，支持村里的项目。	利用所学帮助村民搞项目开发
8 月中旬，我支部在学校接待了两位大学生村官，就双方合作共建进行了进一步的交谈。大学生村官刘婷玮提出了是否可以借助学院的专业优势，为其产品提供包装设计和一些技术咨询服务，我支部表示一定尽全力支持，并已行动起来，积极联系相关部门人员。	
三、结语	
生物医药系的同学们在王晓蕾和周杰两位老师的带领下，周密计划，活动开展有条理，分工明确，同学们锐意创新又脚踏实地，不让红色"1+1"活动流于形式，这为农村与高校进一步合作进行了积极有意义的探索。	高度概括德智双收
本次活动把红色"1+1"支部共建与大学生服务社会主义新农村建设紧密结合起来，取得了很好的成效。同学们在实践中结合专业进行科普宣传，传播科技文化，不仅加强了支部组织建设，丰富了支部组织生活形式，而且为支部成员提供了走出校园、深入农村实践的机会。在活动中，同学们感受了生活的艰苦，工作的不易，也端正了他们的就业观，从基层做起，培养艰苦奋斗的精神，为实现个人理想和价值作出自己的努力。今后，我支部还将进一步深入开展红色"1+1"共建活动，将工作做细、做实，真正实现"1+1>2"。	体验生活感同身受，端正态度务实就业，体验生存艰难
<div align="right">生物医药系学生党支部 2010 年 10 月 11 日</div>	
（资料来源：百度文库，http://wenku.baidu.com/view/6295872e453610661ed9f4bd.html）	

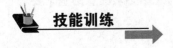

技能训练

一、填空题

1. 总结的正文大体上包括_____、_____、_____和_____。

2. 总结的单位名称，已在标题中出现的就不再具名，需要具名的可写在_____和

_____之间。

3. _____是准备在某一时期内做什么、怎么做；而_____是回顾在某一时期内做了什么、做得怎样。

4. _____的特点是预想性、指导性、实践性；而_____的特点是事后写作，是为了发扬成绩，纠正错误，吸取经验教训，以便改进工作，更好地前进。

二、判断题

1. 写总结可以防止工作中的盲目性，增强自觉性。（   ）

2. 总结的标题，分为公文式和文章式两种，文章式标题往往有正、副标题。（   ）

3. 总结无论采取哪种结构，都要条理清楚，层次分明，使读者一目了然。（   ）

4. 为了充分说明问题，写总结时可用点夸张手法。（   ）

5. 总结和计划的写作目的都是吸取经验教训，指导未来的实践。（   ）

6. 总结和计划都是以实践为基础，以指导实践为最终目的。（   ）

7. 写总结应做到观点与材料相统一。（   ）

8. 综合性总结是对某一阶段各项工作的全面回顾、分析和评价。（   ）

9.《××省教育厅2020年度工作总结》是一个专题总结的标题。（   ）

10. 专题经验总结的内容一般不包括存在的问题或教训。（   ）

三、选择题

1. 属于事物文书类的文体是（   ）。

A. 计划、总结、简报等　　　　　　B. 计划、总结、请柬

C. 计划、总结、守则等　　　　　　D. 计划、总结、启事

2. 总结的主要内容包括（   ）。

A. 工作的具体措施，指导思想

B. 对工作的总体回顾和打算

C. 全部的工作细节

D. 做了什么，怎么做的，有什么效果

3. 下列说法表述错误的一项是（   ）。

A. 总结是对以往的工作、学习等实践活动进行回顾，归纳经验和教训，指导实践的文书

B. 总结和计划有着不可分割的联系，它们都是以实践为基础，以指导实践为最终目的的

C. 总结与经验调查颇为相近，但前者叙述成分多，更加具体，后者更有概括性和理性

D. 观点和材料统一，叙述和议论结合，综述和分说交替是写总结必须注意的基本要求

4. 下列表述不符合总结特点的一项是（   ）。

A. 总结要突出成绩，对存在的问题要慎重对待，能省则省

B. 写总结要坚持实事求是的原则

C. 为了说明问题，总结可以引用事例、数据、典故

D. 所有的总结都具有回顾性

四、改错题

2021学年我的个人总结

炎日当空，天上没有一丝云彩，火辣辣的太阳简直叫人不敢出门，空中没有一点风，只有知了在树上不停地叫着，好像在说："放假啦，放假啦"。又一学年过去了，我应该利用暑假对这一学年的学习情况作一些总结，以迎接新学年的到来。

在这一学年里，我学习了成本会计、管理会计、审计原理、经济法、计算机应用、外贸会计、大学英语、应用文写作、体育、职业道德、概率论等课程。其中成本会计82分，管理会计86分，审计原理77分，经济法89分，计算机应用90分，外贸会计90分，大学英语72分，应用文写作68分，体育是中，职业道德是优，概率论是中。总的来说，成绩还是可以的，在班上属中等水平。其中计算机应用和外贸会计成绩好些，而大学英语、概率论和应用文写作差些。下一学期，我要继续努力，争取取得更好的成绩，最好都在80分以上，这样就可以获得奖学金，减轻家庭的经济负担，更可以在择业时增加自己的实力。

文秘一班×××

五、写作题

结合军训、认识实习、校园文化活动，写一份总结。要求：有过程、有成绩，有经验、有体会，有教训、有方向，层次清晰、结构合理，字数在500字左右。

第四节　调查报告

知识导航

一、调查报告的含义和作用

（一）调查报告的含义

调查报告是运用科学的方法，有目的、有计划地对某一情况、问题、经验进行认真调查研究后所写的书面报告。它是反映对某一问题、某件事情或某种经验的调查研究成果的事务性文书。调查报告也称为考察报告，简称调查或考察。系统周密的调查，客观深入的研究，准确完善的表达是调查报告的三要素。

（二）调查报告的作用

（1）提供决策依据。各机关、团体和企事业单位，尤其是领导机关，在制定决策时，都要搞调查研究，了解真实情况和实际问题，从而制定出正确的、合乎实际的方针、政策。调查报告从实际调查中获得的材料、意见和建议，可以成为决策的重要依据。

（2）推广典型经验。典型引路，用先进带动后进，是我们做好各项工作的有效方法之一。

典型经验的调查报告，对经验的介绍具体、准确而深刻，是推广先进经验的得力工具。

（3）揭露社会问题。我们社会中存在着各种问题，如腐败现象、违法乱纪、环境污染以及各种丑恶现象。调查报告针对某一问题，进行深入的揭露，从而形成社会舆论，引起有关部门的重视，促进问题早日解决。

（4）扶持新生事物。社会的进步和发展离不开新生事物的促进。而新生事物需要社会的扶持保护才能茁壮成长，形成趋势。调查报告反映新生事物，宣传新生事物，可以帮助有关部门及全社会了解它，从而创造一种适于新生事物成长发展的气候。

（5）澄清事实真相。有些重大事件、重要问题及重要人物，由于种种原因，人们难以了解真相，又十分关心，于是种种传闻满天飞。就这样一些问题进行深入的调查，写成调查报告，公之于众，可以澄清事实，引导舆论。

二、调查报告的特点和分类

（一）调查报告的特点

（1）针对性强。调查报告是针对人们普遍关心的事情或亟待解决的问题而写成的。它们可能是当前工作值得介绍推广的典型经验，可能是急需扶持的新生事物，可能是需要大家引为警戒的失误或事故，也可能是人们较为关注的某个事件。

（2）用事实说话。无论是介绍经验和新生事物，还是揭露问题和事情真相，都是靠通过深入、细致的调查获得的真实、准确的事实来说话。事实是调查报告的真实材料，是调查报告的力量所在。

（3）揭示规律性。调查报告固然以事实为主体，但不能只停留在情况和事实的介绍上，还应该通过对事实的分析研究，得出对事物发展的规律性认识，包括正确的结论、普遍适用的经验、教训，以及解决问题的方法、意见等。

（二）调查报告的分类

（1）基本情况的调查报告。这类调查报告比较深入地反映政治、经济、文化等方面或某一地区、某一系统、某一单位的基本情况，如"关于××地区农业现状的调查""本市中小学生消费状况的调查"。

（2）典型经验的调查报告。这类调查报告以成绩突出的先进单位或个人在工作中所取得的典型经验为主要内容．如"关于宝钢深化改革的调查报告""立足于高起点——青岛冰箱总厂技术引进的调查"。

（3）新生事物的调查报告。这类调查报告主要反映现实生活中的新生事物，叙述其产生、发展过程及特点，揭示其成长规律，说明其意义和作用，以帮助读者和有关部门认识了解新生事物，达到促进其健康成长的目的，如"'中关村电子一条街'调查报告""农民参加保险好——对四川南充地区保险公司的调查"。

（4）揭露问题的调查报告。这类调查报告主要揭露社会生活中某些问题、丑恶现象和社会弊病，分析其原因与危害，以引起广大群众和有关部门重视，促进问题的早日解决，如"关于大兴安岭发生重大火灾的调查报告""关于××市非法劳务市场的调查"。

（5）澄清事实真相的调查报告。它主要是揭示社会生活中一些重大的或引人注目的事件的真相，达到澄清事实、匡正视听的目的，如"××事件真相""十亿元大骗局的破产"。

三、调查报告的写作格式

（一）标题

调查报告的标题有单式标题和双式标题两类。

（1）单式标题，就是一个标题。其中又分公文式标题和文章式标题两种。公文式标题由调查对象及内容加"调查报告"或"调查"组成，如"浙江省农村中学语文教学情况的调查报告""天津自行车在国内外市场地位的调查"。文章式标题，是用一句话或一两个短语概括调查报告的主题或要回答的问题，如"××市清理整顿公司成效显著""一颗盲目施工的苦果""调整教育政策　增加教育投入""公共交通服务质量不高的症结何在"。

（2）双式标题，即由正题加副题组成。用正题概括调查报告的主题或要回答的问题，用副题标明调查对象及其内容和文种。如：

为了造福子孙后代

——××县封山育林调查报告

保护未成年人要从规范成年人入手

——关于中小学生出入电子游戏厅的调查

（二）正文

调查报告的正文一般由前言、主体和结尾三部分组成。

（1）前言。

前言又称"导语"或"引语"。它是调查报告的开头部分，根据具体情况选择说明以下内容：调查对象的基本情况、调查的方法、调查报告的主题或主要内容、调查报告要回答的问题等。前言常用以下几种开头方法：

①说明调查法。即前言重点说明调查的方法，以显示调查成果的权威性、科学性，使读者信服调查报告的内容。

②介绍对象法。即前言重点介绍调查对象的基本情况，为读者了解调查报告的主体内容打下基础。

③概括主题法。即在前言中重点概括调查报告的主题，包括主要经验、主张或结论。

④提出问题法。前言提出调查报告要回答的问题，吸引读者看下文。

⑤突出成绩或问题法。推广先进经验的调查报告，前言中介绍调查对象取得的巨大成绩；揭露社会问题的调查报告，前言重点说明问题的严重性——这样的开头都可以起到引人注目的作用。

（2）主体

主体部分是调查报告的主要内容所在，即表达调查研究的具体成果。它要对调查得来的事实和有关材料进行叙述，对所作出的分析、综合进行议论，对调查研究的结果和结论进行说明。

由于调查对象和调查目的的不同，主体部分写些什么内容也不完全一样。总的要求是，不仅反映调查所弄清的具体情况，更要反映从实际情况中所总结出来的规律性认识，即成功的经验、有效的措施或做法，问题产生的原因、教训和解决问题的办法等。如果只是罗列过程，堆积材料，而没有得出观点、看法和结论，那就不称其为调查报告了。

一般来说，推广经验的调查报告，其主体部分的重点内容是介绍经验，或称做法、措施。

扶植新生事物的调查报告，其主体的重点内容是说明这种新生事物的优越性，或称为意义、好处、作用等。问题或事故调查，其主体的重点内容是分析问题或事故产生的原因，提出解决办法或应当吸取的教训。揭露真相的调查报告，其主体的重点内容是提示不为人知的内幕情况和原因、影响。总之，主体的内容要根据具体情况和写作目的灵活掌握，没有统一的模式。

（3）结尾

调查报告的结尾形式多样，主要有总结式、补充式、深化式、建议式、激发式等；有时是总结全文，有时是提出意见和建议，有时提出发人深省的问题，有时是展望前景，可灵活掌握。不论哪种结尾，都应简洁、凝练，不能拖泥带水。

（三）落款

调查报告的落款要写明调查者——单位名称和个人姓名，以及完稿时间。如果标题下面已注明调查者，则落款时可省略。

四、调查报告的写作程序与要求

（一）调查报告的写作程序

（1）确定主题。报告的主题应与调查主题一致；要根据调查和分析的结果，重新确定主题；主题宜小，且宜集中；要尽量与标题协调一致，避免文题不符。

（2）取舍材料。首先，要选取与主题有关的材料，舍弃与主题无关的材料，使主题集中、鲜明、突出。其次，要经过鉴别，精选材料，以一当十。

（3）拟定提纲。调查报告的提纲有两种，一种是观点式提纲，即将调查者在调查研究中形成的观点按逻辑关系罗列出来。另一种是条目式提纲，即按层次意义表达上的章、节、目，逐一地写成提纲。

（4）起草报告。要根据已经确定的主题、选好的材料和写作提纲，有条不紊地行文。

（5）修改报告。主要是对报告的主题、材料、结构、语言文字和标点符号进行检查，加以增、删、改、调。

（二）调查报告的写作要求

（1）熟悉有关方针政策。多数调查报告是反映人们执行党和政府有关方针政策的情况、经验和问题的。因此，写调查报告，必须要有政策观念，要熟悉和掌握与调查课题有关的方针政策，并以此作为观察事物、分析问题、判断是非的标准。

（2）做好调查前的准备工作。调查前的准备工作主要分以下几步：

①确定好调查目的；

②了解调查的具体任务和调查对象的基本情况；

③掌握有关的方针、政策；

④制订调查计划，即活动安排、力量的组织使用、时间、地点、方法、步骤等；

⑤拟定调查纲目或调查表格。

（3）采用恰当的调查方法。调查研究要取得成功，还必须有恰当的调查方法，一般的调查方法有：

①开调查会；

②个别访谈；

③观察采访；

④抽样调查；

⑤查阅档案和有关材料；

⑥掌握准确的统计数字。

（4）掌握第一手材料。通过调查，详尽、系统、全面地占有材料，特别是第一手材料，是写好调查报告最基本也是最重要的环节，因此收集材料不要"一面关"，而要"面面观"，现实的、历史的、典型的、一般的、正面的、反面的、概括的、具体的、领导的、群众的都应在收集之内。

（5）科学分析，找出规律。对经过深入调查所占有的材料，必须在正确的思想引导下，用科学的方法，去粗取精，去伪存真，由此及彼，由表及里，认真地进行比较研究，分析综合，努力做到观点和材料相统一，提炼出调查报告的中心主旨，归纳出正确的结论，从中找出具有规律性的认识。

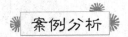 案例分析

案例一

计算机网络技术专业人才需求调查报告。

例文 1	点评
计算机网络技术专业人才需求 调查报告 　　高等职业教育的培养目标、人才规格和培养模式一直是高职院校着力探讨的重要课题。高等职业教育如何适应 21 世纪社会对人才的要求，如何审视高等职业教育的培养模式等问题，是高等职业教育改革沿着正确方向发展的关键。 　　结合我院建设的实际情况，2009 年 6 月，计算机网络技术专业相关老师通过走访用人单位、问卷调查、资料收集与分析等手段，对 IT 企业和非 IT 企业进行了专题调研，进一步了解了社会现有计算机网络专业人才需求状况及培养要求，从而为确定我院计算机网络专业的培养目标和课程改革提供基本的依据。 　　**一、计算机网络人才需求的宏观背景** 　　对计算机网络人才的需求是由社会发展大环境决定的。"以信息化带动工业化、以工业化促进信息化"，这是我国已经确定的长远战略发展目标。 　　随着我国互联网行业的全面复苏以及网络应用在更高层次上的大规模展开，我国的网络人才需求也在全新的层面上逐步呈现了出来。从目前我国现有的情况来看，有较大网络人才需求的主要有以下几个方面： 　　一是政府机关政府上网工程的实施造就了人才和培训的巨大需求。 　　二是企业上网需求量猛增。其中有占八成的企业，其信息化发展，面临着网络应用人才缺乏的困境。 　　三是现有媒体的网站和商业、专业性质网站对专业人才的渴求更是迫不及待。	标题为单行标题，采用"调查课题＋文体名称"的公式化写法 　　开头交代调查的目的、方法、时间、范围、背景等，使读者在入篇就对调查的过程和调查的基本情况有所了解 　　主体分为四大部分，分别从计算机网络人才需求的宏观背景、人才需求调查情况（基本情况、分析及结论）、高职计算机网络专业毕业生存在的主要问题、对高职计算机网络专业人才培养工作的意见（措施与建议）等方面进行说明，条理十分清楚

续表

二、人才需求调查情况	

二、人才需求调查情况

（一）被调查企业的分布情况

被调查的企业近40家，其中有与计算机专业相关的单位（如计算机硬件公司、软件公司）、服务类企业单位、制造业企业单位；有国有企业、三资企业、个体企业及民营企业及其他企业。从被调查企业的分布和性质来看，我们认为此次调查的安排是比较合理的，具有广泛的代表性。此次调研涉及的用人单位主要有湖南、广东、浙江等省的大中型企业、进驻湖南省长沙、株洲经济技术开发区的上市公司、外资企业、大中型国有企业以及具有一定影响力的民营企业；涉及省内及周边地区的人才交流中心和人才交流会；还访问了 http://51job.com/ 和 http://job168.com/ 等人力资源网站。

（二）企业人才需求分析

1. 我们首先针对企业岗位人才需求进行了调研和分析。

（1）毕业生主要从事岗位。

在调查中，计算机网络技术专业毕业生就业在硬件维护岗位的约占18%，网络建设及管理约占31%，技术服务18%，软件编程约占12%，从事网页制作占9%，行政管理占9%。有3%做普通技术工人。

（2）急需人才。

目前企业急需的人才主要是（按先后顺序）：软件编程，网络建设及管理，技术服务，硬件维护和产品开发。调研的这个结果对于我们以后开展教研教学，培养学生专业知识与指导学生就业都有了明确的导向。

2. 我们对企业用人需求进行了分析。

89.1%的企业认为聘用人才最优先考虑的因素是团队意识、81%的企业认为是职业道德、67.5%的企业认为是专业知识；企业普遍认为毕业生必须具备网络设备集成能力、网站管理能力、网络安全、系统安全保障。

企业认为计算机网络技术专业高职生应取得全国IT类职业资格证书（70.2%企业）、劳动保障部的网络管理员证书（40.5%企业）、CISCO（思科）的CCNA（思科认证网络工程师）证书（45.9%企业）；企业普遍认为计算机网络技术专业课程至少应包括数据库开发、网页设计与开发、网络布线与工程、服务器配置、网络施工、网络管理与安全技术等课程。

大部分企业认为有必要让员工继续学习，可不脱产培训；70.2%的企业最希望的岗前培训方式是就地自己培训。

62.1%的企业认为高职生工作起薪1 200～1 500元比较合适。

（三）企业对毕业生的评价

根据近40家被调查企业反馈的意见可以看出，对毕业生的评价如表1所示。

交代接受调研企业的分布情况，说明调研结果的可信性

通过对统计数据进行分析得出企业急需的岗位人才类型的有关结论

主要运用统计数据分析企业计算机网络技术专业岗位人才的知识与能力结构、人才培训方式、工资标准等方面的需求，得出相应的结论

表1 企业调查分析

调查方面	评分标准	百分比	调查方面	评分标准	百分比
职业道德	较强	85.5	沟通协调能力	较强	10.2
	一般	14		一般	35.2
	较差	0.5		较差	54.6
敬业精神	较强	80.7	基础理论知识	较强	30.5
	一般	18.5		一般	40.6
	较差	0.8		较差	28.9
工作态度	很好	87.5	动手实践能力	较强	42.3
	一般	12.5		一般	35.3
	较差	0		较差	22.4
思想政治素质	较强	40.5	适应能力	较强	50.2
	一般	53.9		一般	42.3
	较差	5.6		较差	7.5
吃苦耐劳精神	较强	86.9	创新能力	较强	8.3
	一般	11.9		一般	50.2
	较差	1.2		较差	41.3
心理素质	较强	45.2	独立工作能力	较强	35.3
	一般	49.5		一般	46.8
	较差	5.3		较差	17.9
自我约束能力	较强	56	组织管理能力	较强	20.5
	一般	41.7		一般	30.5
	较差	2.3		较差	49
竞争意识	较强	25.5	是否安心工作	是	62.2
	一般	68.9		否	22.8
	较差	5.6		不清楚	17

从表1来看，企业认为毕业生在本专业知识方面能基本满足工作需要。但是对计算机类企业（如软件公司、硬件公司等）来说，学生的专业知识还是有待加深加强的。此外，沟通协调以及团队合作精神也是很重要的，特别是在计算机公司非常注重合作意识培养，本专业毕业生在这方面有一定的欠缺。不过，在创新能力上还是存在着很大的不足，对于发展迅速的计算机行业，创新能力是必不可少的能力之一。所以在校期间需要加强学生以上能力的培养。

三、高职计算机网络专业毕业生存在的主要问题

从调研情况看，高职计算机网络专业人才的培养工作跟用人单位的要求尚有一定的差距，主要存在以下问题：

根据企业对毕业生在职业道德、敬业精神等16个方面评价的统计数据，运用表格进行分析，得出"从表1来看"后面这段结论

（1）缺乏基本的抽象分析问题能力和独立解决问题的能力； （2）仅有书本知识，不能解决实际问题，对工具和方法的应用不熟、经验不足； （3）知识结构不合理，没有反映出业界的发展现实； （4）价值取向和对职业生涯的规划不成熟； （5）各高校的计算机网络技术专业差异太大，难以确定毕业生的能力特点。	结合调研结论，对比高职毕业生与企业用人需求之间的差距所在

四、对高职计算机网络专业人才培养工作的意见

（一）课程体系与教学方法相对陈旧

总的来说，目前职业院校计算机网络专业的课程体系，是根据学生的学习特点设计的。但有些课程的内容只是普通高校简化，注重理论知识的培养，实用技能的训练相对不足。尤其是课程内容滞后于专业技术的更新与发展，案例教学、项目教学内容极少，导致学生在实际工作中分析问题和解决问题的能力较弱。此外，在职业技能培养方面，职业技能训练不成体系，力度不够，对职业素质的教育（如开拓精神、市场观念、管理技巧、团队精神、应变能力等）尚没有得到全面的实施。现有课程体系存在以上问题，与社会需求和行业发展相脱节，导致该专业毕业的学生不能很好地适应相关行业工作。

在教学方法方面，虽然基本上采用了理论与上机实践相结合的授课方法，但对学生职业技能以及动手能力方面的培养相对不足。社会需求的计算机网络人才强调具有较高的职业素质、较强的实践能力。因此，按传统方法培养的学生难以满足职业岗位的要求。

由于职业教育招生困难，导致生源的整体素质要比过去有所降低。有些学生文化基础素质较低，学习的自觉性比较差。但客观的分析后，并不是这批学生没有能力，而是需要有适合他们学习的课程和教学方法，要增强教材和教学方法的趣味性，给予学生更多动手的机会，激发学习的主动性。在实际访谈调研中人们发现，这批学生对于操作性比较强的课程很感兴趣，并且能够很好地掌握。对于工具类的课程，学生的接受能力比较强。

（二）该专业师资缺乏，职业实践能力和经验不足，专业知识滞后

该专业具有良好职业实践能力和经验的老师严重缺乏，这样会导致他们在教学过程中无意识地偏离专业培养方向。现有老师缺少职业培训、技术更新滞后、缺乏教育创新机制等，也是影响教学质量的主要问题。

（三）专业实训条件以及软件教学资源不足

目前，大多数职业院校是改革开放以来，依靠政府教育经费建立发展起来的。虽然已普遍建立计算机房，但由于种种原因，上网条件、微机组装以及局域网组网实验室等还难以满足要求，也没有实训基地，整体表现出实践教学设施条件不足，特别表现在软件教学资源不足，现有硬件条件难以发挥应有作用。

（四）对学生就业指导和服务不够

职业教育的主要任务是就业前的职业准备教育，所以衡量职业教育水平的标准，应该是培养的学生能否满足职业岗位需要的能力。许多职业院校普遍存在重招生、轻就业的现象，对劳动力市场的实际需

	根据调查结论，提出相应的措施和建议

续表

要缺乏研究，对岗位实际技能的要求把握不够，对就业信息掌握不足，对毕业生缺乏有效的就业指导和服务，一些院校计算机专业领域的毕业生就业存在困难。
 	
            信息工程系
            2009 年 8 月
 	
  （资料来源：百度文库，http://wenku.baidu.com/view/f699ec4bcf84b9d528ea7a84.html）	

案例二

  大学生关于大学生村官的认识的调查报告。

例文 2	点评

大学生关于大学生村官的认识的调查报告
 	
  调查目的：近年来随着各大高校扩招，全国总体就业压力严峻，毕业生就业压力前所未有。对每个大学生来说，及早规划自己的职业生涯，对决定自己的职业生涯的主客观因素进行分析、总结和测定，确定奋斗目标，才能在竞争激烈的就业环境中处于不败之地。而大学生村官就是现在比较新生的职业，就业面比较广。因此想了解大家对大学生村官的认识，也使大家更加了解大学生村官。
  调查时间：2011 年 11 月 25 日—12 月 5 日。
  对象：常熟理工学院生物与食品工程学院所有学生。
  调查方式：调查报告，询问情况（本次调查实际发放问卷 80 份，每份有具有针对性的 8 个问题，回收 70 份，有效率 87.5%，调查问卷达到了很好的效果，能够清晰准确地说明问题。调查问卷见附录）。
	调查报告的意向明确，针对性强

一、大学生村官的现状 近年来，国家高度重视农业发展，为提高广大农民的收入，国家积极鼓励具有大专以上学历的应届或往届大学毕业生到农村任职。大学生们不但为村民们提供了技术上的支持，解决了他们生产中的难题，更是对丰富他们的精神文化生活作出了重要贡献。大学生村官到农村基层工作以后，充分利用自己的所学和特长，积极为建设农村、服务农民、发展农业作出贡献，同时自身也得到了锻炼和提高，成为新农村建设的骨干力量。"大学生村官"政策的实施对于提高农村干部队伍整体素质，促进城乡人才的合理流动，扩大大学生就业渠道，推进社会主义新农村建设，具有十分重大的意义和实践价值。然而由于"大学生村官"还是一个新兴事物，在实践过程中，存在着缺乏经验，不能很好地发挥作用，流失严重和出现回炉现象等问题，主要是由政策制定不明细、选拔机制、保障机制、培训机制等不完善等因素造成的。因此，完善"大学生村官"政策就要明确政策制定，完善培训机制、选拔机制和保障机制。	用叙述性语言、写实性手法反映客观情况
社会主义新农村建设遇到的最突出问题就是"人才困境"，尤其是村级领导班子总体素质不高，结构不合理，缺乏创新性，严重制约了新农村的建设和发展。一些省市在探索解决这一问题的过程中，创新性地推出了"大学生村官"计划，公开招聘优秀大学生到农村担任村	系统地反映当地情况：利大于弊

干部，通过增强村级领导班子的内发核心力以加快新农村建设进程。2005 年 6 月 29 日，中共中央办公厅、国务院办公厅联合发布《关于引导和鼓励高校毕业生面向基层就业的意见》，明确提出从 2006 年起国家每年计划性地选拔一定数量的高校毕业生到农村就业，通过法定程序安排担任村党支部、村委会的相应职务，力争在三到五年内实施一村至少有一名高校大学毕业生的目标。

实践证明设"大学生村官"岗，是双赢的可行的举措

截至 2008 年 2 月底，全国共有 28 个省市区启动"大学生村官"计划，其中 17 个省市区启动了村村有"大学生村官"计划。2008 年 3 月，中央组织部会同教育部、财政部、人力资源和社会保障部召开选聘高校毕业生到村任职工作座谈会，部署选聘高校毕业生到村任职工作，"大学生村官"工作进入一个全新的发展时期。"大学生村官"计划是当前我国为建设新农村而实施的一项重大举措，是打破农村人才匮乏局面，搭建农村人才高地，促进城乡人才双向流动，解决大学生就业的一项有力措施。

二、问卷分析

从第一个问题"您了解什么是大学生村官吗？"同学们的回答可以看出，只有很少的人（1%）对大学生村官非常了解，大多数（53%）的同学只是了解一点，甚至有许多人（46%）不了解。因此学校里应该加强这方面的介绍，大学生村官是一个很锻炼人的岗位。所以建议同学们应该多了解大学生村官，了解其具体现状。

材料充实，可信度高

对于大学生村官的具体定位，是否就是村里的高级杂工，同学们各有各的看法。从大家的选择不难看出，多数人不同意这种说法。所以我们要搞清楚大学生村官的具体定位。大学生村官是加强党的基层组织建设、推进社会主义新农村建设的重要力量，也是党政机关培养和储备来自工农一线后备人才的重要来源。大学生选择到村任职，必须做好自我定位，走好"三步曲"，才能实现锻炼成才的目的。

大学生村官必须要融入当地的村委会，然而初来乍到的村官在这方面往往会遇到各种各样的问题，比如，生活环境，专业知识如何应用于实践，工作环境，与村民如何沟通，思乡心切……根据同学们的选择可以看出，大家多数认为"专业知识如何应用于实践"是遇到的最大难题。这也是事实，国家选择的这些村官就是为了让我们把在大学里所学到的知识带到当地去，带动当地的发展。因此，我们要在具体做法可操作性强这方面多多注意，多多思考。

大学生当村官能得到什么？这是很多人想问的问题。这主要看我们当大学生村官的目的和追求。有的人被政府一系列的优惠政策所吸引；有的人因为就业压力大在城市求职难；有的人是想先到基层锻炼积累经验，为以后打基础；有的人认为农村的发展空间更适合自己。不同的人有不同的选择，不过还是希望大家多为他人想想，如果只是为一己私利去当村官，还不如不去。这样不仅毁了自己，更会耽误农村的发展。所以大家要想好当村官的目的，是为人民服务，还是人民为我服务？

最后要考虑一下，三年任期满了以后该怎么抉择。一般来讲，三年签一次合同，今年政策刚出来，六年村官必须进入村、社两委班子、或者和村、社区续聘才能继续当村官，否则只能再就业。大学生当村官，实际上就是找跳板，为了以后更好的发展，虽然就当前工作环境来

村官优惠政策多

讲大学生村官很艰苦，尤其是西部地区的大学生村官下乡后要住在村里，工资很低，事情很杂。但是如果说条件这么差还有人去，那就是村官的政策优惠，第一，考公务员定岗，竞争压力小；第二，考事业编也有优势，随着全国事业单位招聘一体化，也有专门给大学生村官定的岗位；第三，部分国企或者银行有村官专场招聘会，如农行、邮电银行；第四，服务期满后创业享受税收优惠，当地政府给予资金补助。所以最后的抉择就要看各自的意愿了。 **三、总结** 根据上面的分析，我们不难看出，现在的大学生对村官多是不了解的，更不说有这方面的意愿了。了解这方面的知识，为将来的就业做更具体的打算，做好自己的职业规划。最后说一下大学生村官应该具有的条件：吃苦耐劳、踏实肯干的优良作风；高尚的思想和端正的态度，为新农村建设服务的心态与决心；较强的写作能力和沟通能力；有创新意识，思考问题全面而周到；具备一定的关于农村社会、农村经济、农业技术的基础知识；过人的实践与领导能力。	建议和意见
附录： <div align="center">**大学生村官调查问卷**</div>1. 您了解什么是大学生村官吗？ A. 不太了解 B. 了解一点 C. 非常了解 2. 有人说，大学生村官就是农村的"高级杂工"，您是否同意？ A. 非常同意 B. 不太同意 C. 不同意 3. 您认为大学生当村官最大的挑战是什么？ A. 生活环境 B. 专业知识如何应用于实践 C. 工作环境 D. 与村民如何沟通 E. 思乡心切 4. 如果您选择了当大学生村官，您的目的是什么？ A. 被政府一系列优惠政策所吸引 B. 因为就业压力大在城市求职难 C. 先到基层锻炼积累经验，为以后打基础 D. 农村的发展空间更适合我 5. 您认为国家为什么会招聘大学生村官？（选两项） A. 为建设我国新农村 B. 为国家未来建设储备人才 C. 缓解就业压力 D. 为农村经济注入新活力 E. 其他 6. 假如三年的职任期满后，您考虑的是什么？ A. 报考公务员 B. 考研继续深造 C. 自主择业 D. 留任村官 7. 您了解大学生村官的现状吗？ A. 不太了解 B. 了解一点 C. 十分了解 8. 您认为大学生村官应该具备哪些条件？（选三项） A. 吃苦耐劳、踏实肯干的优良作风 B. 高尚的思想和端正的态度，为新农村建设服务的心态与决心 C. 较强的写作能力和沟通能力	问卷是帮助大家进一步了解大学生村官的内涵

D. 有创新意识，思考问题全面而周到 E. 具备一定的关于农村社会，农村经济，农业技术的基础知识 F. 过人的实践与领导能力 **大学生村官调查问卷分析** 1. 您了解什么是大学生村官吗？ A. 不太了解　　　　B. 了解一点　　　　C. 非常了解 （40.9%选A，53%选B，6.1%选C） 2. 有人说，大学生村官就是农村的"高级杂工"，您是否同意？ A. 非常同意　　　　B. 不太同意　　　　C. 不同意 （15.2%选A，57.6%选B，27.2%选C） 3. 您认为大学生当村官最大的挑战是什么？ A. 生活环境　　　　B. 专业知识如何应用于实践 C. 工作环境　　　　D. 与村民如何沟通 E. 思乡心切 （7.6%选A，43.9%选B，7.6%选C，37.9%选D，3%选E） 4. 如果您选择了当大学生村官，您的目的是什么？ A. 被政府一系列的优惠政策所吸引 B. 因为就业压力大在城市求职难 C. 先到基层锻炼积累经验，为以后打基础 D. 农村的发展空间更适合我 （24.2%选A，19.7%选B，42.4%选C，13.7%选D） 5. 您认为国家为什么会招聘大学生村官？（选两项） A. 为建设我国新农村　　B. 为国家未来建设储备人才 C. 缓解就业压力　　　　D. 为农村经济注入新活力 E. 其他 （29.3%选A，22%选B，22.8%选C，22.6%选D，3.3%选E） 6. 假如三年的职任期满后，您考虑的是什么？ A. 报考公务员　　　　B. 考研继续深造 C. 自主择业　　　　　D. 留任村官 （23.1%选A，16.9%选B，53.8%选C，6.2%选D） 7. 您了解大学生村官的现状吗？ A. 不太了解　　　　B. 了解一点　　　　C. 十分了解 （66.2%选A，30.7选B，3.1%选C） 8. 您认为大学生村官应该具备哪些条件？（选三项） A. 吃苦耐劳、踏实肯干的优良作风 B. 高尚的思想和端正的态度，为新农村建设服务的心态与决心 C. 较强的写作能力和沟通能力 D. 有创新意识，思考问题全面而周到 E. 具备一定的关于农村社会，农村经济，农业技术的基础知识 F. 过人的实践与领导能力 （30.2%选A，25.8选B，12.8选C，11.8%选D，14.3%选E，5.1%选F） （资料来源：百度文库，http://wenku.baidu.com/view/bf78d80603d8ce2f006623f0.html）	问卷都是同学们最关心的问题

案例三

　　济南市老年公寓成立已经两年多了，生活在这里的老人情形怎样？这种养老机构运行状况如何？社会养老事业发展前景如何？记者周一华、孔庆华、马彦铭对家住老年公寓的老人进行了问卷调查，写成了这篇调查报告。

例文 3	点评
家住老年公寓 　　1998 年，济南市第一家集居住、生活、娱乐、康复、医疗多功能为一体的老年公寓落成运行。最近，我们就以这里的老人为对象进行了一次走访调查。在这次调查中，受访对象男性比例为 55.5%，女性比例为 44.5%，受访对象的平均年龄为 77.8 岁。 　　**一、入住老年公寓还需经济实力** 　　长期以来，受传统的居家养老观念的影响，大多数人对敬老院、托老所、老年公寓这些养老机构敬而远之，不是老人自己觉得脸上无光，就是子女怕担负起不孝的罪名。那么率先住进老年公寓，在这里颐养天年的老人们当初是出于什么考虑呢？我们的调查结果如表 1 所示。	文章式标题，直接揭示调查报告的中心内容 　　正文：前言简要介绍调查的背景、目的、对象、调查方式及受调查者性别比例和平均年龄 　　主体分为三个部分，以"入住老年公寓还需经济实力""优越条件营造家的温馨"和"养老事业呼唤社会关注"为小标题加以标明 　　第一层着重根据统计资料，运用数字、表格、典型事例和点面结合的方式，对老人住公寓的原因和老人住公寓的经费来源两个问题进行了说明。得出了老人住公寓不仅仅是观念更新问题，还需要经济上的保障的结论

表 1　老人住公寓的原因

子女忙，没有时间照顾	喜欢这种老人集体生活	享受这里的优越条件	避开家庭矛盾纠纷	其他
40%	10%	44.5%	2.5%	3%

　　可见，减轻子女后顾之忧和享受老年公寓提供的"终极关怀"是老人们入住老年公寓的最主要原因。我们看到，这里居住的老人多是生活起居不太方便，家里无人照顾的高龄老人（受访者平均年龄达77.8 岁）。一方面，他们年事已高，又多患有疾病，照顾起来比较烦琐；另一方面，他们需要精心的护理。而老年公寓恰好在这两方面都提供了便利条件。

　　调查显示，老人们最初多是顺利住进老年公寓的，仅有 7.4% 的老人遭到家人和亲戚的反对或不理解。一位退休前在科委工作的老大妈告诉我们，她的老伴患有脑血栓，长年卧床不起，子女们又都很忙，根本照顾不过来。考虑再三，她就把老伴先送到了老年公寓。开始，子女们都不理解，甚至埋怨过她"狠心"。可子女后来慢慢体会到了这的确是种解决问题的好办法。如今她自己也住了进来，一边照顾老伴，一边颐养天年，过得挺舒心。大多数老人（占 92.6%）告诉我们："住进老年公寓，能给子女减轻负担，不让他们操心照料，当然没人反对嘛！"

通过进一步调查，我们发现了住进老年公寓的另一个重要条件，那就是费用支付问题，在受访的老人中，个人的月收入（退休金等总和）高达789.2元。57.7%的老人是完全用自己的退休金支付居住老年公寓的费用。只有15.4%的老人是完全靠子女负担入住费用。调查结果如表2所示。

表2　老人住公寓的费用来源

自己的退休金	子女共同负担	老人退休金和子女共同负担	其他
57.7%	15.4%	19.2%	7.7%

可以看出，这些"潇洒"的老人还是以相当的经济实力为后盾的。正如一位年逾八旬的老大爷所说："我们现在是自己花钱买清静"不难发现，目前住老年公寓，不仅仅是观念更新的问题，还需要经济上的保障。

二、优越条件营造家的温馨

老年公寓不仅要给老人提供舒适优越的居住环境，更要为他们营造出家一般的温馨。我们看到在公寓里文化娱乐区有图书室、书画室、茶社、健身房、手工制作室、戏曲音乐室、台球室、鲜花店等；生活服务区有洗衣房、理发室、营养配餐室；康复医疗区有CT室，血压心电监护室、功能康复室等。老人们可以各取所需，自得其乐。以至于有86.9%的老人认为在公寓住比家里更舒适。当问及老人们每天的时间主要用来做些什么时，我们得到这样一组结果，如表3所示。

表3　老人住公寓的主要活动

读书看报	健身活动	看电视、听收音机	打扑克下棋	聊天	其他
32.5%	29.5%	21.5%	7%	5%	4.5%

从表3中我们发现，读书看报和健身活动成为老人们的"最爱"。在图书室里，我们看到很多老人到这里翻阅报纸。尽管他们年事已高，但他们仍然关注社会，接收信息，实在难能可贵。而说到健身活动，老人们都兴致勃勃。据老人们介绍，健身房已经成为他们最常去的场所。除此之外，他们都十分注重活动保健。93岁高龄的老人张鲁象告诉我们，他每天都要求自己溜达一圈，从不中断。另一位年近八旬的老人说，她每晚都坚持练一次气功，至今走路仍不需搀扶，步伐稳健。

由于老年公寓提供了一个十分清静的环境，许多老人获得了一份闲情逸致，以求老有所得，老有所乐。他们或是练琴，或是唱戏，或是切磋棋艺，其乐陶陶。还有一位姓范的老人，在十指因风湿而残疾的情况下，仍笔耕不辍，令人敬佩。

如果说，老年公寓是老人们第二个"家"，老人们始终还是对第一个家有着不可割舍的牵挂。那么独处公寓的老人们是如何看待儿女亲情的呢？据调查我们知道，83.3%的老人认为他们与子女的关系一如既

第二层主要介绍了给住公寓的老年人创造优越的居住环境和营造家庭温馨的问题，结构表达方式与第一层相同

往，关系融洽，有 12.6% 的人感到与家人的关系更密切了，仅有 4.1% 的老人感到与家人已有些疏远。可见亲情并没有因为距离的拉开而变淡。据老人们反映，子女来探望的次数还是比较频繁的，如表 4 所示。

表 4　老人子女的探望频率

一周或更短	半个月	一个月	两个月或更长
51.9%	25.9%	11.1%	11.1%

此外，他们还说平时也与家人保持电话联系，自己若想他们了，叫一声他们就会赶过来。虽然仍有诸如伙食、价格等现实的问题，老人们对老年公寓还是普遍持认同态度的，对于公寓里勤劳工作的服务人员的劳动大多表示满意，满意率累计达到了 96.2%，如表 5 所示。即使在重大的节日，也有 77.8% 的老人愿意在公寓过，另外，有 22.2% 的老人则希望在传统佳节回到家中和家人一同庆祝。

表 5　老人对公寓服务工作的评价

很满意	比较满意	一般	不太满意	很不满意
29.6%	48.1%	18.5%	3.8%	0%

三、养老事业呼唤社会关注

家庭养老功能逐渐弱化，社会养老事业已经势在必行。老年公寓作为一种管理先进、规范的养老机构，宗旨就在于为老人们提供优良的临终关怀。从某种意义上说，老年公寓代表着养老事业的趋势和方向。但美好的愿望与现实之间往往存在差距，比如设施的高档次与老人的普遍经济承受能力存在着一定差距，管理体制与老人的切身要求之间还有一些出入。这些问题都有待于依靠社会各界的关注和支持、政策体制、配套措施的调整和完善来解决。

不管怎样，我们都有理由相信并衷心祝愿：老年公寓，一路走好！养老事业，蒸蒸日上！

问卷设计，调查执行，报告撰写：周一华、孔庆华、马彦铭

2000 年 × 月 × 日

（点评） 第三层分析养老事业的现状，呼唤全社会都要来关注支持养老事业

结尾表达了对老年公寓和养老事业的信心和美好祝愿

落款署作者姓名、成文时间

案例四
我国食品专业技术人才市场需求调研报告

例文 4	点评
我国食品专业技术人才市场需求调研报告 黑龙江生物科技职业学院生物工程系 李金宝、胡瑞君、闫　波 **一、前言** "民以食为天"，食品和食品工业与人民的日常生活密切相关。充	

足的食品是社会稳定的基础，优质的食品是国民健康的保证，所以，食品工业是人类的生命工业，在世界经济中占据着举足轻重的地位。我国食品工业自改革开放以来历经坎坷，在激烈的市场竞争中求生存，有了很大的发展。近年来，国家也已经将食品工业的发展放在了前所未有的重要地位，这为我国食品行业的发展开辟了光明的道路。	针对性强，有很光明的前景，它与人类的生存、健康息息相关
食品专业人才是推动我国食品工业发展的核心力量，大力发展我国食品专业人才的培养关系到千万国民的健康营养。而国家高等院校的食品专业正肩负着培育这种人才的重任，目前众多职业院校的食品专业以培育高等应用型专业人才为目标。为企业培养出大批的一线操作技术人才，切实为社会作出了巨大的贡献。鉴于此，本文对食品行业的紧缺工作岗位进行了分析和探讨，旨在为高职院校食品专业学生的就业提供一定的指导作用。	重申食品专业人才的重要性

二、我国食品工业现状及发展趋势

随着生活水平的逐步提高。人们对食品的要求也越来越高，进而推动了我国食品工业的快速发展。从表1可以看出，近10年食品工业的总产值一直保持增长趋势，从1997年到2007年食品工业总产值从5 317亿元增长到24 430亿元。

（批注：发展速度迅猛）

表1　近10年我国食品工业发展概况

年份	食品工业总产值/亿元	占工业总产值/%	企业数量/个	人员数/万
2007	24 430	12.01	25 683	487
2006	20 100	11.85	23 258	459
2005	16 000	11.33	20 108	426
2004	12 913	11.20	18 811	401
2003	10 759	9.74	18 797	389
2002	9 244	8.40	18 571	376
2001	8 368	8.80	19 119	387
2000	7 828	9.30	20 125	411
1999	7 201	9.60	11 909	447
1998	6 532	10.30	55 183	563
1997	5 317	10.10	60 406	564

（批注：翔实的数字说明 可信度高）

国内外经济学家公认：在未来5～10年内，中国将是全球收入增长最快的国家之一。其间至少有1亿家庭（有3亿多人口）将进入年收入1万美元以上的行列，这是一个非常大的消费市场。由此看来，我国食品工业发展空间非常大。食品专业技术人才市场的前景也是乐观的。据中国食品工业协会专家预测，今后食品工业发展的六大趋势将是有机化、方便化、工程化、功能化、专用化和国际化。中国食品工业企业必须振作精神，迎接新世纪的挑战。同时，食品工业的快速发展也为我国食品专业技术人才提供了广阔的发展空间。

（批注：人们每天都要消费，拥有13亿人口的大国将有很大需求空间，还有国外）

通过对我国食品工业现状的分析与探讨，能够很好地把握我国食品工业的发展趋势，促进我国食品工业更好地与国际接轨，加快我国食品工业的发展速度。

三、我国食品工业从业人员情况及食品专业毕业生从业情况

依据2007年食品工业年鉴的数据，当年年销售额在500万元以上的食品工业从业人员为200万~300万人，在全国的食品行业中随机抽选20家企业进行调查，调查结果见表2、表3和表4。表2是20家大中型食品企业从业人员情况，从表2可以看出，目前企业的人员主要还是大中专及以下学历，主要从事生产操作。表3是食品专业大中专毕业生在企业中的从业情况，大部分毕业生都从事一线生产操作。通过调查发现，目前食品专业就业不存在市场饱和问题。很多企业现在还紧缺高级管理人才及生产、销售人才。表4是食品企业目前的人才需求情况，从表中可以看出，企业现在急需管理型人才，其次，则是生产操作及销售人才。

分析真实
入情入理
有说服力
令人信服

表2　部分食品企业人员情况

学历	高中及以下	大中专	本科	硕士	博士
占有率/%	33.5	50.7	12.3	3.2	0.3

学历情况

表3　食品专业大中专毕业生从业情况

岗位性质	管理	技术研发	品控	销售	生产操作	其他
占有率/%	6	4	8	18	58	6

从业状况

表4　食品专业人才需求情况

岗位性质	管理	生产操作	销售	品控	技术研发	其他
人才需求排序	1	2	3	4	5	6

需求情况

注：1、2、3、4、5、6依次为人才紧缺排序。

四、我国食品专业未来人才需求预测

当前，我国的食品工业正朝着规模化、产业化、系列化、规范化的方向发展，通过调研发现，食品专业人才需求量大，特别是新形势下人才需求的岗位类型发生了变化，其中高等职业教育培养的技术应用型人才出现较大缺口，从事食品加工和生产的专业技术人员，除了需要掌握相应的现代食品储藏、加工、管理、营销等相关理论知识外，更需要具备较强的实践技能。这就要求培养食品类专业人才的院校必须加强实践教学，增强学生的实践动手操作能力。

从表中分析得出，食品专业人才紧缺，有很大的上升空间

把知识转化为效益

（一）食品工业的快速发展急需大量的专业人才

1996年完成的全国第三次工业普查显示，我国食品工业总产值在全国工业部门总产值中首次攀到了第一位，成为我国国民经济的重要支柱。从1997年至今，我国食品工业的产值始终在GDP总量中占第一位，食品工业的快速发展，促进了企业对食品专业技术人才需求的持续增加。调查发现，企业所需的食品人才中生产操作人员、销售人员

培养有特长本领的技术人才

的需求比较大，其中高等职业教育培养的应用技术型人才出现较大缺口。食品企业的职位需求主要集中在食品生产操作工、销售人员、食品检验工、食品制作工、食品包装工、一线品控、基层管理人员、食品加工设备操作工这几个岗位。 （二）提高食品的营养与安全急需大量的专业人才 随着人民生活水平的不断提高，居民食物结构将迅速发生变化，近年来食品安全受到社会越来越多的关注。这就要求现代食品加工行业必须改造传统的食品生产方式，进行食品深加工、开发新产品，提高食品质量和减少营养损失，为人们提供大量经济、安全、高质量的食品。 依据 2005 年 9 月 1 日国家质量监督检验检疫总局发布的《食品生产加工业质量安全监督管理实施细则》规定，食品生产加工企业必须具有相应的食品生产加工专业技术人员，检验人员必须取得从事食品质量检验的资质，实行职（执）业资格管理制度。通过对业内有关人士的调查表明。目前我国食品安全人才缺口达 80 万。因而，培养优秀的食品营养与安全方向的人才势在必行，功在千秋。	与时俱进开发新产品，让它成为更具生命的产业
五、对职业院校食品专业教学改革的意见及建议 人才培养需要符合行业需求，要适合企业口味，学校在加强培养学生的综合素质的同时，需要进行教学改革，更加需要创造更多的实习实践的条件与机会。 （一）构建实践教学体系 当今社会对复合型人才的需求与日俱增，学校应该以能力培养为本位，针对食品行业人才岗位的需求，以科目课程改革为基础，对专业课程进行调整。	改革是发展的硬道理
根据现代食品企业需要生产操作工、食品销售人员、食品检测工、基层管理人员、食品加工设备操作工等实际，调整课程的设置，将"食品工艺"调整为"果蔬加工""粮油加工""酿造酒工艺""软饮料工艺"和"乳品工艺"等工艺课程，同时增加了实验、实训、实习等实践教学环节，增强学生的实践动手能力。	贴近百姓的需求去调整方向
（二）实施"双证制"教育 为适应企业对从业人员职业资格证的要求，将"双证制"纳入教学计划，规定本专业学生必须取得至少一项职业资格证书方可毕业。实施校企合作，有效地提高学生职业素养、职业能力、实践能力及就业能力和就业率。	走更专业化、职业化的发展道路
参考文献 [1] 黄卫萍，杨昌鹏，农志荣. 食品专业技术人才的需求与培养探析［J］. 广西轻工业，2007（6）：109 - 111. [2] 张有林. 苏东毕. 食品科学的历史、现状及发展［J］. 食品工业科技，2004（1）：139 - 141. [3] 任迪峰，王建中，张柏林，等. 面向 21 世纪高等林业院校食品专业发展初探［J］. 中国林业教育，2006（1）：18 - 21. [4] 张照. 高职食品专业技能的培养与企业需求结合模式的探索［J］. 科技信息，2007（30）：236.	

续表

［5］李文铡．阮蔓娟，陈野．对食品工学课程实践教学的研究与实践［J］．中国轻工教育，2007（1）：63-64。 （资料来源：百度文库，http://wenku.baidu.com/view/4a78b2d8ad51f01dc281f125.html）	

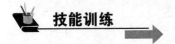

技能训练

一、判断题

1. 调查报告与公文中的"报告"相同。调查报告既可以提供有价值的第一手材料，也可以扶持新生事物，传播典型经验，指明方向；还可以揭露丑恶现象。（　　）

2. 调查报告所选用的材料必须是真实的。（　　）

3. 经验调查报告只是反映典型经验，情况调查报告只是反映某地区或某单位的基本情况。（　　）

4. 调查报告标题的写作必须按照规范的格式写作，不能有任何自由的变动和调整。（　　）

5. 调查报告中必须用事实说话，做到观点和材料的统一。（　　）

二、社会实践题

从下题中任选其一，小组合作完成调查报告，并制作成 PPT，由组员代表进行汇报。

1. 学校食堂情况；

2. 大学生消费情况；

3. 大学生课余时间利用情况；

4. 大学生恋爱情况；

5. 大学生读书情况；

6. 大学生体育锻炼情况。

自主学习

知识拓展与自主学习三

第十一章　经济事务文书

第一节　经济事务文书概述

一、经济事务文书的概念及特点

经济事务文书是企事业单位在各种经济活动中广泛使用的文书，诸如说明书、广告、市场预测报告、招投标书、合同、审计报告、评估报告、催款函等。在经济工作中能及时准确地反映经济现状、动态变化，是加强管理、传递信息、预测趋势的重要工具。在实际事务中经济事务文书不仅宣传党和国家的经济方针政策，而且保证经济活动稳定有序地进行，还可以作为历史资料，积累经济活动的事例和经验，推进企事业单位经济事务的长期发展。

经济事务文书具有四个特点：

（1）专业性。也就是作者必须具备相关方面的专业素养和专业知识，能够对经济活动中存在的各种问题加以正确的分析，能够准确、科学地使用经济数据和经济术语，作出科学客观的结论或预测。

（2）政策性。也就是文书在写作过程中必须遵守党和国家的经济政策，按照社会的实际供需状况，进行计划总结、分析预测、说明宣传各种经济活动和经济现象，以促进社会经济的健康发展。

（3）时效性。经济事务文书是为当下经济事务服务的，因此及时有效地反映经济活动、及时有效地调整经济策略，在经济事务中起着举足轻重的作用。

（4）程式性。任何经济事务文书都是为经济社会服务的，因此其写作格式通常沿袭大家已经认同的形式，这便于迅速及时地反映和消化各种经济需求，力求高效、准确、通俗、简洁地为人们接受和知晓。

二、经济事务文书的种类

按使用对象的不同，经济事务文书可以分为商业类经济事务文书、工程类经济事务文书、管理类经济事务文书、财务类经济事务文书、执法类经济事务文书等。按使用文体分，经济事务文书可以分为预测类经济事务文书、说明类经济事务文书、签约类经济事务文书、商函类经济事务文书等。经济事务文书的不同分类角度也反映了经济事务文书的适用范围，体现了经济事务文书是实现经济目的不可或缺的重要文书。

三、经济事务文书的格式

经济事务文书有不同种类，在格式上也有较大差异。下面罗列一些常用经济事务文书的基本格式，便于参照学习。

(一) 说明书基本格式

名称型号 +（说明书）

本产品获得过_____荣誉称号。

1. 性能特点、结构用途。

2. 使用（食用、保养、储藏等）方法。

3. 维修方法、维修店家等。

4. 注意事项（副作用、有效期等）。

5. 联系方式（电话、地址、邮编、网页、电子邮箱等）。

从以上可以看出说明书的基本写作方法。标题有多种写法；导言部分主要介绍相关荣誉称号；正文部分可按性能特点、使用方法、维修店家、注意事项、联系方式等逻辑秩序组织相关材料。

(二) 广告文案基本格式图例

广告文案基本格式主要有文字阐述式和标语口号式两种。

1. 文字阐述式

标题：（商品名称、企业名称等）+产品特色

正文：主要介绍物品或服务的细节，以充分的事实和数据来描述其优点和特色，以消除消费者的疑虑，激发其购买的欲望。一般采用解释说明、比较说明、举例说明、引用说明等方法。

结尾：使用标语，增强消费者的购买信心。有的加上推销时间、场地、联系方式、开户银行账户等。

从以上可以看出，文字阐述式广告文案的标题，有多种写法，但要注意如何吸引眼球。正文主要介绍物品或服务的细节，文字比较灵活，关键在于让人"一见钟情"；结尾可标明联系方式、该产品独特固定的标语等相关材料，以增强产品的信誉度。

2. 标语口号式

标语口号式即固定宣传语句，如：

"世上只有妈妈好"——精美母亲节套餐。

雀巢咖啡，味道好极了。

上上下下的享受，三菱电梯。

从以上可以看出，标语口号式广告文案格式上比较自由，通常使用固定宣传语句，以强化印象。

(三) 市场预测报告基本格式

标题：[方法之一] 预测对象 + "预测"，

［方法之二］　正副标题（预测看法＋预测对象）。

正文：

1. 基本情况。关于预测对象的历史和现状。

2. 分析预测。对预测对象的未来发展变化趋势进行分析研究，提出预测结论。

3. 建议或对策。根据分析预测的结果，具体、科学地提出如何适应未来的建议和办法。

从以上可以看出，市场预测报告的标题有多种写法，但要注意标明"预测"，以突出文种的性质。正文分基本情况、分析预测、建议对策几个部分，其中分析预测是关键，因为只有对预测对象的未来发展变化趋势进行科学客观的分析研究，才能准确进行预测。

（四）合同（协议）基本格式

标题：××（性质）＋合同

甲方：＿＿＿＿＿＿＿＿＿（以下简称甲方）

乙方：＿＿＿＿＿＿＿＿＿（以下简称乙方）

为了……，甲乙双方通过友好协商，就××××事宜达成如下协议：

一、

二、

三、

……［写明合同的标的（指货物、劳务，工程项目等），数量与质量，价款或酬金，履行的期限、地点和方式，违约责任，解决合同纠纷的仲裁方式，以及有效期限、份数和保存方法、附则等。］

甲方：　　　　　（章）　　　　乙方：　　　　　（章）

代表：　　　　　　　　　　　　代表：

年　月　日

从以上可以看出，合同（协议）的标题常常标明合同的种类，以强调合同的性质。正文，分约首、主体、约尾三个部分，通常采用条文式。约首指签订合同当事人。主体通常以"为了……"开头，以标明签约缘由；中间则按《合同法》规定的条款，写明当事人的权利和义务。约尾部分，有的还加上双方地址、邮编等。

四、经济事务文书的写法

经济事务文书由于文种不同，写作格式上有许多不同。通常要求标题一目了然，符合该经济事务文书的特征。正文在结构上分前言、主体和结尾三部分。前言一般介绍基本情况，概述历史和现状。主体则根据具体文种的性质确立和组织相关内容。结尾则一般留下通信联络的方式。下面对不同题材经济事务文书的格式有格式化的具体说明，这里不再赘述。

五、经济事务文书的写作要求

（1）熟悉国家各项经济政策，熟悉各种经济知识，熟悉经济事务文书的运作流程。这有利于经济事务文书在运作过程中达到最大的效应，使经济活动更好地服务于社会。

（2）具有良好的调查研究和分析综合能力，能够充分、及时掌握一手资料，并且能够通过现象看到经济活动中的本质现象，使经济事务文书得以准确客观地反映客观实际。

（3）写作中还必须具有开放意识、创新意识，注重文字的严谨性、结构的条理性，注意不同国家地域的风俗习惯，合理选择语词和表达方式，严忌陈词滥调，以使经济事务文书发挥最大的工具作用。

<h1 style="text-align:center">第二节　说明书</h1>

一、说明书的性质

说明书种类繁多，在经济活动中通常是作为产品或商品的附属物，以厂家或店家的名义介绍产品的名称、性质、结构、性能、用途等特征和使用、保养、维修等操作技能，方便使用者或消费者正确安全地使用物品。一般而言，说明书具有指导消费、推广购买、提供技术、指导使用等作用。

说明书内容具有实用性和操作性，有利于指导使用者正确使用产品或商品，提高物品的使用效率，延长使用寿命。同时语言具有简洁性和客观性，通常写明产品或商品的名称、商标、型号、性能、结构（成分）、用途、效用、特点、使用方法、保养（储藏）方法、维修措施、注意事项、有效期和联系方式等。此外，还可使用文字图表的说明方式，使说明书具有直观性和示意性，有助于文化水平不高的人或外籍人士简单轻松地获得正确的使用方法或操作方法。

二、说明书的种类

根据作者身份不同分类，有代表生产厂家的产品说明书、代表经营商家的商品说明书等，根据说明品种不同分类，有工业品说明书、农产品说明书、艺术品说明书和技术说明书等。根据说明功用不同分类，有使用说明书、保养说明书和维修说明书等。根据表达形式不同分类，有文字说明书、条文说明书、图表说明书等。根据说明繁简不同分类，有简要说明书、详细说明书。根据使用语种不同分类，有中文说明书、外文说明书、中外文对照说明书等。

三、说明书的写作格式

（1）标题。说明书的标题有多种写法。一般是说明物品的名称加"说明（书）"，如"名称型号+（说明书）"；有的直接写说明物品名称或该物品的某一显著特征，如"立邦漆"等。

（2）正文。说明书的正文通常先向人们介绍某物品获得过××荣誉称号，以增强信誉度。然后按照该物品的性能特点和结构用途、使用（食用、保养、储藏等）方法、维修方法和维修店家、注意事项（副作用、有效期等）、联系方式（电话、地址、邮编、网页、电子邮箱等）的顺序进行说明。有时，正文可按需添加图表说明，以使人们可以更容易地了解该物品的有关性质和说明内容。

四、说明书的写作要领与要求

（1）关系到人民生命和财产安危的产品或商品，说明要详细。如医疗用品、农药产品、化工制品、燃气灶具等。

（2）操作或使用比较复杂的用品必须详细说明。如某些家用电器、电子产品，而且这类说明书通常要求成册，方便人们阅读理解和准确使用，以免出现使用不当的情况。

（3）对于毒副作用大的药品、化学品等，一定要写全禁忌事宜，并要告知不良反应的应急处理办法。

（4）涉及消费者咨询、投诉等信息不能遗漏。

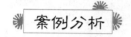 案例分析

案例一

真汉子剃须刀使用说明书。

例文1	点评
真汉子剃须刀使用说明书 本说明适用于各类充电式剃须刀。 **一、充电** 将电源插头插入 AC220V 电源之中，视充电指示灯亮、充电 12 ~ 16 小时。注意：充电时间不要过长，以免影响电池寿命。 **二、剃须** 将开关键上推至（On）开启位置，即可剃须。为求最佳之刮须效果，请将皮肤拉紧，使胡子成直立状，然后以逆胡子生长的方向缓慢移动。 如有修剪刀功能的剃须刀，请在剃须前，先将修剪刀推出，修短胡须后再用网刀剃净。 **三、清洁** 剃须刀要经常清洁。清洁前应先关上开关。旋下网刀，用毛刷将胡须屑刷净。清洁后轻轻放回刀头架，且到位。清洁时应轻拿轻放，避免损坏任何部件。 **保修条例** 保修服务只限于一般正常使用下有效。一切人为损坏，例如接入不适当电源，使用不适当配件，不依说明书使用；因运输及其他意外而造成之损坏；非经本公司认可的维修和改造，错误使用或疏忽而造成损坏；不适当之安装等，保修服务立即失效。此保修服务并不包括运输费及维修人员上门服务费。 保修期外享受终身维修，维修仅收元器件成本费。剃须刀中内、外刃属消耗品不在保修范围内。 保修期：正常使用 6 个月。	使用说明有三个主要的步骤： 一是充电，介绍了所接用的充电电压、充电时间及注意事项等 二是剃须，介绍了具体方法，剃须刀走动的方向 三是清洁，为延长剃须刀的寿命详细地介绍了剃须刀的保养清洁工作 严格来讲，"保修条例"不属于使用范围内的东西，可以略去

案例二

会计岗位工作说明书。

例文 2	点评
会计岗位工作说明书 **一、岗位标识信息** 税务会计，隶属于财务部，岗位编码为×××，直接上级是财务部经理，工资等级为××，无轮换岗位。 **二、岗位工作概述** 根据税法和税务程序的规定，负责本公司所有税务的计算及申报工作，按时足额纳税，保障公司的利益和国家权益；公司的综合统计工作。 **三、工作职责与任务** （一）负责公司税务的申报 1. 进行内销增值税申报； 2. 进行外销增值税的免税申报； 3. 进行外销增值税退税； 4. 进行公司所得税申报； 5. 进行个人所得税代扣代缴； 6. 进行公司房产税，车船税的申报； 7. 负责财政补贴和防洪费的缴纳； 8. 进行印花税的计算，贴花及注销。 （二）负责公司进出口业务的核销 1. 根据进出口情况核销进出口业务； 2. 领取进出口所需的业务单据。 （三）协助人事部进行劳动工资的计算 1. 与人事部合作，计算公司员工的工资奖金、加班费及各种保险基金； 2. 在规定的时间里发放各项工资。 （四）向上级有关部门报送相应的报表 1. 填写、录入公司各财务报表； 2. 向税务、财政报送季度资产负债表、利润表及年度全套报表等； 3. 填制对外统计台账和月度报表； 4. 向上级主管单位送交统计报表或财务报表。 （五）完成上级委派的其他任务 **四、工作绩效标准** 1. 按时足额纳税，保证税务申报及时准确，减少公司不必要的损失； 2. 准确核销进出口业务，保证进出口业务的顺利进行； 3. 准确计算劳动工资； 4. 按时向上级报送报表。 **五、岗位工作关系** （一）内部关系 1. 所受监督：在税务的申报和税款的缴纳方面，直接接受财务部经理的指示和监督；	岗位基本资料 简要说明工作概述 岗位可能担任的责任不同，必须进行分级详细描述，做到充分完全 简单明了

续表

2. 所施监督：一般情况本岗位不实施对其他岗位的工作监督； 3. 合作关系：在进出口核销方面，向销售部取得相关的内销外销发票，在协助核算劳资方面，向人事部取得工资清单。 （二）外部关系 在进行税务申报方面，与税务局发生联系，在进出口核销方面，与外汇管理局发生联系，在申报缴纳地税方面，与财政局发生联系，在缴纳税款方面，与银行发生联系。 **六、岗位工作权限** （一）对进出口业务的审核权 （二）税款的缴纳权 （三）对工资的核算权、发放权 **七、岗位工作时间** 在公司制度规定的时间内工作，偶尔需要加班加点。 **八、岗位工作环境** 约50%的时间在室内工作；温度湿度适宜；无噪声、粉尘等污染；照明条件良好，一般无相关的职业病发生；因申报需要一半时间在公司外报送有关资料。 **九、知识及教育水平要求** （一）财务知识 （二）税务知识 （三）税法、经济法方面的知识 （四）会计核算的相关知识 （五）计算机基础知识及常用软件知识 （六）英语知识 **十、岗位技能要求** （一）熟悉各种税务法规及税务申报的程序 （二）熟悉公司的各种法规及工资评审办法 （三）有较强的计算能力、统计能力 （四）具有办税员证 **十一、工作经验要求** 大学专科以上文化程度，财会专业毕业，至少1年以上相关工作经验。 **十二、其他素质要求** 任职者需具有健康的体魄，充沛的精力；强烈的责任心；无特殊性别与年龄要求。	规范、准确、全面

技能训练

一、判断题

1. 产品说明书的传播方式主要是传单。（　　）

2. 产品说明书的主要作用是帮助和指导消费者正确地认识商品，使用或保养商品。（   ）

3. 产品说明书的表达方式必须图文并茂。（   ）

4. 产品说明书的写作不需要注意事项，根据需要来写。（   ）

5. 写作食品、药物说明书时，有效期限不可以含糊。（   ）

二、写作题

请根据下面提供的材料，写一份产品说明书。

将本品置于干燥阴凉处，保质期三个月。本品采用先进工艺，优质原料精制而成。脂肪99％，碳水化合物 76.6％，面粉、精盐、汤料、香菇、味精以及其他高级配料。蛋白质9.12％，粗纤维 0.06％。配有调料汤料。不含任何化学添加剂，是居家旅行最理想的方便食品。将方便面放入沸水中，或在锅内煮三分钟，最后放入调料并搅拌，营养丰富，香味浓郁，美味可口。

第三节　经济合同

知识导航

一、合同的性质

合同，通常也称协议，是由双方或多方当事人，为了实现一定的经济目的，通过平等协商，明确各自的权利和义务，在平等互利、协商一致、等价有偿的原则下签订的文书。经济合同的当事人，可以是自然人，也可以是法人或者其他组织。自然人必须是具有完全民事行为能力的个人。法人是依照国家规定的法定程序组成的，经过国家认可的社会组织或团体。合同可以保护当事人各方的合法权益，保证经济合同的顺利履行，可以保障国内外经贸活动稳定、安全地开展，加强企业的经济核算，促进当事人经济组织的健康顺利发展。

一般来说，合同具有四个特点：

一是合法性。订立当事人应该具有合法资格，合同内容必须符合国家法律、行政法规，符合国家政策和公众的合法权益。

二是制约性。合同当事人彼此权利和义务既对等，又相互制约。合同一经依法成立，当事人必须严格履行各自的义务，不能擅自变更或终止合同，否则就要被追究经济责任并承担相应的法律责任。

三是协商性。合同当事人彼此的社会地位可能千差万别，经济地位和经济实力可能有很大的差异，但签订合同时，彼此在法律地位上都是平等的，没有上下主从之分，双方的权利和义务必须在平等的基础上协商进行。

四是互利性。任何一方都不得采取欺骗、威胁、强迫手段把自己的意志强加给对方，双

方当事人应在充分平等、自主协商和完全自愿的基础上，确立彼此之间对等的权利和义务关系，不能一方只享有权利不履行义务而造成另一方的损失。

二、合同的种类

（1）按《合同法》上合同内容分，可分为买卖合同，供用电、水、气、热力合同，赠与合同，借款合同，租赁合同，融资租赁合同，承揽合同，建设工程合同，运输合同，技术合同，保管合同，仓储合同，委托合同，行纪合同和居住合同，此外还有抵押合同、旅游合同、出版合同和装修合同等。

（2）按合同有效时间分，可分为长期合同、中期合同和短期合同。

（3）按合同行文格式分，可分为条款式合同、表格式合同和表格条款结合式合同。

三、合同的写作格式

（一）标题

标题一般写成"××（性质）＋合同"，如"房地产销售合同""劳动合同"。

（二）正文

（1）约首：签订合同当事人。如：

甲方：_____（以下简称甲方）

乙方：_____（以下简称乙方）

（2）开头：通常以"为了……"开头，明确签约缘由。如"为了……，甲乙双方通过友好协商，就××××事宜达成如下协议。"

（3）正文：按《合同法》规定的条款，以条款式写明当事人的权利和义务，包括合同的标的（指货物、劳务、工程项目等），数量与质量，价款或酬金，履行的期限、地点和方式，违约责任，解决合同纠纷的仲裁方式，以及有效期限、份数和保存方法、附则等。

（三）约尾

约尾要求署名，写明签约的甲方、乙方或第三方的法人代表姓名或名称，并写上签约的具体日期。有的还加上双方地址、邮编等。

四、合同的写作要领与要求

（1）严格遵守签订原则。要求签订当事人平等自愿，协商一致，遵纪守法，诚实守信，不得擅自修改或终止。

（2）条款要实事求是，具体明确，避免将来双方可能产生矛盾和纠纷，以利于合同正常有序地履行。

（3）语言必须准确严密，避免歧义性、侮辱性、矛盾性、模糊性和揣测性的词语或语句，以利于合同的准确执行。

（4）注意对签订实际情况的了解，特别是在跨地域、跨国境签订合同时，更多进行信息上的沟通，以严防欺诈行为的发生。

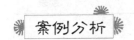 案例分析

案例一

武汉市珞狮路中学校园网工程合同。

例文1	点评
武汉市珞狮路中学校园网工程合同 委托方（甲方）：武汉市珞狮路中学 承建方（乙方）：上海远东先锋科技有限公司 甲方委托乙方承建甲方的网络工程。经双方友好、平等协调，订立合同如下： **一、工程介绍** 1. 工程名称：武汉市珞狮路中学校园网工程。 2. 地　　址：武汉市珞狮路 8888 号。 **二、服务内容** 1. 在承建工程过程中，乙方包工、包料，但乙方要按照甲方要求的时间完成设备的安装和调试，甲方应积极配合乙方进行安装和调试的各项工作。 2. 甲方局域网布线由第三方承包商承建，乙方负责布线完成之后的机房网络设备安装及调试工作。在第三方承包商布线及测试完成的前提下，乙方负责实施甲方办公场地的计算机网络节点的安装及调试工作（不包含网络布线和线路测试）。 **三、工期** 乙方施工开始日期为 2006 年 11 月 1 日，交工日期为 2006 年 11 月 30 日。 **四、合同报价** 合同报价见附件"网络工程报价明细"。 **五、付款方式** 合同签订之日，甲方向乙方预付工程总价的 30% 作为订金，设备到达后付给乙方工程总价的 80% 设备款，余款在工程验收通过之后由甲方向乙方以现金方式一次性付清。 **六、质量保证及保修** 1. 乙方对其购买的用于工程中的交换机、路由器提供 2 年质保，对工程所涉及的线路及设备保修期限为自交工之日起 1 年（硬件保修 1 年，人为损坏无质保）。对保修范围内的硬件，乙方不收取任何费用。 2. 对于计算机病毒或计算机操作系统自身故障造成的网络不通或其他网络故障不在保修范围，对于此类故障乙方可以配合甲方进行维修及维护工作，但要收取相应的人工费。 **七、违约条款** 1. 合同自甲乙双方签订之日起生效，合同有效期自签订之日起至交工之日后 1 年。在合同有效期内任何一方违反合约，违约方须向被违约方赔偿违约金 5 万元。	合同标的及相关内容 网络工程建设的期限 工程标的的质量保证 违约责任及争议解决的方式

2. 本合同未尽事项和条款，由甲乙双方协商解决。本合同如有争议，由双方协商解决，协商不成，交由当地人民法院解决。本合同一式两份，甲乙双方各执一份，自签署之日起生效。 甲方：　　　　　　　　乙方： 甲方代表：　　　　　　乙方代表： 地址：　　　　　　　　地址： 邮编：　　　　　　　　邮编： 电话：　　　　　　　　电话： 开户行：　　　　　　　开户行： 账号：　　　　　　　　账号： 　年　　月　　日　　　　年　　月　　日 （资料来源；百度文库，http://wenku.baidu.com/view/a243211ba8114431b90dd854.html）	

案例二

基本建设贷款合同

例文2	点评
基本建设贷款合同 　　　　　　合同编号： 甲方：××建筑公司 乙方：中国××银行××分行 根据《基本建设贷款试行条例》和《基本建设贷款实施细则》（以下简称《条例》《细则》）的规定，甲方进行基本建设所需的资金，经乙方审查同意发放贷款，为明确双方责任提高经济效益，除遵守《条例》《细则》的规定外，协商同意以下几点，特签订本合同，以资共同遵守。 第一条，甲方根据批准的设计概算，向乙方贷款人民币（大写）_____万元，规定该项贷款用于下列建设项目（略）。 第二条，在建设过程中，甲方根据批准的年度基本计划和建设进度编制年度分季用款计划，送乙方审查核定年度贷款指标。 第三条，甲方在乙方开立账户，全部贷款由乙方监督支用。甲方如果不按规定使用贷款，乙方有权停止发放贷款。 第四条，乙方保证在核定的年度贷款指标内，按照《细则》规定及时供应贷款资金，因乙方差错造成资金供应不及时，由乙方负责赔偿经济损失。 第五条，乙方提供的贷款甲方保证从_____年_____月起至_____年_____月止，全部还清。上述还款期限，如因国家规定的固定资金基本折旧率、应纳税率和产品价格等较大调整，需要延长或缩短时，双方通过协商计算，按年由乙方通知甲方支付。 第六条，贷款利息在合同还款期内，按年息_____%计算，超过还款期限，逾期还款部分按年息_____%计算，贷款利息，按实际支用数计算，按年由乙方通知甲方支付。	正文，条款式。首先表明双方签订合同的依据和目的 然后是合同的主要内容，双方协商同意的条款

第七条，贷款还本付息的资金来源，双方同意按《细则》的规定在建设项目投产后用下列资金清偿：①基本建设收入；②新增固定资产的基本折旧基金；③固定资产税；④利润。甲方还款超过合同规定期限还本付息的资金来源按《细则》规定办理。 　第八条，本合同双方签章后生效，于全部贷款本息还清后失效。合同一式四份，除甲乙双方各执一份，分别上报甲方上级主管部门和建设银行总、分行（按项目隶属关系）各一份。 　甲方：＿＿＿＿＿＿（公章） 　负责人：＿＿＿＿＿＿（签章） 　地址：＿＿＿＿＿＿＿ 　乙方：中国建设银行＿＿＿＿分行（公章） 　负责人：＿＿＿＿＿＿（签章） 　地址：＿＿＿＿＿＿＿＿ 　＿＿＿＿年＿＿月＿＿日	

案例四

房屋租赁合同。

例文 3	点评
房屋租赁合同 出租方：王东（简称甲方） 地址：自由大路 3125 号 电话：88442975 承租方：李强（简称乙方） 地址：长春市幸福乡 电话：16967800432 　现根据国家和省、市的有关法规，经甲乙双方充分协商，一致同意签订房屋租赁合同，合同条款如下： 　1. 甲方将坐落在自由大路 3125 号房屋，建筑面积 320 平方米房屋出租给乙方，供办公用。 　2. 租期从 2012 年 1 月 1 日起至 2014 年 1 月 1 日止。 　3. 乙方每一年向甲方缴纳租金 10 万元整，并于 1 月 1 日交清。 　4. 房屋租赁合同生效后，乙方应向甲方交付 3 个月押金 2 万元，作为履约保证金，合同期满后退还给乙方。 　5. 出租房屋的房地产税、个人收入调节税、土地使用费、出租房屋管理费由乙方负责缴纳；水电费、卫生费、房屋管理费由甲方负责交付。 　6. 乙方必须依约交付租金，如有拖欠租金，每天按租金额 20% 加收滞纳金；如拖欠租金达 3 个月以上，甲方有权收回房屋，并有权拒绝返还履约保证金。 　7. 乙方不得擅自改变房屋的结构及用途，乙方因故意或过失造成租用房屋和配套设备的毁损，应负恢复房屋原状或赔偿经济损失责任。	这是房屋租赁合同 签订合同双方、标的物 签订合同依据，协商之后达成的合同的具体协议内容

续表

8. 甲方应负责出租房屋的正常维修，或委托乙方代行维修，维修费在租金中折算；若甲方拖延维修或不作委托维修造成房屋毁损，乙方不负责任，并由甲方负责赔偿乙方的经济损失。 9. 租赁期间房屋如因不可抗力的自然灾害导致毁损，本合同则自然终止，双方有关问题可按有关法律处理。 10. 租赁期间，甲乙双方均不得借故解除合同，如甲方要收回房屋，必须提前3个月书面通知乙方并取得同意，同时应双倍返还履约保证金；如乙方需退房，也必须提前3个月书面通知甲方并征得同意，同时不得要求返还履约保证金。 11. 租赁期间，乙方未经甲方同意，不得将房屋转租给第三方；租赁期届满或解除合同时，乙方需按时归还房屋给甲方，如需续租，须提前3个月与甲方协商，若逾期不还又未续租，甲方可直接向房屋租赁管理部门申请调解或起诉于人民法院处理。 12. 本合同如有未尽事宜，可经双方协商作出补充规定，补充规定与合同具有同等效力。 13. 本合同如在履行中发生纠纷，应通过甲乙双方协商解决；协商不成，可请房屋租赁管理部门调解或向人民法院起诉。 14. 本合同可经公证处公证，合同一式四份，甲乙双方各执一份，公证处一份，税务部门一份，房屋租赁管理部门一份，均具有同等法律效力。 出租人：王东　　（签名盖章） 承租人：李强　　（签名盖章） 经办单位：长春市××公证处（签名盖章） 经办人：××× <div align="right">2011 年 12 月 30 日</div>	双方的违约责任和处罚方法。该合同依据有关法律规定，合同格式规范，内容比较完备，语言干练，没有赘述

案例四

食品委托加工合同。

例文 4	点评
食品委托加工合同 甲方： 乙方： 经双方充分协商，在互利互惠的基础上，就甲方委托乙方加工生产_____系列产品事宜，达成以下协议： 第一条，加工产品范畴 1. 产品品名：_____。 2. 产品规格：_____。 3. 如增加产品由双方另行签订书面补充协议。 第二条，委托加工订单 1. 甲方根据市场销售情况，每月以书面或传真形式向乙方提供次月订单，明确订单的数量和供货时间，乙方如有异议，应在接订单后1日内书面提出，否则，视为同意。	合同双方自愿 承担法律风险 完成各自任务 细则要求条理清晰 明确分工

2. 乙方按确定的订单提供产品,甲方可视具体情况对订单进行相应的调整,调整计划提前 5 天通知乙方,但调整幅度(量)不得超过计划的 25%,若超过 25%,双方另行协商。

3. 乙方应尽最大努力,最大限度地满足甲方订单的要求。

第三条　加工产品质量及责任

1. 乙方严格按甲、乙双方确认的配方和工艺制作,产品质量符合国家食品卫生标准。

2. 加工产品包装上标注乙方厂名和厂址,同时注明乙方系受甲方委托生产,附"＿＿＿＿＿"商标使用授权书。

3. 产品在保质期内出现批量性质量问题,经由双方确认或国家检验检测机构签订属乙方制造引起的,除由乙方承担该批有质量问题产品(需双方清点数量)的责任外,乙方还应按该批有质量问题产品总值的 30% 以实物形式(加工产品)补偿给甲方。

4. 乙方交付的产品如在市场流通中,因品质问题而导致甲方利益受损时,经双方鉴定或经公证单位鉴定属乙方责任的,乙方应负甲方直接损失赔偿责任:

(1) 加工产品的投诉赔偿问题,甲方在预先征得乙方同意的情况下(书面为准)可以先行赔付消费者,消费者签收确认,由乙方负担赔偿,赔款在加工费中扣除;当乙方对甲方处理有异议时,甲方可委托乙方协助甲方处理;

(2) 在甲方有要求时,乙方可协助甲方处理质量投诉,但不负责对最终用户(即甲方客户)提供售后服务;

(3) 少量的包装破损等质量问题,由乙方负责调换;

(4) 若属甲方运输或出厂以后因保管不当导致产品变质,乙方不予承担责任。

5. 乙方应按产品标准要求对每批次产品进行抽检及留样,并严格遵循"三检"制度。

6. 乙方应根据甲方销售需要提供加盖公章的工商营业执照复印件及生产、卫生许可证复印件,相应批次产品的出厂检验报告单。

第四条　原辅料及包装材料供应

1. 产品的商标图案、标识设计图案和外包装设计图案由甲方提供给乙方,这些图案及其组合的知识产权属于甲方所有,乙方不得在甲方产品以外的任何场所使用或许可他人使用。

2. 乙方全面负责采购加工产品所需的原辅材料和包装材料,并确保所采购的原辅材料、包装材料符合甲方产品质量标准要求。

3. 乙方应保管好甲方材料,包装纸箱、标签等不能流入市场。

第五条　产品交付验收

1. 产品实行甲方自行提供,交付地点为乙方工厂仓库,物流运输由甲方负责,乙方负责装车。

2. 产品交货按甲方订单履行,若有变动,双方应提前约定。

3. 产品在出厂之前,由甲方驻厂代表开具质量验收单,并在乙方出库单上签字。

4. 产品验收依据为经双方共同确认的质量文件及国家相应标准。

承担的责任细致入微,把可能出问题的地方想得全面具体

采用的是条款式合同,严格遵守国家法令

双方共同商定一致意见
共同信守本合同的各项条款

续表

5. 如甲方认为原辅材料、包装材料及成品出现不良现象（如原辅材料、包装材料不符合标准，成品有破损现象等）时，可向乙方提出异议，并有权通知乙方停止使用不良的原辅材料及包装材料。 6. 交货时间：自订货计划在乙方确认（计划确认时间为乙方收到传真后1天内）后第七天开始供货，日供货量为：月订货量×万箱以内的，每天不低于×万箱；月订货量×万箱的，每天不低于×万箱，月订货量为×万箱以上的，每天不低于×万箱。 第六条，其他 1. 合同解除的条件； 2. 争议解决途径； 3. 合同生效时间。 委托方　　　　　　　加工方 代表人签字：　　　　代表人签字： 代表人姓名：　　　　代表人姓名： _____有限公司（盖章）_____有限公司（盖章） _____年_____月_____日_____年_____月_____日 （资料来源：作文大王，http://www.zuowenwang.org/）	逐条写清条款内容 遵章执行 合同双方法人代表 执行生效具体时间

  **技能训练**

一、判断题

1. 经济合同不能在私人之间签订而只能用于公事。（　　　）
2. 经济合同条款中，可以不必写签订合同当事人双方违约责任。（　　　）
3. 保留的经济合同和借条一样，可以作为法律的依据和证物使用，具有法律效力。（　　　）
4. 经济合同签订之后，也就明确了签订合同双方权利和义务的关系。（　　　）

二、选择题

1. 经济合同是经济活动双方或多方进行协作的（　　　）。
A. 法律保证　　　　B. 法律文书　　　　C. 书面条款　　　　D. 书面契约
2. 在签订经济合同的整个过程中，要遵从（　　　）原则。
A. 合同双方当事人的法律地位平等
B. 双方签订人互利互让
C. 双方相互诚信
D. 双方签订人各自承诺
3. 经济合同的"其他条款"一项中，包含（　　　）。
A. 写明何月何日、签订合同名称
B. 鉴证机关作出证明
C. 因自然灾害、意外事故而无法履行合同的处置办法
D. 双方承担违约责任的事宜

4. 合同拟好后，要经过有关业务主管部门或工商行政管理部门（　　）。

A. 鉴证和盖章　　　　　　　　B. 审核和批准

C. 鉴证或公证　　　　　　　　D. 认定并保存有关资料

5. 平等主体的自然人、法人、其他社会组织之间设立、变更、终止民事权利义务关系的（　　）。

A. 协定　　　　　B. 协议　　　　　C. 意向　　　　　D. 意愿

6. 长期合同是指合同的期限超过（　　）。

A. 半年　　　　　B. 一年　　　　　C. 三年　　　　　D. 五年

7. 以下合同标题写法错误的是（　　）。

A. 劳务合同　　　　　　　　　B. 房屋租赁合同

C. 经济合同　　　　　　　　　D. 鲜蛋购销合同

8. 约首中对合同各方使用"甲方""乙方"等代称是为了（　　）。

A. 便于排序　　　B. 方便叙述　　　C. 显示公平　　　D. 说明关系

三、写作题

1. 生产护肤美容类 15 个产品的宏都化妆品厂与华山商场商定建立长期供需合作关系，请为他们设计一份表格式购销合同。

2. ××市工业学院为改善办学条件，拟在校园北操场后，建一座公寓式学生宿舍楼，占地面积 1 000 平方米，6 层框架结构，建筑面积 6 000 平方米，预算资金 1100 万元。和本市建工集团分公司签订协议，本年 3 月破土动工，本年 11 月底交付使用。请你准备其他附加资料，拟写一份合同。

3. 根据下述内容，试拟一份购销合同。

红星果品商店（甲方）王建，于今年 5 月 30 日与西山果园（乙方）刘芳签订了一份合同。合同提到甲方今年购买乙方生产的无核蜜橘 5×10^4 千克，蜜桃 2×10^4 千克，各分三批提货，由乙方于 6 月 20—30 日送到甲方所在地，运费由甲方负担，各类水果价格视质量好坏，按国家当地收购牌价计价。货款在每批货物交货时当天通过银行托付，这份合同一式四份，双方各执一份，各自上级单位备案各一份。

4. 为暑假勤工俭学，请你与雇用单位订立一份劳务合同。

第四节　广告文案

知识导航

一、广告文案的性质

广告，有广而告之的意思。现代社会的广告有狭义和广义之分，狭义的广告是指一种以盈利为目的的经济信息传播活动，即经济广告；广义的广告还包括社会公益性广告等。广告

通常图文并茂，融音合画，形式多样。

文案是一个新近产生的语词，意思跟方案近似，即指提出计划、办法或其他建议的文件。随着现代化发展，像文案这样的文字写作，在许多领域有着重要的作用。有这样一条顺口溜："看不起老板，自己开公司；看不起媒介，自己做策划；看不起作家，自己写文案。"

广告文案显然是指构成广告的文字资料，因此在制作过程中必须充分考虑竞争对手的实力，确定相应的竞争方式，以增强广告的说服力。广告文案通常具有传播信息、沟通产销、指导消费、促进竞争、拓展市场等作用。

广告文案策划时，通常以一般消费者作为广告的主要对象，语言要注重受众的文化水平，多强调个人化、情绪化的购买行为，注重打造文字的"人文精神""生活气息""艺术感受""审美品位"。此外，由于电子产品的发展，广告文案的写作还要注意如何使文字有机结合到电视、广播、报刊、户外等流动性很大、强调空间感的宣传媒介中。

二、广告文案的种类

（1）根据广告的使用目的，广告文案可分为告知性广告、竞争性广告、促销性广告，便于消费者了解产品的特性、优势，由此进行合理选择。

（2）根据广告的表达方式，广告文案可分为直陈性广告文案、渲染性广告文案，便于消费者了解产品特点、功能、保养等知识，或者在文学性的夸张暗示下激起购买欲望。

（3）根据广告的发布媒介，广告文案可分为报纸杂志广告文案、广播电视广告文案、网络手机广告文案、户外车厢广告文案、陈列展示广告文案、包装票据广告文案、灯箱邮政广告文案等。

（4）根据广告的发布形式，广告文案可分为文字广告文案、配图配字广告文案、配声配字广告文案、视频配字广告文案等。

（5）根据广告的文体样式，广告文案可分为启事体、证书体、简介体、日记体、书信体、诗词体、问答体等广告文案。

三、广告文案的写作格式

（一）标题
拟写标题，通常要求注意如何吸引眼球，可采用"（商品名称、企业名称等）＋产品特色"等方式，如"耳聋耳鸣的救星""探索与发现：今天你订了吗?"

（二）正文
正文文字比较灵活，关键在于让人"一见钟情"。

如果是标题式文字阐述式文案，通常主要介绍物品或服务的细节，以充分的事实和数据来描述其优点和特色，以消除消费者的疑虑，激发其购买的欲望。一般采用解释说明、比较说明、举例说明、引用说明等方法。

如果是标题式广告文案，通常使用固定宣传语句，如"'世上只有妈妈好'——精美母亲节套餐""雀巢咖啡，味道好极了""上上下下的享受，三菱电梯"，目的是强化他人的印象。

（三）结尾
结尾可使用标语，以增强消费者的购买信心。有的加上推销时间、场地、联系方式、开户银行账户等。

四、广告文案的写作要领与要求

（1）根据客户对象，精心策划，突出主题，选准角度。一般来说，要求明确"自己在讲什么""是和谁说话""在对哪个人说话"，这样有利于文案被接受。

（2）遵守《广告法》，遵守社会公德，突出高度的视觉想象力，营造出其不意的点子，注重创造出自己的阅读者和消费者，以提高文案的推广效率。

（3）了解客户的企业文化，既有战略高度，又注重细节功夫，撰写具有创意的内涵和质量的文案。

（4）注意正文的承上启下，段落一般要求简短，可适度使用夸张、比喻、拟人、对比、双关等幽默风趣的修辞手法，以增强吸引力、感染力和说服力。结尾语气要注意气势上的磅礴感。

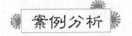 案例分析

案例一

丽江古城旅游宣传广告文案。

例文 1	点评
梦中花园——丽江古城 兼山乡之容，水乡之貌 一座依顺自然的山水之城 一座亲和自然的田园之城 丽江古城 纳西民俗风情 深层历史文化 一个以人为本的世外桃源 一个天人合一的梦中家园 滇西葫芦北雪域大江中 在熙攘浮躁的当今世界，这座古城已成了 难得一闻的一曲远山清音，红尘牧歌	这是一则诗歌体的丽江古城的旅游宣传广告文案，运用复合标题，引人遐思 以丽江古城的自然之美、古朴之美、人文之美为铺垫，使自然与人、历史与文化、仙境与人间水乳交融。在远山清音之中，升华出一片人们久已向往、远离尘世的净土，营造出引人入胜的艺术效果

案例二

中华汽车电视广告文案。

例文 2	点评
中华汽车电视广告文案 　　印象中，爸爸的车子很多，大概七八十部吧！我爸爸没什么钱，他常说，买不起真车，只好买假的，我这辈子只能玩这种车喽。 　　经过多年努力，我告诉老爸，从今天起，我们玩真的。 　　爸爸看到车后，还是一样东摸摸、西摸摸，他居然对我说——我这辈子只能玩假的，你却买真的。	散文体广告文案，运用直接标题 本文属于情感诉求型广告文案，注意对情感的张扬，紧紧抓住情感型消费者的一片孝心，通

续表

	过回忆父母之爱，感染消费者对父母养育之恩进行真诚回报，从而使商品更加人情化。
爸，你养我这么多年不是假的，我一直想给你最真的。 广告语：中华汽车，真情上路	广告标语：朗朗上口，整齐易记，以情感人

 技能训练

一、选择题

1. 商品广告是公开而广泛地介绍商品，（　　）的文体。

A. 公开在社会上进行宣传　　　　　　B. 对商品性能给予准确说明

C. 报道服务内容　　　　　　　　　　D. 有法律保护和政府部门支持

2. 商品广告用途很广泛，其中包括（　　）的作用。

A. 推销商品，介绍商品使用方法

B. 联系购买对象，加强协作

C. 沟通产销、指导消费

D. 招聘服务人员，扩大营销

3. 社会上除了商品广告之外，还有大量（　　），二者共同起到美化环境的效果。

A. 商品说明书　　　B. 商品推销商　　　C. 商品直销商　　　D. 公益广告

4. 商品说明书对商品的（　　）等如实介绍。

A. 作用、特点、使用时间、使用范围

B. 特点、性能、保管、维修、使用方法及构造

C. 质量、数量、品牌、特色及该商品在社会中的影响

D. 需求情况以及生产厂家对用户的承诺和保证

5. 商品说明在介绍商品时，要（　　）。

A. 针对不同的顾客作不同宣传　　　　B. 对商品作科学客观的介绍

C. 想法扩大该商品的知名度　　　　　D. 起到广泛招徕顾客的目的

6. 商品说明与商品广告相比（　　）。

A. 宣传范围有所扩大　　　　　　　　B. 使用了多种宣传手段

C. 更多吸引消费群体　　　　　　　　D. 说明商品使用注意事项

7. "你想了解天下大事吗？请订阅《××环球信息报》。"这一广告语标题是（　　）。

A. 反问式　　　　B. 设问式　　　　C. 疑问式　　　　D. 祈使式

8. 下列广告语所使用的修辞手法正确的一组是（　　）

（1）纤小，并不意味着怯弱；离开，当然也并不意味着放弃。新的土壤，新的机遇，新的开始。——下岗再就业广告词

（2）吸烟的人多骨瘦如柴，弱不禁风，出门就得靠拐杖。——吸烟有害广告词

（3）"人无远虑，必有近忧"，如果我们不再珍惜水的资源，世界上最后一滴水，将是人类自己的眼泪。——珍惜水资源广告词

（4）天当褥，地当床，天堂旅游胜地，野外栖息、过夜的好地方。——旅游广告词

A. 对偶、夸张、拟人、比喻　　　　　B. 排比、夸张、比喻、借代

C. 排比、夸张、引用、比喻　　　　　D. 对偶、比喻、夸张、比喻

二、判断题

1. 商品广告具有宣传力和影响力，但不具有经济价值。（　　　）

2. 商品广告的载体是多种多样的，如通过广播、报纸、电视来传播。（　　　）

3. 联系劳务项目、招聘技术人员、推荐专业人才也属于商品广告的类别。（　　　）

4. 商品说明常常制作出图形说明商品，实际同广告介绍商品时制作的图形基本相同。
（　　　）

三、写作题

为本校的特色建筑设计一篇富有文采的广告文案，力求独特、有吸引力。

自主学习

知识拓展与自主学习四

第十二章　论文

第一节　论文概述

一、论文的概念

论文又叫论说文、说理文或议论文，是以评议和论证的方式阐明事理、反映客观事物、表达作者主张的一种文体，是人们常见和常用的表达形式。

二、论文的特点

论文具有以下几个特点：

（一）论文的结构由三个部分组成

引论是论文的开头部分，用三言两语引出话题即可；本论是主体部分，用大量事实和理由，证明自己的观点能够成立；结论是结尾部分，用简明扼要的语言，将论证的结果表达出来。

（二）论文有三个要素

论文的三个要素为论点、论据、论证。论点即作者的主要观点和主张，也是撰写这篇文章的理由；论据是提出论点的根据，包括事实论据和理论论据；论证是用论据证明论点的过程。

（三）议论分三个步骤展开

首先，提出问题，将自己的观点和主张表达出来；其次，分析问题，采用各种方式证明自己观点的合理性；最后，解决问题，阐明论证的结果。议论展开过程的三个步骤与论文结构的三个部分是相互对应的。在"引论"中提出问题，在"本论"中分析问题，在"结论"中解决问题。

（四）论证的方法有两类

1. **逻辑分析法**

（1）归纳法，是从具体到一般。例如了解一个企业的情况，先到车间看工人如何认真加工各种零件，然后再到科室看技术人员如何认真进行产品设计，最后再到厂部看管理人员如何抓质量工作。人们对这些具体部分进行调查研究之后，便得出了一般结论："这个企业始终把质量问题放在首位。"一般结论是从具体事物中产生出来的，这就是归纳法。

（2）演绎法，是从一般到具体。这同"归纳法"的过程正好相反。"形式逻辑"中的"三段论"是"演绎法"的集中体现。"三段论"是从"大前提"和"小前提"中推出结论的演绎推理。例如，大前提：金属是导电的；小前提：铜是金属；结论：所以，铜是导电的。大前提是一般的道理，小前提和结论都是具体事物，这就是从一般到具体的演绎推理。

（3）类比法，从具体到具体。根据两类事物在某些属性上都相同，进而推出它们在其他属性上也相同的推理。例如达·芬奇从画蛋开始练习基本功，最终成为一位伟大的画家。梅兰芳从一投足，一举手等细小动作开始练习，最终成为独具特色的京剧表演艺术家。达·

芬奇是个具体的人，梅兰芳也是个具体的人，他们俩都是通过勤学苦练取得成功的，证明了"功夫不负苦心人"的生活哲理。这就是类比推理。

2. 例证、反证法

（1）例证法，引用具体事例证明自己的观点能够成立的方法。

名文《登徒子好色赋》一般认为是宋玉的作品，也有人认为不是宋玉的作品，而是后人假托的。这是学术争论，不必管它。这篇文章是例证法的代表作，文章内容大体是这样的：

有一天，楚王对宋玉说："宋玉先生，登徒子说，你这个人好色，建议我不让你进入后宫。"

宋玉问："大王，登徒子根据什么说我好色？"

楚王说："他认为你模样长得漂亮，而且嘴巴能说会道，因而断定你好色。所以建议不要让你进入后宫。"

宋玉反驳说："模样长得漂亮，是父母生成的，嘴巴能说会道，是老师教会的。好色的事情，那是从来没有的。"

举例来说吧。天下最美的姑娘就属我们楚国的了，楚国最美的姑娘就属我住的那个村子的了。我住的村子里最美的姑娘只有一个，就是我家东面院子里邻居家的姑娘。

那位姑娘美到什么程度呢？先看她的身材，不高不矮，增加一分就太高，减少一分就太矮。她的身材恰到好处。

再看她的体型。不胖不瘦，增加一分就太胖，减少一分就太瘦。她的体型也恰到好处。

她的皮肤，自然白皙、有光泽，任何化妆品对她来说都是多余的。

如果她悄悄看谁一眼，不得了，整个京城的人都被她迷住了；如果她微微对谁一笑，那更不得了，全部楚国人都会被她迷住的。

这样一位天下第一美人，她看上我宋玉了。她趴在墙头上看我看了三年，想和我结婚，直到现在，我都没有理睬她。可见，我宋玉不好色。

相反，登徒子这个人才真正好色。他娶的那个妻子，奇丑无比，弯腰驼背，龇牙咧嘴，走起路来还一瘸一拐的。她的头发总是乱蓬蓬的，从来没有梳过头，她的牙齿总是黄黄的，从来都没有刷过牙。

这样一个丑女子，登徒子和她的关系还非常亲密，他们一共生了五个孩子。

由此可见，登徒子并不好色。

作者在文章中举了两个例子，其一证明宋玉不好色，其二证明登徒子好色。这篇文章出色地运用了例证法。

（2）反证法，先假设结论正确，这样便得出与已知条件相矛盾的结果，于是便否定了先前的假设，也叫归谬法。例如，20多年前曾发生这样一件事：某军校的在校大学生张华，为了从粪池中救起一名70多岁的老农民，献出了自己年轻的生命。各大媒体纷纷报道此事，掀起了全国学习张华的热潮。

这时也有不同的声音：

一名在校大学生以"多言"的名义发表言论："年轻的大学生，为了拯救一个行将就木的老农民而牺牲，从价值论的角度看是不值得的。"

他的同班同学便用"反证法"来驳斥他的观点。反驳的文章大体是这样：如果"多言"同学的观点成立，那么，有一天，"多言"同学掉在粪池子里就不会有人救你了。

首先，我们不会救。看了你的"价值论"，我们就考虑了：你是大学生，我们也是。为了救你，我们牺牲了。得失相当，何必如此呢？

然后，我们的老师看了你的文章也不会救你了。如果你是一块小金子，那么我们的老师就是一块大金子，为了得到一块小金子，却失去了一块大金子，分明是得不偿失嘛。看来，在大学里面是没人救你了。

再看中学生如何。中学生看了你的文章也要盘算：别看我现在是中学生，将来我也许是中国的牛顿或者是未来的华罗庚。为了救你，我牺牲了自己的大好前程，肯定不合算。看来，在学校里是不会有人救你了。

再看看社会上吧。工人农民看了你的文章，他们也在思考，虽然你是大学生，但是还是个在校生，是社会财富的消费者。而我们工人农民则是社会财富的创造者，为了救起消费者，却失去了创造者，这更不合算了。所以，你的观点如果能够成立。那么，当你掉进粪池里，就不会有人救你了。

明明有人遇难，却偏偏有这么多人见死不救。这种情况会出现吗？当然不会。因此，你的观点也就不可能成立。这是"反证法"的具体运用。

（五）思维方式主要是逻辑思维

人类思维方式共有三种：逻辑思维、形象思维和灵感思维。撰写论文所采用的主要是逻辑思维。当然，在精彩的论述中，也会闪现灵感思维的火花。它将会使问题展开得更深入，更接近客观真理。

（六）语言准确、精练、雄辩、有力，当然也不乏生动性

议论文的语言首先要求准确，不能出现漏洞，要严密、有条理，无懈可击。同时，又要精练，"要言不烦"。一句话能说明白，就不要用两句话。一个词能够概括，就不要用两个词。雄辩有力，才能以理服人，达到议论的目的。当然，也要注意语言，如果满篇都是枯燥乏味的陈词滥调，也就削弱了论文的作用。

（七）理论性贯彻始终

论文从头到尾都体现着作者用敏锐的目光揭示事物本质、反映客观规律的能力。从观察问题的立场、观点和方法，到思维能力，都给人以有益的启发。理论性是论文的根本特征，它应贯彻论文的始终。一篇优秀论文，从内容到形式，从结构到表达，理应具有以上这些特点。

三、论文的种类

根据不同的分类标准，论文可以分为不同的种类。

（一）从性质上划分

从性质上划分，论文可以分为以下几种：有关社会经济、财政等方面问题的财经论文；有关政治方面的政治论文；有关思想、道德方面的思想论文；有关文化方面的文学评论、艺术评论以及历史问题的评论；有关国际交往方面的外交论文等。

（二）从作用上划分

从作用上划分，论文可以分为以下几种：在自然科学或社会科学领域有所发现的学术论文；在社会生活中对某些问题有真知灼见的课题论文；在某些领域中有独到见解的学业论文；某一阶段的学习结束，反映综合学习成果的毕业论文；为获得某种学位（诸如学士、硕士、博士）而撰写的学位论文等。

（三）从论证方式上划分

从论证方式上划分，可将论文分成两种。

（1）立论，即树立自己的观点，通过各种手段，"言之成理，持之有故"，将自己的观点树立起来。

（2）驳论，就是反驳对方的观点。"破中有立"，在驳斥对方错误观点的同时，确立自己的正确观点，一般采取三种形式反驳；反驳对方的论点，证明其论点是错误的；反驳对方的论据，揭示其论据是虚假的；反驳对方的论据，揭露其论证过程的不合理性。

四、论文的写作要求

（一）论点明确

论点是论文中的基本观点，代表作者的主张，也是论文写作的原因。为什么要写此文？就是为了要表达自己的观点，因此一定要旗帜鲜明，决不能含糊，或模棱两可，论点可以出现在开头，也可以出现在结尾或中间，还可以作为题目，但必须明确。

（二）论据确凿

论据是提出论点的依据，它包括事实论据和理论论据。事实论据可以是现实生活中耳闻目睹的真实事情，也可以是多种媒体反映的真情实况，还可以是历史资料中记载的事件，但是，一定能证实自己的观点。理论论据可以是古今中外的名人名言，也可以是社会科学或自然科学中的有关定理和论断。同样要与自己的论点相吻合。论证合理，论证是用论据证明论点的过程。一定要逻辑严密，无懈可击。古希腊著名哲学家亚里士多德认为就是"有头，有尾，有中间"。这个论断看似平常，却是颠扑不破的真理。任何一个完整的事物，也都有头有尾有中间。论文的整体结构是菱形或仿菱形，两头小，中间大，引论和结论都不长，而本论则需要较长的篇幅把中间讲清楚。完整的结构也应该层次清楚、明确，过渡自然，照应巧妙。开头引人入胜，结尾回味无穷。

五、论文的结构

（一）标题

标题是学术研究成果的直接表达，是论文内容的高度概括，理应确切、鲜明、生动。

（二）署名

署名标志着作者拥有著作权，可以阐明自己的观点，同时担负着相应的责任。

（三）摘要

摘要或叫提要，提示研究对象、目的、基本观点、成果及意义，起到导读与检索作用。摘要不宜太长，只需 300 ~ 500 字概括主要内容即可。

（四）关键词

关键词也叫主题词，将论文中涉及主要内容的词语，选出 2 ~ 8 个，列在摘要的下方，为检索提供方便。

（五）前言

前言又叫引言、绪言或绪论，前言涉及的是研究背景、研究目的、研究范围、研究方法、主要观点、基本成果及意义评价等内容。

（六）正文

正文即本论，是论文的核心部分，是科研成果的直接体现。

本论的结构可以根据需要具体安排。将总论点分成若干分论点之后并列展开，先分别论证，再归纳为整体，从分析中得出结论，思路清晰，纲目分明。诸如递进式、并列式、过程式和综合式等。

（1）递进式。按照层层深入的关系将总论点分解成若干个分论点。前一个分论点是后一个分论点的前提，环环紧扣，逐步上升，最后得出结论。

（2）过程式。将研究过程自然形成一个有机整体，从发现问题、分析问题到解决问题，得出结论，一气呵成，有如行云流水一般。

（3）综合式。将上述多种形式灵活地综合运用在论证过程中，较适合篇幅较长的论文。

（七）注释

注释是对论文中某些专业性较强的概念和不常遇到的问题的解释。

（八）参考文献

参考文献是指详细列出论文中引征的各种资料的书、报刊物的名称、作者、版本等。其作用是反映作者对本课题的历史和现状了解的程度，同时增加资料的可信性。

第二节　毕业论文

 知识导航

一、毕业论文的概念

毕业论文是高校应届毕业生学业水平总结性的独立作业。指导毕业论文的写作，是高校教学过程中的重要环节。毕业论文的特点与其他论文相比，毕业论文具有以下几个特点：

（一）指导老师的点拨

学生的毕业论文，从选定题目、收集材料、审定提纲、解难答疑，到修改初稿，都是在指导老师的关注下进行的。最后，经过指导老师的认可。

（二）要求比较宽松

毕业论文要求在学生毕业前的半个学期之内完成，主要是检测学生在校期间对基本知识、基础理论、基本技能的掌握和运用的水平。因此，与一般学术论文相比，在多种指标的要求上，相对宽松一些。

（三）选题的范围有限定

毕业论文要求与所学专业有关，因此只能在自己所学的专业范围内选定题目。

（四）选题遵循一定的原则

（1）从业务强项或兴趣出发选题。

（2）从实习或实践过程中发现的问题选题。

（3）从必要补充或纠正的课题中选题。

（五）时间和字数有统一要求

毕业论文要求在毕业前的最后半个学期内完成。字数各个层次的要求都不一样，对大专生来说，字数不能少于5 000字。

二、毕业论文的结构

（一）题目

题目是毕业论文核心内容的集中概括，要求确切、鲜明、生动。

（二）前言

前言叫"开题报告"，说明所选题目的意义，介绍总体思路以及各个部分内容的设计、安排。

（三）摘要

用300～400字高度概括毕业论文的核心内容，起到检索作用。

（四）关键词

关键词又叫主题词，选择3～6个能反映基本观点的词，列在摘要下面。

（五）正文

正文包括三个部分：引论、本论和结论。这是整个毕业论文的核心内容。

（六）参考文献

参考文献将引征资料的书名、作者、版本、出版或发表实际，清楚开列出来。参考文献的编排格式如下：

1. 专著、论文集、学位论文等的编排格式

［序号］主要责任者．文献题名［文献类型标识］．出版地：出版者，出版年．

专著、论文集、学位论文、报告的文献类型标识分别为M、C、D、R。如：

［1］威廉·维尔斯曼．教育研究方法导论［M］．北京：教育科学出版社，1997．

2. 期刊文章的编排格式

［序号］主要责任者．文献题名［J］．刊名，年，卷（期）：起止页码．

其中，J为期刊文章的文献类型标识。如：

［2］何龄修．读南明史［J］．中国史研究，1998（3）：167－173．

3. 报纸文章的编排格式

［序号］主要责任者．文献题名［N］．报纸名，出版日期（版次）．

其中N为报纸文章类的文献标识。如：

［3］李红亚．从教育是什么到素质教育是什么［N］．人民日报，2006－06－24（3）．

三、毕业论文的写作步骤

毕业论文的撰写大体经历以下几个步骤：

（一）选题

遵循创新性、适宜性、现实性、理论性的原则，选定题目。

（二）收集资料

根据题目收集相关资料，可以通过八种途径获取资料。

（1）在图书馆查找。

（2）利用互联网寻求。

（3）参加相关学术研讨会，获取文献资料。

（4）从相关学术期刊中查寻。

（5）从参考文献目录中寻求。

（6）利用目录、索引、文摘等检索工具查寻。

（7）利用年鉴、手册等工具书查寻。

（8）通过对最新研究成果的追踪查寻。

（三）确立观点，构建框架

掌握了丰富的材料之后，从分析材料中形成自己的观点，确定基本内容，形成写作思路。

（四）拟定提纲

提纲有论点式提纲和提要式提纲两种写法。

（1）论点式提纲。先提出总论点，再从中找出分论点，以便将复杂的论证过程清晰地展示出来。

（2）提要式提纲。粗线条地描述整个内容，是论文的缩写。

（五）写出初稿

根据提纲，写出初稿。论文的组织形式是多种多样的，可以采用并列式，也可以采用递进式，还可以采用漫谈式。

（六）提交定稿

初稿经过指导老师的修改、审阅之后，按照导师的要求继续加工，直到导师认可，最后把定稿交给指导老师写评语。这样，就完成撰写毕业论文的任务。

四、论文修改的要求

第一，进一步突出论点。

第二，让结构更完整。

第三，句子通顺，用词恰当。

第四，层次段落清楚。

第五，前后密切照应。

第六，过渡自然。

案例分析

论文《数控车削切槽循环指令的开发》。

例文1	点评
数控车削切槽循环指令的开发 钟如全 四川信息职业技术学院 **摘要**：以数控车削切槽为研究对象，在深入了解处理方法后，通过对数控车削切槽循环的分析，以及在比较其他系统的基础上，提出以一个固定循环指令来实现切槽循环加工的方法。通过介绍 HNC21/22T 系统的宏编程指令功能扩展的二次开发技术，开发了数控车削切槽循环指令。目前阶段得出的结果表明，该指令达到了预期的结果，简化了算法以及编程的过程，经实际验证效果良好。 **关键词**：宏编程 切槽循环 二次开发 在数控车削编程中，固定循环指令给编程人员带来极大的方便，减小了编程的工作量，同样也使错误率明显地降低。 固定循环指令在不同的系统中存在不同程度的差异，比如 FANUC、广州数控系统已经具有直接用于宽槽加工循环等扩展指令，而 HNC－21/22T 世纪星系统目前还没有此指令提供给用户。这样对于切宽槽来说就比较麻烦，用 G01 和 G00 指令配合加工程序比较长，而且很容易出错，而在 FANUC 和广州数控系统中提供的 G75 指令就非常方便。 对于非开放式的数控系统，这种指令功能扩展只能依赖于系统生产厂家，对于 HNC－21/22T 世纪星这类基于 PC－NC 的开放式数控系统，只要熟知宏程序处理技术，普通用户即可自行开发定制。 本文利用宏编程对宽槽加工进行二次开发，使其成为像其他系统一样的固定循环指令。 **一、宏扩展编程的技术基础** HNC－21/22T 为用户配备了强有力的类似于高级语言的宏程序功能，用户可以使用变量进行算术运算、逻辑运算和函数的混合运算，此外宏程序还提供循环语句、分支语句和子程序调用语句，利于编制各种复杂的零件加工程序，减少乃至免除手工编程时进行烦琐的数值计算，以及精简程序量。 HNC－21/22T 的固定循环指令采用宏程序方法实现，这些宏程序调用具有模态功能。由于各数控公司定义的固定循环含义不尽一致，采用宏程序实现固定循环，用户可按自己的要求定制固定循环，十分方便。 HNC－21/22T 世纪星作为一个开放式数控系统，其 G71－G73 的宏扩展程序的源码已向广大用户公开，它就是利用宏子程序参数传值的处理方法，将 G 指令定制的多个参数，传到宏子程序中，由子程序对各参数数据进行整理后依据相应的加工工艺，按一定的算法通过基本指令来定制动作实现加工。普通用户亦可参照这一思路进行编程指令的二次开发。 **二、切槽循环扩展指令的开发定制** 图1（略）所示为宽槽加工图。在 HNC－21/22T 中，目前还无法由一个循环指令行来编程实现，但参照内（外）径粗车复合循环 G71 的宏子程序编制方法，可自行开发定制。其定制格式为：	标题简洁、醒目交代本文的中心论题 摘要概述了研究的对象、研究的问题，及研究成果的现实意义 中心论点准确鲜明 关键词概括了文章的基本内容和论及范围 开门见山，点明主旨，使读者一目了然，"利用宏编程对宽槽加工进行二次开发，使其成为像其他系统一样的固定循环指令" 主体分为三部分 一是介绍宏扩展编程的技术基础使读者明白其原理 二是举例说明如何进行切槽循环扩展指令的开发定制；

G75 - X - Z - I - K - E - F 其中：X、Z 为槽终点绝对坐标；I 为每次 X 轴进刀量；K 为每次 X 轴退刀量；E 为在 Z 轴方向每次的偏移量；F 为进刀速度。 该指令执行时的刀具轨迹如图 2（略）所示。 切槽循环执行过程为： 1. X 轴以 F 速度进给 I 的距离； 2. X 轴快速退 K 的距离； 3. X 轴以 F 速度进给 $I + K$ 的距离； 4. 重复 2～3 的过程直到 X 轴进给到点 B； 5. X 轴快速退到点 A； 6. Z 轴快速偏移 E 的距离； 7. 重复 1～4 的过程直到 Z 轴进给到点 C，X 轴进给到 B； 8. X 轴快速返回点 C，Z 轴快速返回点 A。G75 循环结束后，刀具仍在循环起始点。程序如下： ％0075 #40 = #0052 IF［AR［#25］EG0］OR［AR［#23］EQ0］；如果没有定义 Z 值和 X 值 M99；则返回 ENDIF IF［AR［#4］EQO］OR［AB［AR［#10］EQ0］；如果没有定义 I、K、E 值 M99；则返回 ENDIF N10 G90；用绝对方式编写宏程序 IF AR［#23］EQ9；如果说 X 值是增量方式 G91 #23 = #23 + #30；则将值转换为绝对方式，#30 为调用本程序时 X 的绝对坐标 …… （以下略去 38 行） HNC－21/22T 系统中，应将其内容添加存储到系统。 将上述扩展指令宏子程序％0075 编制完成后，在 BIN 文件夹下的 00000 文件内，则以后用户即可像使用 G71－G73 固定循环指令那样直接使用 G75 指令功能来加工编程。 **三、扩展指令的加工应用** 例如，对于图 1 所示的宽槽加工，若工件零点如图 1 所设，切槽刀宽为 3mm，每次进刀为 4mm，退刀为 2mm，每次偏移为 2.5mm，进刀速度为 80mm/min，则可编程如下： ％0001 T0101 M03 5600 C00 X45 Z－23 G75 X30 Z－40 I4 K2 E2.5 F80 G00 X100 Z100 M30	 三是举例说明扩展指令的加工应用的优势

续表

上述程序经过在 HNC – 21/22T 系统中应用，完全达到要求。对于图 1 的编程，如果采用现有 HNC – 21/22T 指令，则只能使用 G00 和 G01 方法编程，程序非常长，且容易出错，使用上述二次开发的指令，程序非常短，一般不容易出错。	结尾得出结论，言简意赅，恰到好处
参考文献 [1] 詹华西. 基于 HNC – 21/22T 系统编程指令的扩展开发 [J]. 组合机床与自动化加工技术，2007 (11)：83 – 85. [2] 郭庆兴. 巧用宏程序扩展数控系统的功能 [J]. 制造技术与机床，1997 (3)：27 – 29. [3] 周劲松. 巧用宏程序解决复杂零件的数控加工编程问题 [J]. 现代制造工程，2005 (5)：37 – 38. [4] 季照平. 在 FANUC 系统上开发铣削循环宏程序 [J]. 南通职业大学学报，2006 (1)：76 – 78. （资料来源：百度文库，http：//wenku. baidu. com/view/e8018826072 2192e4536f61d. html）	列出参考文献尊重他人研究成果

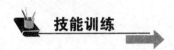 技能训练

一、判断题

1. 论文中可以使用别人公开发表的结论，并注明出处。（ ）
2. 公开发表的论文内容不可以参考。（ ）
3. 学士学位论文的基本要求是篇幅要长。（ ）
4. 本科生毕业论文题目的选定要求是和专业结合。（ ）
5. 毕业论文从文体上看，归属于议论文中学术论文的种类。（ ）

二、选择题

1. 收集论文材料的途径有（ ）等。

A. 感悟   B. 实地调查

C. 科学实验   D. 科学观察

E. 文献

2. 毕业论文的写作通常包括（ ）等步骤。

A. 选题   B. 选导师   C. 收集资料

D. 研究分析   E. 编写提纲   F. 撰写成文

G. 修改定稿

3. 论文的主题、对象应主要来源于（ ）。

A. 实际   B. 书本   C. 个人想象

4. 一篇论文的关键词可以选择（ ）

A. 2 个   B. 3~5 个   C. 9 个以上

5. 参考文献的顺序依（   ）

A. 在文中出现的次序排列

B. 按作者已经收集到的文献序号排序

C. 以文献的重要程度排列

6. 对论文标题的要求是（   ）。

A. 应居中   B. 靠左边   C. 靠右边

7. 对论文题目的要求是（   ）。

A. 生动   B. 形象   C. 鲜明

三、写作题

在报纸杂志上选取一篇专业论文，归纳论文提纲。

自主学习

知识拓展与自主学习五

第十三章　行政公务文书

第一节　行政公务文书概述

一、行政公务文书概念及特点

行政机关的公文又称行政公务文书（以下简称"公文"），是行政机关在行政管理过程中所形成的具有法定效力和规范体式的文书，是依法行政和进行公务活动的重要工具。行政公务文书主要用于传达贯彻党和国家的方针、政策，发布行政法规和规章，施行行政措施，请示和答复问题，指导、布置和商洽工作，报告情况，交流经验等，具有指导、教育、联系和凭证等作用。

行政公务文书具有严肃性，它由国家各级行政机关制发、使用，任何人不能以个人名义随意制发公文。行政公务文书一经发布即具有相应的行政效力，并在其作用范围内具有法定的权威性和普遍的行政约束力，任何受文单位和个人都不能随意改变公文的内容、形式。行政公务文书具有特定统一的体式，其文种选用、结构安排、标识等都有规范的要求，任何机关、单位和个人都不能各行其是，别出心裁。行政公务文书具有严格的使用范围，它的拟稿、审核、缮印、承办、传递、归档、销毁等都有特定的处理程序和严格的要求。

二、行政公务文书的种类

行政公务文书按适用范围划分，根据中共中央办公厅、国务院办公厅印发的《党政机关公文处理工作条例》（中办发〔2012〕14号）规定，共有十五种，即决议、决定、命令（令）、公报、公告、通告、意见、通知、通报、报告、请示、批复、议案、函和纪要。

按行文方向划分，行政公务文书可分为上行文、平行文、下行文三种。上行文是下级机关向上级机关报送的公文，如请示、报告。平行文是平级机关或不相隶属的机关之间联系工作、商洽事项、相互往来所传递的公文，如函、议案等。下行文是上级机关向下级机关或社会公众发布政令、指导工作、通知事项时使用的公文，如命令（令）、决定、公告、通告、通报、批复、通知和会议纪要等。

按缓急程度划分，行政公务文书可分为特急、急件。

按保密级别划分，行政公务文书可分为绝密、机密、秘密三个等级。

三、行政公务文书的格式与结构

行政公务文书一般由秘密等级、紧急程度、发文机关、发文字号、签发人、标题、主送机关、正文、附件、成文日期、印章、附注、主题词、抄送机关、印发机关和印发日期等部分组成。行政公务文书的三个标识是套红头、编文号、盖公章，三者缺一不可，"套红头"

指发文机关名称用红色字体标注，"编文号"指有发文字号的公文，"盖公章"指发文机关在公文的成文日期上必须加盖公章。

完整的行政公务文书格式如图 13 - 1 所示。

0001 （份数序号）　　　　　　　　　　　　　　　　　　　　　　　机密
　　　　　　　　　　　　　　　　　　　　　　　　　　　　　　　　特急

×××××× （发文机关名称）文件

×××××× （机关代字）〔2018〕××号

（红色反线）

关于××××的通知（公文标题）

×××××××××：（主送机关）

正文

正文

正文

正文

。

附件：

1. ××××××××××××××

2. ××××××××××××××

××××（盖章）（发文机关）

二〇一八年八月十一日

附注：××××

主题词：××××　××××　××××

抄送：（机关名称），××××××，××××××

×××××（印发单位）　　　　　2018 年 8 月 11 日印发

打印：＿＿＿＿＿＿　　校对：＿＿＿＿＿＿　　　　共印＿＿＿＿＿份

图 13 - 1　完整的行政公务文书格式

从图 13 - 1 可见，行政公务文书可划分为眉首、主体、版记三部分。置于红色反线以上的各要素统称眉首；置于红色反线（不含）以下至主题词（不含）之间的各要素统称主体；置于主题词以下的各要素统称版记。

（一）眉首

公文的眉首部分包括公文份数序号、秘密等级和保密期限、紧急程度、发文机关、发文字号、签发人等项。

（1）公文份数序号。公文份数序号是指将同一文稿印制若干份时每份公文的顺序编号。

如需标识公文份数序号，应用阿拉伯数码顶格标识在版心左上角第一行。

（2）秘密等级和保密期限。涉及国家秘密的公文应当在首页右上角第一行标明密级和保密期限，其中绝密、机密级公文还应标明份数序号。如需用同时标识秘密等级和保密期限，它们之间用"★"号隔开。

（3）紧急程度。紧急程度表示对公文送达和办理的时间要求，分特急和急件，紧急程度要顶格标识在版心右上角第二行。

（4）发文机关。发文机关指制发公文的机关，应当使用发文机关全称或规范化简称；联合行文，主办机关排列在前。

（5）发文字号。发文字号由机关代字、年份、序号组成。机关代字，指用一到三个汉字表示发文的机关，例如，"国办发"表示国务院办公厅制发。年份表示制发文件的纪年，应标全称，用六角括号"〔　〕"括入，例如〔2020〕表示文件是2020年制发的。序号表示某年依次制发的文件的号码，序号的编写不能编虚位，不能加"第"字，联合行文，只标明主办机关发文字号。

（6）签发人。上报公文（上行公文）需标识签发人姓名，平行排列于发文字号右侧。如有多个签发人，主办单位签发人姓名置于第一行，其他签发人姓名从第二行起在主办单位签发人姓名之下按发文机关顺序依次顺排。

（二）主体

公文主体部分包括公文标题、主送机关、公文正文、附件、成文时间、印章、附注等项，其中"附件"和"附注"，不是行政公务文书主体部分的必要元素。

（1）公文标题。一般由发文机关名称（作者）、文件的主题（事由）及文种（文件名称）三部分组成，位于文件首页发文字号之下，可分一行或多行居中书写。其结构如下：

中共中央　关于　恢复沈雁冰同志党籍　的　决定
作者　　　　　介词＋事由　　　　　　文种

作者在撰写标题时，发文机关的名称要写全称或规范化简称，如果文件首页具有制发机关的标志（文头），其标题中可省略发文机关名称。事由是标题的主体部分，应准确、简要地加以概括。文种是公文文体的名称，用以概括揭示公文的性质与制发的目的。正确使用文种，有利于及时、准确地处理文件。发文机关名称之后用介词"关于"引出文件事由，用助词"的"与文种相连接，以文种为中心词成偏正词组。公文标题中除法规、规章名称加书名号外，一般不用标点符号。

公文标题的三个组成部分一般要写完整，也有部分省略的情况：一是法规类或单位内部使用的公文，标题中可省略发文单位；二是省略事由，有些公文内容单一，正文较简单，就可以在标题中省略事由，如《中华人民共和国主席令》。

文件标题应当准确、概括、简要，以便于公文的检索与处理，便于读者理解公文的内容与行文的目的。

（2）主送机关。指公文的主要受理机关，应当使用全称或者规范化简称、统称。其位于标题之下、正文之上，要求左起顶格书写。

（3）公文正文。这是公文的主体或中心，用来表达公文的具体内容。正文结构一般包括导语、正文主体和结尾三部分。导语部分用来表明制发公文的依据、目的或原因；主体是公文的核心部分，其结构安排要有逻辑性、条理性，因各文种的发文目的等方面不同，其写作要求也不同；结尾也不同，各种公文一般有与文种相适应的习惯结束语。

（4）附件。指与公文内容有关的随文发送的文件、材料等。如有附件，在正文下空一行、空两格标识"附件"字样，说明所附材料名称及份数。

（5）成文时间。即成文日期，一般文件，以负责人签发日期为准；经会议讨论通过的文件，以通过日期为准；法规性文件以批准日期为准；联合发文，以最后签发机关（部门）的负责人签发日期为准；电报以发出的日期为准。行政公务文书的成文时间用汉字书写，要将年、月、日标全，"零"写为"〇"。

（6）公文生效标识——印章。单一机关制发公文时，也可不签署发文机关名称，只标识成文时间，成文时间距离右边沿空四个字，加盖印章。当联合行文需加盖两个印章时，应将成文时间拉开，主办机关印章在前，两个印章均压成文时间。当联合发文需加盖三个以上印章时，应将各发文机关名称排在发文时间与正文之间，主办机关印章在前，每排最多三个印章，两端不得超出版心，最后一排如余一个或两个印章，均居中排布。印章之间互不相交相切。

署名。以国家领导人名义发布的公文还需有领导人署名。

（7）附注。指与文件有关的简要说明，如有附注，应当加括号标注，标识在成文时间下一行。

（三）版记

版记包括主题词、抄送单位（抄送机关）、印发机关和印发时间（日期）等项。

（1）主题词。是指标识公文主题、文件类别的并经过规范化处理的名称或名称性词组。标引主题词必须从有关主题词表中选用，如《国务院主题词表》《教育类公文主题词表》等。主题词的位置在附注下方、文尾横线上端。一份文件选用两至三个主题词，最多不超过五个，词与词之间各有一个字的间距。

（2）抄送单位（抄送机关）。指除主送机关外需要执行或知晓公文的其他机关，应当使用全称或规范化简称、统称。公文如需抄送，则在主题词下一行写明抄送单位，抄送机关之间用逗号隔开。

（3）印发机关和印发时间（日期）。印发机关指负责把公文文稿印成正式公文的机关，印发日期是指把公文文稿送往印刷的日期。这两项位于抄送机关之下（无抄送机关位于主题词之下）占一行位置，印发机关左空一字，印发日期右空一字。印发日期用阿拉伯数码标识。

四、行政公务文书的写作要领

（一）标题

公文标题共有三种写法。

一是最常用的"发文机关＋事由＋文种"，如"××省人民政府关于加强治安综合治理工作的通知"，其中"××省人民政府"是发文机关名称，"加强治安综合治理工作"是事由，"通知"是文种。

二是"发文机关＋文种"，如《中华人民共和国国务院决定》《天津市人民政府通告》，这种写法适用于正文极短、内容可一目了然的情况。

三是"事由＋文种"，如《关于开展校园艺术节活动的通知》《关于加强班主任队伍建设的意见》等，这种写法适用于各机关团体、企事业单位的内部行文或内容不太重要的事务性公文。

需要注意的是，公文标题应当准确简要地概括公文的主要内容，并标明公文种类，即公文标题中的主要要素"文种"不能省略；发文机关和事由不能同时省略，一般应当标明发文机关；发文机关、事由、文种三者的次序不能颠倒。同时，我们常用介词结构"关于……的"将公文标题的三要素联系起来。概括事由大多采用动宾结构的词组，如《关于加强班主任队伍建设的意见》，"加强"为动词，"班主任队伍建设"是宾语。概括事由要求准确、简要，防止题文不符、意思含糊、文字过多。公文标题中除法规、规章名称加书名号外，一般不用标点符号。

（二）正文

从共性的角度来看，结构上正文由开头、主体、结尾三部分组成，内容上正文的写作包括三个方面：提出问题，分析问题，解决问题。

开头部分提出问题，陈述行文的起因、依据、目的，总述情况。这部分又称引据，具有领起下文的作用，应写得简明扼要。

主体部分围绕公文的中心内容展开阐述，摆出事实，分析问题，阐明观点、意见、要求，预测事件发展的结果。这部分的写作要注意条理清楚，层次分明，说理透彻。可根据内容的内在关系分段落、分条目或分小标题来写。上行文陈述事实要清楚，佐证材料要丰富；下行文要阐明工作的要求、步骤、方法；平行文要说明情况，提供依据，提出意见和看法。

结尾部分解决问题，往往对上文内容作结语，即总结上文，得出结论，文字应简洁明了。由于公文的具体内容及上下行文的语气不同，各种公文的结语也各异。例如报告、通告、函等，可用"特此报告、请予审批""特此通告""特此函复"等结语。结语要根据不同文种灵活运用，不能生搬硬套、张冠李戴。

（三）主题词

主题词分类别词和类属词，标引顺序是先标类别词，再标类属词。在标类属词时，先标反映文件内容的词，最后标反映文件形式的词，如《国务院关于加强水土保持工作的通知》，先标类别词"农业"，再标类属词"水土保持"，最后标上"通知"。一份文件如有两个以上的主题内容，先集中对一个主题内容进行标引，再对第二个主题内容进行标引。如《国务院关于在若干城市试行国有企业兼并破产和职工再就业有关问题的通知》，先标反映第一个主题内容的类别词"经济管理"，再标类属词"企业""破产"；然后标反映第二个主题内容的类别词"劳动"，再标类属词"就业"；最后标"通知"。

五、行政公务文书的写作要求

公文在社会生活中具有法定的权威性和行政约束力，是党和国家各级政权机关的"代言人"。这就要求公文的写作能体现高标准、高质量、高水平，做到切实把握政策，充分发挥公文的指导性和可执行的作用。

（1）掌握政策，观点明确。这是保证公文质量的前提和关键。撰写公文者必须加强学习，牢固掌握党和国家的方针政策、法律法规，努力培养自己高度的责任感和政治敏锐度，正确领会上级的指示精神，结合实际工作，深入调查研究，熟练掌握与公文相关的业务工作。表达观点鲜明突出，主张什么，反对什么，直述不曲，不能有丝毫的含糊。

（2）如实反映，表述准确。撰写公文必须如实客观地反映事实，做到结构严谨，条理清楚，符合国家的法律、法规及其他有关规定，如提出新的政策、规定等，要切实可行并加以说明。语言表述准确、贴切，尽量避免使用艰深的词语或口语化的语言；慎用过深过长的专业术语，如必须使用，则要加上注释。要注意辨别公文用词的细微差异，如对下级机关的来文用"批转"，对上级机关和同级机关的文件则要用"转发"一词。同时，表述只作说明性的叙述和议论，不作任何描写和抒情。

（3）文字精练，行文规范。公文的篇幅要力求短小精悍，文字要力求言简意赅，行文力求标准规范。公文的文种应当根据行文的目的、发文的职权和与主送机关的行文关系确定。公文一般应一文一事，如"请示"，一般只写一个主送机关，如需同时送其他机关的，应当用抄送形式，但不得抄送其下级机关。拟制紧急公文，应当体现紧急的原因，并根据实际需要确定紧急程度。行文关系根据隶属关系和职权范围确定，一般不能越级请示和报告，"报告"不能夹带请示事项。人名、地名、数字、引文要准确。引用公文应当先引标题，后引发文字号。日期应当写明具体的年、月、日。结构层次序数，第一层为"一、"，第二层为"（一）"，第三层为"1."，第四层为"（1）"。应当使用国家法定计量单位。文内使用非规范化简称，应当先用全称并注明简称。使用国际组织外文名称或其缩写形式，应当在第一次出现时注明准确的中文译名。公文中的数字，除成文日期、部分结构层次序数和在词、词组、惯用语、缩略语、具有修辞色彩语句中作为词素的数字必须使用汉字外，应当使用阿拉伯数码。

 技能训练

一、填空题

1. 行政机关的公文，是行政机关在行政管理过程中形成的具有_____和_____的文书。

2. 发文字号由_____、年份和_____组成。

3. 公文主体部分包括_____、主送机关、_____、_____、印章、附注等项。

4. 公文正文位于主送机关名称下一行，每自然段左空两字，回行顶格，_____和_____不能回行。

5. 标引主题词的数量一般是_____个。

6. _____主要指公文标题以上的有关格式成分。

7. 完整的公文标题由_____、_____、_____三要素构成。

二、选择题

1. 常用的公文种类主要有（　　）。

A. 决定、通报、批复、通知、命令、请示、报告、函、意见、会议纪要

B. 报告、批复、通知、指示、请示、报告、函、意见、会议纪要、决定

C. 决定、通报、批复、通知、公告、通告、请示、报告、函、意见、纪要、命令、议案

D. 决定、通报、批复、通知、公告、通告、请示、报告、函、意见、纪要、命令、议案、决议、公报

2. 上行文的行文方向指（　　）。

A. 给比本机关级别高的单位发文

B. 给比本机关级别低的单位发文

C. 给具有隶属关系的上级单位发文

D. 请示和报告

3. 联合行文标注发文机关时，标在前的机关是（　　）。

A. 上级机关   B. 组织序列表中靠前的机关

C. 主办机关   D. 其他系统的机关

4. 向非同一组织系统的任何机关发送的文件属于（　　）。

A. 上行文   B. 平行文   C. 下行文   D. 越级行文

5. 公文中数量表述正确的是（　　）。

A. 200Kv   B. 一百二十三万元

C. 88 年—99 年   D. 2000 年 1 月 1 日

6. 受双重领导的机关向上级机关行文，正确的处理方式是（　　）。

A. 写明主送机关和抄送机关   B. 主送一个上级机关

C. 报送两个上级机关   D. 主送并抄送两个上级机关

7. 公文的紧急程度分为（　　）。

A. 特急   B. 急件   C. 火急   D. 加急

8. 发文字号应当也包括机关代字和（　　）。

A. 年份   B. 序号   C. 简称   D. 全称

第二节　通知通报

知识导航

一、通知的特点和种类

（一）通知的特点

通知是"适用于批转下级机关的公文，转发上级机关和不相隶属机关的公文，传达要求下级机关办理和需要有关单位周知或者执行的事项、任免人员"的公文。

其特点一是适用范围广，各级各类国家机关、社会团体、企事业单位均可使用；既可传达事项，也可转发和批转公文，还可任免人员；内容可以是国家活动、政府工作和社会生活的各个方面。行文方向以下行为主，有时也可平行。二是使用频率高，因为通知的适用范围特别广泛，因此使用频率也最高，各级机关的发文，通知占了绝大部分。

（二）通知的种类

通知根据其适用范围，可分为以下类别：

（1）指示性通知。用于布置下级机关工作事项，指示工作方法、步骤。例如《国务院办公厅关于禁止发放使用各种代币购物券的通知》。

（2）任免人员的通知。用于任免和聘用干部。例如《国务院办公厅关于调整国务院三峡工程移民试点工作领导小组组成人员的通知》。

（3）颁布、转发性通知。即颁布（颁发）与转发公文时使用的通知。①颁布（颁发）本机关制定的行政法规与规章、决定等公文时使用。例如《国务院办公厅关于发布〈国家行政机关公文处理办法〉的通知》。②转发公文时使用。例如《国务院办公厅转发水利部关于加强嫩江、松花江近期防洪建设若干意见的通知》。

（4）会议通知。是组织会议的单位制发的公文。例如《北京市林业局关于召开会计决算编审工作会议的通知》。

二、通报的特点和种类

（一）通报的特点

通报是"适用于表彰先进、批评错误，传达重要精神或者情况"的公文。通报有三个特点。一是通报事件的真实性。被通报的事件首先是真实无误的，不能有丝毫的夸大和缩小；其次还应是典型的，即在某一方面有代表性、普遍性。二是通报行文的及时性。通报内容是针对近期发生的事件，并对当前的工作有一定的指导和促进作用，必须及时发出。三是通报目的的宣传教育性，通报的目的或是表彰先进以号召学习，或是批评错误使引以为戒，或是传达情况以了解上级精神，都是为了宣传上级方针政策，教育广大群众。

（二）通报的种类

按其性质通报划分为如下类别：

（1）表彰性通报。用于表彰先进单位或个人，宣传先进事迹，树立先进典型，推广成功经验，扩大社会影响，进一步带动广大干部群众共同学习先进榜样，提高思想觉悟，认真做好本职工作。

（2）批评性通报。用于批评严重违反党纪国法，无视党和国家的方针政策，损害人民利益，破坏安定团结，导致重大事故的发生，造成不良政治影响和社会影响的单位或个人，以此吸取教训，引以为戒，进一步改进工作，加强管理，防止类似事件的再度发生。

（3）情况通报。主要用于一定范围内，向所属单位或有关部门通报当前政治、经济、生产、社会治安等方面的重大情况或动态，以提请有关单位或部门加以关注和重视，在今后的工作中能妥善地开展工作。

三、通知的写作方法和写作要求

（一）通知的写作方法

1. 标题

通知的标题与其他公文文种的格式相同，由制发机关、事由、文种三部分组成。需要注意的是，批转、转发通知的标题也是由三要素组成，不过其中的事由是所批转、所转发公文的名称。如《国务院批准国家旅游局关于加强旅游行业管理若干问题请示的通知》，这个标题的事由部分是"国家旅游局关于加强旅游行业管理若干问题（的）请示"，这即是所批转公文的名称，这个名称（即公文标题）也是"三要素"齐全的，转发通知的标题也同此。所以，颁布、批转、转发性通知的标题内又含有一个被批转或被转发公文的标题，是大标题里包含着一个小标题，这个小标题是作为大标题的事由出现的。如果被转发、批转的公文是法规性文件，则须在法规性文件名称上加上书名号。

2. 发文字号

发文字号为完全式。

3. 主送机关

所有通知都须有主送机关，即必须指定此通知的承办、执行和应当知晓的主要受文机关。这些机关一般为直属下级机关，或需要了解通知内容的不相隶属的单位。

4. 正文

颁布或转发性通知结构简单，其余通知一般由三部分构成。

（1）通知事由。即写明制发通知的理由、目的、依据或情况。

（2）通知主体。即通知事项。要求主要受文机关承办、执行和应予知晓的事项。通知事项多数分条列项写出，条目分明。

（3）结尾部分。通知的结尾有三种常用写法：一是事项结束，全文就自然结尾，意尽言止，不单写结束语；二是用习惯用语"特此通知"收尾，但前言和主体之间如用了"特作如下通知"作过渡语，则不宜在收尾处再用习惯用语；三是用简要的文字再次明确主题或作必要的说明，以引起收文单位对通知的重视。

5. 落款

在正文右下方写明发文机关名称和成文日期。成文日期写在发文机关名称之下，如果发文机关已在标题中标明，落款时可以省略。

（二）通知的写作要求

（1）指示性通知。须写明提出指示的根据与指示事项，内容要求明确具体。

（2）任免人员的通知。要求写明批准的机关、日期与被任免人员的职务、姓名。

（3）颁布或转发性通知。要求在正文中简短地说明所颁布或转发的公文的制发机关、制发（批准、生效）日期与公文标题以及颁发或转发的目的、意义与要求等。被颁布或转发的公文均为通知的附件，须注明附件的序号与标题、件数。

（4）会议通知。要求写明召开会议的名称、目的、议题、时间、会址、对参加会议人员的要求（如准备发言、文件、论文、生活用品等）、注意事项以及筹办会议单位名称、联系人、联系地址、电话号码、电报挂号、会议食宿安排、去会址路线、接洽标志等。有的通知后面还附上入场凭证或请柬等。总之，要写得清楚、具体，对必须写明的项目无一错漏，以保证会议按规定要求顺利召开。

四、通报的写作要领和写作要求

（一）通报的写作要领

1. 标题

通报的标题由发文机关、通报事由和文种三部分构成。如《国务院关于违规修建办公楼等楼堂馆所案件调查处理情况的通报》，其中"国务院"为发文机关，"违规修建办公楼等楼堂馆所案件调查处理情况"为通报事由，"通报"为文种。发文机关名称有时可省略。

2. 正文

通报的正文通常由缘由、具体事实和评析、有关表彰或处理决定以及希望要求等部分组成。

（1）缘由。总起写明通报的原因、目的和依据，并给事件定性，使用过渡语。

（2）具体事实和评析。具体陈述事情发生的经过，并对事情发生的原因进行分析、评价，揭示事物产生的积极意义或导致事故发生的根本实质，总结经验教训。通报表彰要分析评价先进人物的事迹或成功经验，弘扬高尚品质，阐发积极意义；通报批评要分析原因，指出错误的实质，揭示问题的严重性、危害性以及对社会造成的不良影响，起到教育警示的作用。

（3）表彰或处理决定以及希望要求。通报的结尾部分，提出通报表彰或批评的决定意见，并就如何学习先进典型、惩恶扬善提出希望和要求。

（二）通报的写作要求

（1）事实真实、典型。事实的真实表现在于要客观反映事件过程，不能任意夸大或缩小。事实材料要典型，能充分说明问题。

（2）评析、奖罚客观公正。无论是表彰性的通报还是批评性的通报，对事实的评析都要以党和国家的政策为标杆，客观公正，不带有个人的主观感情色彩，不能随意拔高或贬抑，奖罚也要客观公正，符合政策。

（3）通报的时间要及时。表彰、批评都要抓住时机，迅速及时，起到以事实说明问题，警示社会的作用，否则将起不到应有的作用。

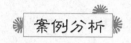 案例分析

案例一

这是一则指示性通知。

例文1	点评
教育部关于在小学减轻学生过重负担的紧急通知 教基〔2000〕1号 各省、自治区、直辖市教委、教育厅、新疆生产建设兵团教委： 　　近年来，减轻学生过重负担的工作取得了一定成效。但是，学生负担过重现象至今仍没有从根本上得到有效遏制，有的地方甚至还相当严重，已成为全面推进素质教育的严重障碍，也直接影响教育行政部门和学校的形象。为了尽快改变这一状况，在加快教材改革的同时，现就减轻学生过重负担的若干问题紧急通知如下： 　　1.各级教育行政部门、学校应当落实如下规定，首先把小学生过重的负担减下来。 　　（1）小学开设的语文、数学、思想品德、音乐、美术、社会、自然课程，每门只准使用一本经审查通过的教科书。地方课程选用教材，由省级教育行政部门照此精神从严规定。其他课程和专题教育活动均不得组织小学生统一购买教材和各种读本，不得要求幼儿园、学前班的幼儿购买任何教材和幼儿读物。	标题由发文单位、事由、文种三部分组成，"紧急"一词表明该通知的紧急程度 正文部分说明了发通知的背景、目的及主要内容

（2）任何部门、团体、机构、学校和教师不得组织小学生统一购买在教材以外的教辅材料、图书、报刊和学生用品，更不能以此作为考核、评奖的依据。

（3）学校要严格按照规定的课程计划，依据儿童学习和生活规律均衡安排每周课程和休息时间，下午可以活动和做作业为主。不得增加周活动总量，更不得增加学科教学的学时，不得占用节假日、双休日和寒暑假组织学生上课，更不得收费上课、有偿补课。

（4）要提倡布置活动性、实践性的小学生的家庭作业。小学一、二年级不留书面家庭作业，其他年级书面家庭作业控制在一小时以内。严禁用增加作业量的方式惩罚学生。

（5）除语文、数学外，其他课程不得组织考试。小学生学业成绩评定采用等级制，取消百分制。

（6）已经普及九年义务教育的地区，要坚决落实小学毕业免试就近升入初中的规定。任何初中入学招生不得举行或变相举行选拔性的书面考试。

（7）任何部门、团体、机构和学校，未经教育行政部门批准，不得组织小学生参加各种竞赛活动、读书活动，不得以赛促销，以赛代销。

2. 要实行减轻学生过重负担的领导责任制，把切实减轻学生过重负担作为考核教育行政部门领导、教研部门领导、校长工作实绩的重要内容。（以下内容略）

3. 地方各级教育行政部门及教育督导机构要完善减轻学生过重负担的专项督导机制，对本地存在的突出问题进行督导检查。（以下内容略）

4. 各级教育行政部门要建立健全减轻学生过重负担的通报制度，对加重学生负担的违纪事件予以通报。（以下内容略）

5. 全国中小学生专题教育和学生用书、电子音像制品、学具及学生用品的归口管理工作，由教育部基础教育司负责。（以下内容略）

6. 要做好减轻中小学生课业负担宣传工作，使广大学生家长了解减负的内容，理解支持减负工作，并使更多学生家长参与监督，全社会互相配合，形成合力。

7. 各地要立即行动起来，采取有效措施，切实把小学生的过重负担减轻下来。同时，要遵照本《通知》的精神，做好减轻中学生过重负担工作。各地要将贯彻落实《通知》的情况及时反馈给我部基础教育司和教育督导团办公室。

中华人民共和国教育部（公章）

二〇〇〇年一月三日

案例二

这是一则会议通知。其正文由召开会议的目的和会议注意事项两部分组成。该会议事项较详细。撰写会议事项经常出问题的，往往是地点和时间。有时地点写得过于粗略，时间只写日子，不写具体时间，这都将给与会者带来不便。

例文 2	点评
××大学关于召开招生工作会议的通知 ×校办发〔2020〕20 号 所属各单位： 　　为了把今年我校的招生工作搞得更好，为了进一步贯彻和执行中央、省招生工作会议精神，经研究决定召开招生工作会议，现将有关事项通知如下： 　　1. 会议内容：介绍和分析近年来我校的招生情况；着重讨论和分析今年的招生情况和招生工作安排事宜。 　　2. 参加人员：各系部主管学生工作的副主任以及校学生工作办公室的全体人员。 　　3. 会议时间和地点：定于 6 月 18 日上午 8 时，在学校三楼会议室准时召开，议程一天。 　　　　　　　　　　　　　　××大学学生工作办公室 　　　　　　　　　　　　　　二○二○年六月十七日	标题由发文单位、事由、文种三部分组成 　　正文说明了发通知的背景、内容、参加人员、时间和地点

案例三

　　石国建父子二人在一次重大行车事故中，面对灾祸临危不惧，奋不顾身抢救伤员。为表扬他们的先进事迹，教育部发出通知，予以表彰。

例文 3	点评
教育部文件 教社政厅〔1999〕6 号 **关于石国建同志，石虎同学 先进事迹的通报** 各省、自治区、直辖市教委、教育厅、广东省高教厅，部属各高等学校： 　　今年 7 月 9 日，由武昌开往湛江的 461 次旅客列车在湖南衡阳市郊发生一起重大行车事故。事故发生后，列车上的解放军战士、知识分子、大学生奋不顾身地投入抢险行动，救助伤亡人员，其间涌现出许多可歌可泣的动人事迹。 　　武汉工业大学教师石国建同志，面对突然降临的灾难，在自己身负重伤的情况下，奋不顾身救助伤员，并号召、组织党员和解放军旅客形成抢险集体，投入救援行动，体现了一名共产党员的先锋模范作用。石国建同志的儿子，武汉工业大学建筑学院二年级学生石虎在以父亲为代表的共产党员和解放军集体的感召下，与大家一道投入救援行动，展现了一名大学生积极向上的精神风貌和舍己救人的高尚品质。 　　石国建同志和石虎同学的先进事迹在全国高校和社会各界产生强烈反响。教育部办公厅决定给予石国建同志和石虎同学通报表扬，并号召高校广大师生员工学习他们面对灾祸临危不惧的大无畏精神；学	文头由发文机关、发文字号组成 　　题目由事由、文种两要素组成。有文头，所以省略发文机关 　　主送单位 　　正文分三段，前两段分别概述了对所表彰对象的事迹的起因及他们的做法。这是表彰性通报的事实依据。事实清楚具体，用词准确、简略，如"突然降临的灾难""身负重伤""奋不顾身""号召""组织""投入"等，表明了表彰对象的精神风貌和高尚品质 　　最后一段表明行文机关对通报表彰对象的态度、发出的号召及提出的要求 　　习惯用语，"××决定给予××通报表扬，并号召……学习……""要求……"

续表

习他们关键时刻挺身而出的献身精神；学习他们高尚的道德情操和强烈的社会责任感。要求各地，各高校在学习石国建同志、石虎同学先进事迹过程中，要结合当前正在开展的"三讲"教育，进一步提高共产党员的先锋模范作用。要求把学习活动与本职学习、工作的实际相结合，振奋精神，为实现科教兴国的战略作出新的成绩。	
教育部办公厅（章） 1999 年 12 月 30 日	署名、发文机关、印章、时间

案例四

××厂在全厂青工中开展小改小革活动，为了让参与者了解整个活动的有关情况，特向全厂各团支部下发活动开展的情况通报。

例文 4	点评
××厂关于在全厂青工中开展"小改小革" **活动情况的通报** ××字〔20××〕××号	题目由发文机关、事由、文种三要素组成 发文字号
各团支部：	主送机关
为了更好地配合全厂"双增双节"活动，发挥青工在这项工作中的优势，也为提高我厂经济效益和产品科技含量作出贡献，充分发挥广大青工参与企业管理和技术进步的积极性，厂团委于今年上半年在全厂职工中开展了"小改小革"活动。	开头，写通报情况开展的目的、组织者、参与者及活动内容
这项活动的重点是立足于本厂的各车间、班组、岗位，紧紧围绕提高产品质量，降低物耗，减少工时，提高设备利用率，提高管理水平等方面发挥职工的聪明才智。号召职工在改进工艺水平，改进工装等方面进行攻关。	中段，写通报情况（"小改小革"）开展的范围，课题
据统计，上半年全厂职工完成小改小革项目×个，提出合理化建议×条。这项活动还将继续进行，望各团支部组织青工踊跃参加。	结尾，写通报情况所取得的成绩，行文单位对受文单位提出的希望
特此通报	结束语
××××团委（章） 20××年×月×日	署名、时间、印章

案例五

关于××省××市××县擅自停课组织中小学生参加迎送礼仪活动的通报。

例文 5	点评
关于××省××市××县擅自停课组织 **中小学生参加迎送礼仪活动的通报**	多行标题
1999 年 12 月 5 日，××省××市××县举行××高速公路在本县通车仪式，××县主要领导擅自决定，让本县部分中、小学校停课参加	概述情况——通报的依据

通车仪式，近千名中小学生在风雪天等候长达 2 小时，致使部分中小学生生病，学生家长和群众极为愤慨，致信中央要求坚决制止此类现象。	
中小学校依照国家规定建立了严格的教育教学秩序，这是教育教学质量的保证，任何单位和个人都不能随意破坏。现在一些地方的个别领导利用自己的权力，动辄调用中小学生为各种会议、考察、参观、访问甚至商业性典礼搞迎送或礼仪活动，有些地方还因此发生了严重的安全事故，造成极恶劣的社会影响。×××县发生的问题，已不只是一般的形式主义，而是官僚主义，严重脱离群众，此类不良风气必须坚决予以制止。各地区、各部门以及各级领导干部，要高度重视这一问题并从中吸取深刻的教训，切实增强群众观念，杜绝此类事件再度发生。	分析评议，点明性质与危害
中小学生是祖国的未来，他们的学习和活动安排，要有利于他们的学习和身心健康。今后各地区、各部门都必须严格执行国家的有关法规和规定，不得擅自停课或随意组织中小学生参加各种迎送或"礼仪"活动，如确有必要组织的，须报经省级教育行政部门批准。 　　　　　　　　　　　　　　　　　　　　×××省办公厅（盖章） 　　　　　　　　　　　　　　　　　　　　××××年×月×日	对症下药，提出告诫

案例六

　　关于表彰韩佳亮同学拾金不昧精神的通报。

例文 6	点评
关于表彰韩佳亮同学拾金不昧精神的通报 　　2011 年 1 月 11 日上午，团省委在我校新活动中心 326 室举行培训会议，参加本次会议的一位老师不慎将自己随身携带的手包遗忘在会议室，包里有现金、银行卡、手机等重要物件。	概述情况说明缘由
会议结束后，化工学院高分子材料与工程专业 200807101 班韩佳亮同学独自在会议室打扫卫生时发现了遗失的手包，他立即与学院老师联系，寻找失主。通过多方努力，终于联系到了失主。当日下午，丢失手包的老师来我校取回失物，当面要用现金对韩佳亮同学表示感谢时，被他婉言谢绝。	
韩佳亮同学是化工学院优秀学生干部，共产党员。他拾金不昧的行为，充分体现了我校大学生道德品质和精神风貌，体现了新时期学生共产党员的优良品德和先锋模范作用，弘扬了校园新风，值得全体同学学习，现予以通报表扬。	交代清楚先进事迹
希望化工学院全体同学积极学习韩佳亮同学拾金不昧的精神，充分发扬中华民族的传统美德，树立正确的世界观、人生观、价值观，不断提高自身思想素质和道德情操，为营造和谐校园、构建和谐社会、弘扬社会主义新风尚作出贡献。 　　　　　　　　　　　　　　　　　　　　×××化工学院 　　　　　　　　　　　　　　　　　　　　2011 年 1 月 12 日	阐明性质和意义

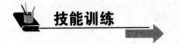

技能训练

一、选择题

1. 某省人民政府向其下属单位转发国务院的通知用（　　）。

A. 指示性通知　　　　B. 转发性通知　　　　C. 通报　　　　　　　D. 情况通报

2. 联合行文的机关应该是（　　）。

A. 两个以上的机关　　　　　　　B. 两个以上的同级机关

C. 上下级机关　　　　　　　　　D. 不相隶属的两个机关

3. 某单位向上级汇报工作情况用（　　）。

A. 通报　　　　　　　B. 报告　　　　　　　C. 请示　　　　　　D. 总结

4. 某大学向上级部门申请设备购置经费用（　　）。

A. 报告　　　　　　　B. 请示报告　　　　　C. 申请书　　　　　D. 请示

二、判断题

1. "报告"要"一事一报"，不能把几个事情写在一起。（　　）

2. 为了提高办事效率，"报告"中也可以夹带请示事项。（　　）

3. 某局长儿子结婚，该局可以用通知告知有关人员赴宴。（　　）

4. 草拟行政公务文书时要准确领会领导意图，就是要把领导的每一句话都写进去。（　　）

三、写作题

1. 根据以下内容拟写一份通知。

××省教育厅职教处决定在全省职业院校开展以"我读书、我思考"为主题的征文活动。征文要求：体裁不限；主题鲜明突出；材料新颖、典型，有较强的说服力和感染力；文稿一般不超过 3000 字；每个学校限交稿三篇；截稿时间 2014 年 5 月 30 日，以当地邮戳为准。届时职教处将组织有关专家评出一、二、三等奖和优秀奖。来稿请寄××省教育厅职教处。邮编：××××××。请务必在信封上写上"征文"字样。

2. 根据下面的材料写一份通报。

2003 年 5 月 13 日中午，××橡胶厂职工何××在单身职工宿舍内使用电炉烧水，突然停电，何××未将插头拔出便离开宿舍。下午 4 点来电，电炉烘烤旁边的写字台达两个小时之久，这时写字台着火，蔓延全室。为此厂里给何××行政记大过处分一次，并责令按价赔偿火灾造成的损失。

第三节　请示报告

知识导航

一、请示的概念、特点和分类

（一）请示的概念

请示是各级各类机关经常使用的呈请性上行文，是向上级机关请求指示、批准时使用的一种文种，凡是下级机关因自身无权决定、无力解决而请求上级机关决断、指示，批示、批准、支持并明确答复的事项，都需用请示行文。

（二）请示的特点

（1）必须一事一请。请示的内容具有单一性，即针对某一事项提诉上级机关处理、批复或解释，一份请示不能同时提出多个请求事项，要求解决多个问题。

（2）必须得到答复。请示要求上级机关对本机关的请求事项给予答复，上级机关无论同意与否都应表明态度。

（3）必须事前请示。行文时间上请示具有事前性，所请示的事必须是尚未进行或有待指示的事项。

（4）必须讲求时效。凡请示的事项大都是在某一时间段内需要解决的事项，因此请示必须及时请求，上级机关答复也必须及时。

（三）请示的分类

根据行文内容，请示一般可分成四类。

（1）请求指示类。是请求上级机关就政策性问题给予指示的请示。即请示者对党和国家的方针、政策、法律、法规，以及上级的指示精神等理解不明确、领会不清楚，或在工作中遇到无章可循的新情况、新问题、新困难，或因本单位遇到特殊情况、重大事项不能适应上级机关有关政策法规而又不敢擅自作主的事项，需要请求上级机关加以明确地阐释、指导，并作出指示。

（2）请求批准类。是请求上级机关批准有关事项的请示。即下级机关强烈希望并要求上级机关能按自己的意见行事的事项；是希望上级机关对有关问题有明确认识，对处理有关事项有明确意见的事项；是无上级同意批准不得办理的，需特请求上级机关给予认可的事项；是请求上级机关给予审核批示的事项。

（3）请求支持类。是请求上级机关协助解决具体问题的请示。即请示者在办理有关事项的过程中，遇到了人、财、物方面的困难，需要上级机关予以帮助解决，特向上级机关提出请求支持，希望满足需要，这也是最常见的一类请示。

（4）请求批转类。是请求上级机关将请示文件批转给与请示机关平行的其他机关共同执行的请示。即请示是对涉及全局性的问题而要求其他地区、部门、单位贯彻执行的意见、办法，需要上级批转。

二、报告的特点和分类

（一）报告的特点

报告是适用于向上级机关汇报工作，反映情况，答复上级机关的询问的上行公文。其特点一是陈述性，即报告的主要内容是具体陈述工作各方面情况，包括取得的主要成绩、做法或经验、存在的问题和今后的打算等。二是汇报性，即报告的作用主要是向上级汇报工作，以便上级机关及时了解下情，为正确决策提供依据。

（二）报告的种类

报告根据其适用范围，可分为以下类别：

（1）工作报告。即定期向上级领导机关汇报本单位的全面工作情况而写的报告。

（2）专题报告。即针对某项工作或问题所写的报告。

（3）答复报告。用于答复上级询问的报告。

（4）递送报告。在向上级机关递送文件、物件时使用。

三、报告与请示的区别

"请示"与"报告"都是上行文，但两者不能混用。但在实际工作中，仍有不少人把"请示"写成"报告"或"请示报告"，给公文处理工作带来不便，容易误时误事。"报告"与"请示"的明显区别主要有以下几点：

1. 行文目的不同

"报告"是汇报工作，反映情况，提出建议，答复询问时使用的，其行文的目的是让上级机关了解情况，掌握动态，为部署决策提供依据，报告并不要求上级机关批复。建议报告较为特殊，但也不是请求上级批复本单位，而是要求"批转"其他单位遵照执行。"请示"是请求上级机关指示、批准时使用的，其行文目的是要求审核、批准事项，解决困难，答复问题，请求上级机关批复。可见"报告"和"请示"的行文目的是完全不同的。

2. 行文时间有别

"报告"的行文时间大多在事后，也有在事前或在进行中报告的。所报告内容是已出现的情况、已完成了的某一阶段或某项工作。"请示"要求事前行文，请示的是尚未进行和尚待指示的事项。

3. 格式写法各异

报告标题文种明确为"报告"，正文部分汇报工作、反映情况、提出建议、答复询问，不得夹带请示事项；结尾部分用"以上报告，请审阅""特此报告""专此报告"等收束全文。请示标题文种明确为"请示"，不能写成"报告"或"请示报告"，正文部分提出请示事项，要求上级机关给予指示、批准；结尾部分用"当否，请指示""以上请示，请批复"等收束全文。

四、请示的写作要领和注意事项

（一）请示的写作要领

请示的结构包括标题、主送机关、正文、署名和时间等部分。

1. 标题

请示的标题由发文机关、请示事项和文种三部分组成，如《××机械厂关于购置一辆××牌大客车的请示》，其中发文机关可省略，请示事项需点明请示的具体内容，事由部分都用"关于"的介词结构来表述。

2. 主送机关

请示只能报送一个直接主管请示单位的上级机关，受双重领导的单位报送请示，应写明主送机关和抄送机关。根据请示的内容，由主送机关负责答复请示事项，另一上级机关则以抄送形式报送。

3. 正文

请示正文通常由开头、主体、结语三部分构成。

（1）开头，写明事由，即请示的原因、背景、依据、目的等，以说明请示的重要性、紧迫性与合理性。开头的篇幅可长可短，如请示事项较重大或复杂，往往会用稍长的篇幅，分几个层次或从不同角度加以说明。不论篇幅长短，都要说清请示的原因、理由，要写得充分、恰当、具体。请示理由之后，常用"现将……请示如下"等过渡语领起下文。

内容简略、篇段合一的请示，开头也可以是表达行文目的和意义的一两句话，不独立成段。

（2）主体。写明请示事项，即具体、明确、清楚地提出请示的事项。表达上条理清晰，措辞恰当准确，阐述道理要充分，提出意见要切实可行，以便上级及时批示。有些情况简单、有条文规定可依据的请示，是出于组织原则报上级知道并批准的，其内容部分只需提出请示事项即可，不必阐释道理。

（3）结语。要写得恳切而谦和。结语一般用"以上请示，当否（妥否，可否等）、请批复（批示、指示、审批、批准、核批等）""是否有当，即请批复""如无不当，请批准""如无不妥，请批转"等。

4. 署名和时间

与以上介绍的其他公文写法相同。

（二）请示的注意事项

（1）请示的标题、正文和结语中一般不出现"申请""请求"一类词语，避免与文种在语意上重复。

（2）请示只能主送上级机关，不能送领导者个人。

（3）不能越级请示，特殊情况需要越级请示的，可使用转呈式，或者在越级请求的同时，把请示抄送给主管部门。

（4）坚持一事一请，请示事项必须明确、具体、可行。

（5）请示的语气必须谦恭，不能以决定的口吻说话，在写请示事项时，只能写"拟"怎么办，不能写"决定"怎么办。

（6）请示和报告不可混用。不得在标题中出现"请示报告"连缀使用的字样。

五、报告的写作方法和写作要求

（一）报告的写作方法

1. 标题

报告的标题与其他公文文种标题的格式相同，由制发机关、事由、文种三部分组成。

2. 发文字号

发文字号为完全式。

3. 主送机关

主送机关为直属上级机关。

4. 正文

正文由导语、事项和尾语组成。

（1）导语。写报告的目的或缘由。写完后多用"现将情况报告如下"过渡到下文。

（2）事项。即报告的具体内容。

（3）尾语。答复性报告常用"特此报告"为尾语。

5. 落款

在正文右下方标注发文机关名称和成文日期。成文日期写在发文机关名称之下，如果在标题中已出现发文机关，落款时可以省略。

（二）报告的写作要求

不同的报告，有不同的写作要求。

工作报告的要求如下：

（1）在正文中主要写明工作进程、工作成绩、经验、存在的问题与下一步工作安排。结语写"特此报告"。

（2）主要运用记叙方式，按时间顺序、工作发展过程或逻辑关系分设若干小问题，有层次地概括叙述。

（3）重点突出，点面结合。要避免把工作报告写成面面俱到的流水账。突出重点，就是要重点撰写本机关或本部门的中心工作的情况。点面结合，即既需要概括叙述整体情况，又需要适当地引用数据，举出有代表性的典型事例说明工作的深度，从而使报告达到全面、具体的表述效果。

（4）实事求是，报告中所列成绩或问题都必须属实，不夸大，也不缩小，并能从中揭示出一定的规律。

（5）在报告中可以写设想、提建议，但不可写请示事项。

专题报告的要求如下：

（1）在内容上要求反映新事物、新问题和新情况，要有助于推进当前工作的开展。

（2）写作要及时，做完一项专门工作或解决某项问题之后，立即报告。

答复报告的要求：在撰写中要针对上级的询问，实事求是地回答问题。

递送报告的要求：写作内容简单，将报送材料的名称、数量写清楚即可。结尾以"请收阅""请查收"等惯用语结束。

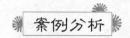 案例分析

案例一

关于扩建三个机房的请示。

例文1	点评
关于扩建三个机房的请示 理工大学： 　　我校现有三个机房。近年来，机房电脑呈现出老龄化严重的趋势，主要体现在机房数量少、硬件性能差、CPU内存小、软件级别低、运行速度慢等方面，譬如目前我们学校使用的还是市场上几乎快要淘汰的8086、8028等机型的电脑，电脑设备相对陈旧滞后、供不应求的状况造成了学生很多时候没电脑可用的窘迫境地。 　　此外，学校的扩招政策使文学院的学生人数显著增加。2000年，文学院的学生人数仅为1 000人，机房虽然只有3个，但学生上机操作的时间尚可错开调配，而现今人数已达7 000人，而机房却少有增加。随着现代科学技术的飞速发展和信息化进程的加快，社会上对大学生的办公自动化运用能力的要求也越来越高。而且今天的文秘专业、现代化办公、电脑写作、广告设计、计算机过级考试以及教师教学多媒体制作等也很需要电脑操作。 　　鉴于以上因素，我院在积极维修好原来3个机房设备基础上，拟扩建3个机房、增设180台电脑及其附属设备的工作十分有必要。 　　为此，现将有关事项请示如下： 　　**一、机房选址** 　　计划将机房设在计算机楼506、507、508教室，这3个教室与原先建设的3间机房相邻，既方便管理人员的统一管理，又处在楼房高层，有利于保持空气顺畅流通。 　　**二、电脑台套** 　　1. 拟定添置180台联想G450型号的电脑（配置总体优良，硬盘内存320 G，CPU 2G，独立显卡，液晶显示屏等），每台售价约5 000元，所需费用计为900 000元。 　　2. 每个机房配置与电脑相匹配的学生用桌椅60套，每套200元，共计36 000元。 　　3. 每个机房添置相应的教师操作台设备，每台10 000元左右，总计30 000元。 　　**三、附属设备** 　　为了方便师生更好地使用电脑，延长电脑的使用寿命等，机房须添置一些附属设备。	省略式标题，由事由和文种构成，省略发文单位 主送机关只有一个 请示的缘由。两个方面：第一，机房电脑呈现出老龄化严重的趋势；第二，学校的扩招政策使文学院的学生人数显著增加。缘由阐释客观具体，充分合理，用语简练 请示事项。虽然写了五个方面的具体内容，但是整个请示围绕"扩建机房"一件事来写，内容单一，而且没有把问题简单上交，而是提出了解决问题的具体措施和办法，并通过三个附件进一步详细说明，请求的内容具体明确，条款清楚，切合实际

续表

1. 为了给师生创造更好的环境，更好地保护电脑，控制电脑机箱温度，延长电脑的使用寿命，每个机房需设 1 台空调。可以购买海尔、格力、美的等相关类型的品牌，价位在每台 6 000 元左右，总计达到 18 000 元。 2. 机房需配置 3 个档案柜，以方便设备的管理有详细的记载。每个 500 元，总计 3 000 元。 3. 每个机房应配有一套教学所用的投影仪与屏幕，既方便教师传授知识、顺利进行教学工作，也有利于学生获得较为高层次的实践能力。每套价格约为 3 000 元，共计 9 000 元。 4. 安装窗帘。能起到有效阻挡强光，控制室内的光线，减少外界嘈杂声的干扰作用。每间机房预购 4 个窗帘，每间 1 000 元，预计共 3 000 元。 **四、机房装修** 将原有教室改建成机房，需要进行内部装修，包括重新粉刷墙壁、照明安装、防盗窗安装、线路设置、防盗门安装等，所需费用为 50 000 元。 **五、管理人员** 近些年，由于机房数量少，学校安排的机房管理人员只有 3 个，他们每天需要长时间的从事管理工作，劳动强度大，加上扩建 3 个机房，机房价值不菲，因此每个机房需要多安排 2 位管理人员（最好拥有较高的计算机操作水平和维护管理能力），管理机房的电源安全工作、电脑安全工作、电脑维护和修理、机房保洁工作等。实行双休轮班制度，保证每一位管理人员在做好本职工作的前提下，拥有较好的休息时间。此外，机房每天 8：00—12：00、14：00—15：30、19：00—21：30 开放，周末也正常开放。 经费预算总额约为 960 000 元。 以上请示当否，请批复。 附件： 1. 请示事项细目及金额细目表； 2. 机房选址及装修图纸； 3. 增设扩建 3 个机房可行性论证及管理设想材料。 <div align="right">文学院 二〇一〇年十一月二〇日</div>（资料来源：百度文库，http://wenku. baidu. com/view/0a1e810bbb68a98271fefae1. html，有改动）	 请示结语规范 请示附件格式规范，只列附件标题，不列内容 成文日期用汉字书写

案例二

关于使用 2012 年培训费用的请示。

例文2	点评
关于使用 2012 年培训费用的请示 ×××公司： 　　公司服务中心自成立起，大力援助其各方面的工作，特别是 2012 年 4 月新办公楼投入使用以来，需要派中心人员支援的部门增多，服务中心的工作骤然加大。为了公司日常工作的顺利进行，服务中心的员工在做好自己本职工作的同时，还积极支援其他各部门，真正地做到了团结互助，温馨和睦。 　　为了奖励中心员工的积极表现，弘扬以人为本的精神文化，服务中心拟定于 2012 年 5 月 1 日左右分两批组织员工赴北京基地培训，所需费用共计 8 800 元。此费用从珠江新城 2012 年预算培训费用中支出。 　　妥否，请批示。 　　附件：培训分组情况及费用明细。 　　　　　　　　　　　　　　　　×××公司服务中心 　　　　　　　　　　　　　　　　二〇一二年四月十九日	一事一请示 叙述清晰明了 理由陈述充分 方案具体，切实可行

案例三

　　工程建设立项请示。

例文3	点评
工程建设立项请示 长春市发展和改革委员会： 　　我院自 2001 年 2 月省政府批准升格为高职学院以来，为建设合格加特色的高职学院，努力完善各项办学条件。据省教育厅安排，将于 2013 年内对我院进行"高职高专人才培养工作"评估，其结果将作为核实我院招生计划、发展规模、专业设置等的主要依据，这势必对我院的生存和发展产生重要的影响。 　　合校以来，我院在长春市政府、长春市教育局的关心、支持下，各项事业都取得较快发展，为我省区域经济的发展培养了近 2 万名各类专业技术人才。但由于现有校园土地只有 198 亩，严重制约了学院的发展，与国家教育部《普通高等学院基本办学条件的指标（试行）》的有关规定有较大差距。 　　经我院申请，2012 年 4 月 6 日长春市常务会议决定，在长春市高新科技开发区内有偿划拨 300 亩土地，同时另再控制 300 亩土地作为我院的教学建用地，用于建设学院的新校区。	立项请示 依据意义 存在问题制约 办学发展规模 过渡语

续表

	学院请示后，上级给拨款，划给土地
综上所述，学院经过充分研究和论证，拟投资建设永春新校区。该建设项目总投资 8 833 万元，其中 2013—2015 年永春校区一期工程建设总投资 3 883 万元，2015—2018 年组织第二期工程建设，总投资 4 950 万元，所需建设资金由学院向金融机构贷款及其他渠道融资和自筹解决。永春新校区一期工程建成后，全日制在校生规模可达 15 000 ～ 20 000 人。根据项目建设的相关规定，特向贵委申请立项。 　　以上请示妥否，请批复。 　　　　　　　　　　　　××职业技术学院（盖章） 　　　　　　　　　　　　　　　2012 年 9 月 20 日	立项开发新校区 具体时间，所需资金 结束语

案例四

　　××××学校关于学生收费情况的报告。

例文 4	点评
××××学校关于学生收费情况的报告 ×校字〔200×〕××号 ××市人民政府： 　　前接××字〔200×〕××号函，询问我校对学生收费的情况，现报告如下： 　　我校对学生收费的标准是根据省人民政府〔199×〕××号文件精神，同时又针对我校所设专业的不同而制定，并报市场物价局核准后执行的，不存在乱收费、多收费的情况。另一方面我校对部分特困生实行减免部分学费和不定期补助的做法，使部分特困生得以顺利完成学业。 　　今后，我校在收费方面将继续严格按上级有关文件精神和当地物价部门的收费标准执行，决不做违规之事。 　　以上报告妥否，请批示。 　　附件：《××××学校收费标准》； 　　　　《××市物价局关于××××学校收费标准的批复》。 　　　　　　　　　　　　××××学校（章） 　　　　　　　　　　　　二〇〇×年×月×日	标题由发文单位、事由和文种构成 写明报告事项 报告结语规范 成文日期用汉字书写

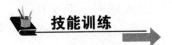

技能训练

一、判断题

1. "请示"要"一事一请"，不能把几个事情写在一起。（　　）

2. 某大学向上级部门申请设备购置费用请示报告。（　　）

3. 请示标题一般要写明"发文机关＋事由＋文种"，发文机关有时可以省略。（　　）

4. 请示必须事前行文，不允许"先斩后奏"。（　　）

5. 报告可以同时上报几个上级机关。（　　）

6. 报告不能用"以上报告当否，请指正"之类的结束语。（　　）

7. 某地发生一突发性重大事故，向上级反映此事故及其有关情况，用报告行文。（　　）

8. 报告标题可只用"报告"二字。（　　）

9. 为了提高办事效率，"报告"中也可以夹带请示事项。（　　）

10. "当否，请批复"常用在请示的结尾。（　　）

二、给下面标题填写文种

1. ××部关于几起重大火灾的_____。

2. 国务院办公厅关于发布《行政机关公文处理办法》的_____。

3. ××大学关于报送××省教育厅今年招生工作情况的_____。

4. ××省财政厅关于要求解决××县广播、电视设备问题的_____。

5. ××省财政厅关于同意××大学新建教学楼的_____。

三、根据以下内容提示，拟写公文标题

1. ××大学就××系学生×××擅离学校，违反学校纪律，给予警告处分一事发出文件，使全校师生周知。

2. ××省人民政府发文要求所属单位认真贯彻执行国务院关于调整纺织品价格的规定，以便保持市场的稳定。

四、改错题

请指出下列公文在格式、内容和用语上存在的问题，并加以改正。

病文一

关于××公司4C（D）造船用钢板

参加二〇〇三年冶金部钢铁优质产品评选的请示

冶金部钢铁司：

根据冶金部〔（2003）冶钢字102号〕文件《关于评选二〇〇三年钢铁优质产品的通知》要求，现将××公司二〇〇三年冶金部钢铁优质产品4C（D）造船用钢板的申请表报上，请审示。

××公司

二〇〇三年×月×日

病文二

请求拨款修复老年活动中心的报告

在这次特大洪灾中，我县老年活动中心被洪水和泥石流冲毁。2 000平方米的建筑物几乎夷为平地，部分体育、文娱器材、设施被损毁、冲失。为使广大离退休干部、职工有一个休息、娱乐、学习的场所，做到老有所乐、老有所为，必须尽快修复老年活动中心。为此，

我们决定修复我县老年活动中心并扩大原有规模，修建三楼一底活动室 2 000 平方米，运动场一千平方米，共需基建费 200 万元，扩征土地两亩。

可否，请批准。

附件：修复老年活动中心预算表 1 份

洪山县民政局

×××× 年 10 月 20 日

病文三

关于同意成立北仑区自行车运动协会的批复

宁波市北仑区自行车运动协会筹备组：

你们提出的关于要求成立宁波市北仑区自行车运动协会的请示收悉。根据目前北仑区域内自行车运动发展情况，经研究，同意成立宁波市北仑区自行车运动协会，并同意由谢辰冰、陈琦等同志为筹备组负责人。希望你们能认真履行协会《章程》，严格按照业务主管部门提出的具体要求和相关规定，自觉遵守国家法律法规，配合各级体育职能部门工作，共同为北仑区社会体育事业发展作出贡献。

五、写作题

1. 请按规范的会议通知的写法，重写下面这份会议通知。

关于召开物价学习讨论会的通知

各市、县废旧物资公司：

公司决定召开物价学习讨论会，时间定在 7 月 29 日至 8 月 13 日。会上请省供销学校商业经济教研室从老师讲物价理论课。目的是适应物价工作的需要，提高物价员的水平，还请省内主管物价多年的有经验的同志传授废旧物资作价办法、计算技术和工作经验，并结合有关问题座谈讨论。

参加会议的人员要携带笔记本和算盘，食宿费、车费自备。市、县废旧物资公司从事物价工作的专职物价员参加这次会议。请各地将参加会议名单尽快报市（地）公司。各市（地）公司于 7 月 15 日前，把参加会议人员登记表填好，寄给省公司，参加会议人员于 7 月 28 日报到。地点在 ××× 市供销社所属 ××× 旅社。

×× 年 × 月 × 日

2. 根据下面的材料，请以 ×× 市商业局的名义向 ×× 省商业厅起草一份报告。

（1）×××× 年 5 月 20 日上午 9 点 20 分，×× 市 ×× 百货商城发生重大火灾事故。

（2）事故后果：未造成人员伤亡，但烧毁三层楼房一幢及大部分商品，直接经济损失1792 万元。

（3）施救情况：事故发生后，市消防支队出动 15 辆消防车，经 4 个小时扑救，火灾才被扑灭。

（4）事故原因：直接原因是电焊工 ×× 违章作业，在一楼铁窗架电焊火花溅到易燃货品上引起火灾，但也与 ×× 百货商城管理局及员工安全思想模糊，商城安全制度不落实，许多安全隐患长期得不到解决有关。

（5）善后处理：市商业局副局长带领有关人员赶到现场调查处理；市人民政府召开紧急防火电话会议；市委、市政府对有关人员视情节轻重，作了相应处理。

3. 根据下述材料，拟写一份请示。

　　××市副食品公司考虑到生产不断发展、人民生活水平逐步提高的情况下，小食品的经营范围已日益扩大，这对繁荣市场，满足群众需要，回笼货币，都有一定的作用。为了进一步加强对小食品经营的领导，搞好市场供应，拟增设小食品科。所需人员在本公司现有人员中调剂解决。为此，准备向市商业管理委员会写一份请示。要求在二〇××年四月十五日发出，发文字号是：×副字〔20××〕第38号。

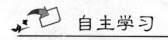

自主学习

知识拓展与自主学习六

附　录

附录一

附录二

参考文献

［1］李振辉．应用文写作实训教程［M］．北京：机械工业出版社，2003.

［2］乔刚，甘小的．大学实用文写作［M］．上海：上海大学出版社，2005.

［3］张建．应用写作［M］．北京：高等教育出版社，2006.

［4］陈佩玲，许国英．应用文写作［M］．北京：化学工业出版社，2006.

［5］庄小虎，李杰．语文［M］．北京：化学工业出版社，2003.

［6］徐中玉，齐森华．大学语文［M］．上海：华东师范大学出版社，2006.

［7］董媛．大学语文［M］．北京：化学工业出版社，2006.

［8］朱家珏．大学语文［M］．北京：北京邮电大学出版社，2002.

［9］乔正康．语文［M］．大连：东北财经大学出版社，2003.

［10］胡茂胜，赵志英．阅读与欣赏［M］．北京：化学工业出版社，2005.

［11］徐挺．文学欣赏［M］．北京：高等教育出版社，2005.

［12］田金霞．旅游语文［M］．北京：机械工业出版社，2004.

［13］胡正奎，张文光．阅读与写作训练教程［M］．北京：机械工业出版社，2003.

［14］陈永正．李商隐诗选译［M］．成都：巴蜀书社，1991.

［15］周殿龙，马双．大学语文［M］．北京：高等教育出版社，2014.

［16］陈洪．大学语文［M］．北京：高等教育出版社，2009.

［17］教育部普通高等学校少数民族预科教材编写组．大学语文［M］．北京：人民出版社，2013.

［18］教育部普通高等学校少数民族预科教材编写组．大学语文语文同步练习［M］．北京：人民出版社，2013.

［19］郭秀兰，史立群．新编大学语文［M］．北京：北京理工大学出版社，2013.

［20］彭定求 等．全唐诗（上）［M］．上海：上海古籍出版社，1986.

［21］彭定求 等．全唐诗（下）［M］．上海：上海古籍出版社，1986.

［22］吴鸥．杜牧诗文选译［M］．成都：巴蜀书社，1991.

［23］于海娣．唐诗鉴赏大全集［M］．北京：中国华侨出版社，2010.

［24］毕宝魁．唐诗三百首译注评［M］．北京：现代出版社，2014.

［25］邓安生，孙佩君．孟浩然诗选译［M］．成都：巴蜀书社，1990.

［26］蘅塘退士．唐诗三百首·宋词三百首·元曲三百首［M］．北京：华文出版社，2009.

［27］戴望舒．戴望舒作品集［M］．北京：现代出版社，2016.

［28］钱立静．新编大学语文［M］．上海：上海交通大学出版社，2014.

［29］吴在庆．新编宋诗三百首．南京：江苏古籍出版社，1994.

［30］蒋凡．陆游集［M］．香港：凤凰出版社，2014.

［31］毛泽东［EB/OL］．2007－11－21/2021－04－01.

［32］习近平在纪念毛泽东同志诞辰120周年座谈会上的讲话［EB/OL］．2013－12－

26/2021 - 08 - 24［引用日期2021 - 08 - 24］

［33］张岱. 西湖七月半［EB/OL］. 2014 - 04 - 26.

［34］吴功正. 古文鉴赏辞典［M］. 南京：江苏文艺出版社，1987.

［35］陈振鹏，章培恒. 古文鉴赏辞典（下）［M］. 上海：上海辞书出版社，2014.

［36］陆沉. 神笔之画：《西湖七月半》［J］. 名作欣赏，2011（25）：36 - 37.

［37］戴燕. 历代诗词曲选注［M］. 杭州：浙江文艺出版社，2006.

［38］张忠纲. 杜甫诗选［M］. 北京：中华书局，2005.

［39］葛晓音. 杜甫诗选评［M］. 上海：上海古籍出版社，2012.

［40］说词解字辞书研究中心. 高中文言文全解词典［M］. 北京：华语教学出版社，2015.

［41］迟文浚. 唐宋八大家散文广选新注集评（韩愈）［M］. 沈阳：辽宁人民出版社，1997.

［42］于海娣. 唐诗鉴赏大全集［M］. 北京：中国华侨出版社，2010.

［43］黄世中. 李商隐诗选［M］. 北京：中华书局，2006.

［44］萧涤非. 唐诗鉴赏辞典［M］. 上海：上海辞书出版社，1983.

［45］周振甫. 李商隐诗选集［M］. 南京：江苏教育出版社，2006.

［46］陈才俊. 唐宋八大家精粹［M］. 北京：海潮出版社，2015.

［47］侯毓信. 唐宋散文［M］. 上海：上海人民出版社，2017.

［48］高玉. 大学语文［M］. B版. 杭州：浙江工商大学出版社，2015.

［49］李山. 诗经［M］. 北京：国家图书馆出版社，2017.

［50］王秀梅. 诗经（上）：国风［M］. 北京：中华书局，2015.

［51］黄岳洲. 中国古代文学名篇鉴赏辞典：上卷［M］. 北京：华语教学出版社，2013.

［52］韦燕宁. 中国古代诗文经典［M］. 北京：中国科学技术出版社，2008.

［53］李静. 唐诗宋词鉴赏大全集［M］. 北京：华文出版社，2009.

［54］高克勤. 王安石及其作品选［M］. 上海：上海古籍出版社，1998.

［55］周汝昌. 唐宋词鉴赏辞典（唐·五代·北宋）［M］. 上海：上海辞书出版社，1998.

［56］王安石. 桂枝香·金陵怀古［EB/OL］. 2015 - 01 - 05.

［57］唐圭璋. 唐宋词鉴赏辞典（南宋·辽·金）［M］. 上海：上海辞书出版社，1999.

［58］老舍. 老舍文集［M］. 北京：人民文学出版社，1980.

［59］董小玉. 中国散文名篇赏析. 重庆：西南师范大学出版社. 2014.

［60］百度百科 https://baike. baidu. com/